李飞定位研究丛书·6·

营销定位

Marketing Positioning

李 飞/著

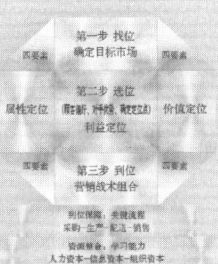

作者介绍

李飞教授，清华大学经济管理学院市场营销系教学科研系列教授、博士生导师，清华大学经济管理学院中国零售研究中心常务副主任。为享受国务院政府特殊津贴专家（1998），北京市中青年骨干教师（1999），商务部聘任的全国内贸专家（2010—），中国商业史学会副会长（2010—），《营销科学学报》专业主编（2010—2013），2009年荣获新中国成立60年影响中国流通发展与改革突出成就奖。

1983年和1988年分别获得北京商学院经济学士和经济学硕士学位，2002年获得中国人民大学商学院经济学博士学位。1991年10月至1992年10月为法国巴黎第八大学访问学者。曾经赴美国佛罗里达大学、哈佛大学、麻省理工学院，法国HEC商学院、法国时尚学院和挪威管理学院学习、访问和交流。

1983年7月至2002年4月任职于北京商业管理干部学院，先后任讲师（1983年9月至1994年6月）、副教授（1994年7月至1999年6月）和教授（1999年7月至2002年4月），并兼任学院学位委员会副主任。2002年5月至今为清华大学经济管理学院营销学副教授（2002年至2006年12月）、教授（2006年12月至今）和教学科研系列教授（2009年12月至今）。

主要研究领域为营销定位、零售战略、中国营销理论等，偏好应用案例方法进行中国情境下的质性研究。创建了营销定位的钻石模型和营销定位地图，著述有《李飞定位研究丛书》（已出版5本），《定位地图》、《定位案例》、《定位故事》、《奢侈品营销》、《营销教学案例》和《营销定位》。在国内一流学术期刊《管理世界》、《中国工业经济》、《科学学研究》、《中国软科学》、《中国管理科学》、《南开管理评论》、《营销科学学报》和英文期刊 *Journal of Marketing Channels*（ABI）、*International Journal of Market Research*（SSCI）和 *Public Relations Review*（SSCI）上发表论文60余篇（80%以上为第一作者）。2篇案例入选哈佛商学院案例库（合编，案例号：N9-308-026，2007-07-31；N9-308-025，2007-06-11）。此外，李飞教授参与了二十余项科学研究，包括国家社会科学基金项目、国家自然科学基金重点项目、国家"九五"科技攻关项目、联合国粮农组织项目、商务部项目等。

1996年《零售王：现代百货商店计划及设计》一书获得中国大学出版社协会优秀出版物奖，与他人合作的科研成果《百货商店定位管理》和《中国零售顾客满意度研究》分别于2003年和2010年获得全国商业科学技术进步二等奖。在《管理世界》发表3篇案例研究论文并分别获得2008年、2009年、2011年中国企业管理案例论坛最佳论文奖。主编《中国零售研究前沿系列丛书》，荣获新中国成立60年影响中国流通业发展的10本著作之一。

前言

《李飞定位研究丛书》之一《定位地图》于 2008 年出版，之后的 5 年中，作者一直坚持该方向的研究，每年都有相关论文在高水平学术期刊发表。为了把这些新的研究成果融入已有著作中，作者花费了一些时间对《定位地图》进行修订，为了避免歧义，没有称为《定位地图》修订版或者第 2 版，而是更名为《营销定位》。

新的变化

我们仍然沿用定位地图的基本理论框架，但增添了一些新的篇章，诸如第 3 章营销研究、第 9 章依定位进行服务规划等。对于已有的内容也做了大量的补充和完善，除第 13 章打造关键业务流程和第 14 章整合企业重要资源保留原貌之外，其他各章调整和增添了新的研究成果，主要体现为营销定位点和到位各个营销组合要素规划的选择模型。

体例结构

《营销定位》基于《定位地图》的主要内容，又补充和完善了新的内容，体例结构也由五篇扩展为六篇，逻辑更加清晰。

第一篇　引论，讨论营销管理框架和营销定位地图的构建；
第二篇　寻机，讨论营销研究的内容和方法；
第三篇　找位，讨论细分市场和目标顾客选择方法；
第四篇　选位，讨论选择定位点的方法；
第五篇　到位，讨论依定位进行营销组合的方法；
第六篇　保障，讨论依定位打造关键流程和整合重要资源。

章节调整

由《定位地图》的 11 章扩充为《营销定位》的 14 章。调整后形成的章节架构如下：

第 1 章，营销管理概论。讨论营销学的历史、营销在企业管理中的位置、营销管理的内容和营销管理的框架。

第2章,营销定位地图。讨论营销定位问题的重要性、营销定位理论的演化、营销定位管理瓶的构建和营销定位规划书的编制等。

第3章,营销研究。本章为新增章节,主要讨论营销研究的目的、内容和方法。

第4章,细分市场。讨论市场细分目的、细分市场变量、采集市场细分数据、分析细分市场数据、描述各个细分市场和实施市场细分战略等。

第5章,选择目标顾客。讨论评估细分市场、选择目标顾客和细分目标顾客等。

第6章,营销定位点选择。套用营销定位点选择要素、营销定位点选择模型及应用和营销定位点选择的工具。

第7章,依定位进行营销组合。讨论营销组合要素的内容、营销要素组合的方法和营销组合选择模型。

第8章,依定位进行产品规划。讨论产品规划的内容、方法和选择模型。

第9章,依定位进行服务规划。本章为新增章节,主要讨论服务规划的内容、方法和选择模型。

第10章,依定位进行价格规划。讨论价格规划的内容、方法和选择模型。

第11章,依定位进行渠道规划。讨论渠道规划的内容、方法和选择模型。

第12章,依定位进行沟通规划。讨论沟通规划的内容、方法和选择模型。

第13章,打造关键业务流程。讨论如何根据已经确定的定位目标打造相应的关键流程。

第14章,整合企业重要资源。讨论如何根据打造关键流程的需要,整合公司重要的资源。

阅读提示

本书是《定位地图》的修订版,因此可以取代《定位地图》来使用。虽然《营销定位》可以单独阅读,但是我们更希望与《李飞定位研究丛书》中其他书籍配合阅读。这些书籍包括:

(1)《李飞定位研究丛书》之二《定位案例》，包括应用钻石图定位法进行分析的 40 多个案例，涉及电子消费、生活消费、时尚奢侈品、零售行业、服务行业、运输石油和文化传媒等领域。

(2)《李飞定位研究丛书》之三《定位故事》，包括反映钻石图定位法理念和方法的 180 个精彩并令人回味的故事，以定位的过程分为导论、找位、选位、到位和结语五个部分。书中每一个故事都配有漫画。

(3)《李飞定位研究丛书》之四《奢侈品营销》，在界定奢侈品概念的前提下，讨论找位——奢侈品目标顾客的选择；定位——奢侈品定位点的确定；到位——奢侈品的营销组合、流程再造和资源整合；运用定位地图框架，详细分析路易威登和百达翡丽两个著名的奢侈品品牌。

(4)《李飞定位研究丛书》之五《营销教学案例》，它沿用定位地图的理论框架和内容，结合清华大学经济管理学院营销管理课程大纲，编写了 38 篇教学使用案例，涉及营销概论、市场细分、目标顾客选择、营销定位、营销组合、产品策略、价格策略、渠道策略、沟通策略和营销实施等方面内容。

李 飞
清华大学经济管理学院
2013 年 6 月

目录

Contents

第一篇 引论

第1章 营销管理概论 / 3
- 1.1 营销学的历史 / 4
- 1.2 营销在企业管理中的地位 / 7
- 1.3 营销管理的内容 / 9
- 1.4 营销管理的框架 / 13

第2章 营销定位地图 / 20
- 2.1 营销定位问题的引出 / 21
- 2.2 营销定位理论的演化 / 24
- 2.3 营销定位管理瓶模型 / 36
- 2.4 营销定位报告书 / 40
- 2.5 本书的逻辑框架 / 48

第二篇 寻机：营销研究（5C）

第3章 营销研究 / 53
- 3.1 营销研究的目的 / 54
- 3.2 营销研究的内容 / 59
- 3.3 营销研究的过程 / 62

第三篇 找位：目标顾客（ST）

第4章 细分市场 / **75**

4.1 明确细分市场目的 / **76**

4.2 确定细分市场变量 / **77**

4.3 采集细分市场数据 / **84**

4.4 分析细分市场数据 / **89**

4.5 描绘各个细分市场 / **92**

4.6 实施市场细分战略 / **94**

第5章 选择目标顾客 / **97**

5.1 评估细分市场 / **98**

5.2 选择目标顾客 / **100**

5.3 细分目标顾客 / **105**

第四篇 选位：营销定位点（P）

第6章 营销定位点选择 / **115**

6.1 营销定位点选择的要素 / **116**

6.2 营销定位点选择的模型 / **125**

6.3 营销定位点选择模型的应用 / **127**

6.4 营销定位点选择的工具 / **129**

第五篇 到位：营销组合（4P）

第7章 依定位进行营销组合 / **139**
    7.1 营销组合要素的内容 / **140**
    7.2 营销要素组合的方法 / **148**
    7.3 营销组合选择模型 / **151**

第8章 依定位进行产品规划 / **154**
    8.1 产品规划的内容 / **155**
    8.2 产品规划的方法 / **159**
    8.3 产品规划选择模型 / **170**

第9章 依定位进行服务规划 / **173**
    9.1 服务规划的内容 / **174**
    9.2 服务规划的方法 / **179**
    9.3 服务规划选择模型 / **187**

第10章 依定位进行价格规划 / **190**
    10.1 价格规划的内容 / **191**
    10.2 价格规划的方法 / **192**
    10.3 价格规划选择模型 / **203**

第11章 依定位进行渠道规划 / **207**
    11.1 渠道规划的内容 / **208**
    11.2 渠道规划的方法 / **220**
    11.3 渠道规划选择模型 / **223**

第12章 依定位进行沟通规划 / **226**
    12.1 沟通规划的内容 / **227**
    12.2 沟通规划的方法 / **232**
    12.3 沟通规划选择模型 / **243**

第六篇 保障：流程和资源（2P）

第13章 打造关键业务流程 / **249**

13.1 企业运营的业务流程 / **250**

13.2 依定位构建关键业务流程 / **252**

13.3 依定位构建关键流程的案例 / **254**

第14章 整合企业重要资源 / **266**

14.1 企业运营的资源构成 / **267**

14.2 依定位关键流程整合重要资源 / **269**

14.3 依关键流程整合重要资源的案例 / **273**

后 记 / **281**

图表目录

图目录

图 1.1 企业发展战略规划框架 / 7
图 1.2 新的企业发展战略规划框架 / 9
图 1.3 麦卡锡营销管理框架 / 14
图 1.4 科特勒的营销管理框架 / 15
图 1.5 科特勒 10P's 营销管理模型 / 15
图 1.6 科特勒全方位营销框架 / 16
图 1.7 G-STIC 行动–计划金字塔 / 17
图 1.8 哈佛商学院营销管理框架 / 17
图 1.9 十指营销 / 18
图 1.10 "G-5C's-STP-4P's-3P's" 营销管理框架 / 19

图 2.1 竞争力构成的三个层次 / 23
图 2.2 STP 定位模型 / 34
图 2.3 星巴克品牌定位靶盘 / 34
图 2.4 定位战略模型 / 35
图 2.5 定位流程 / 35
图 2.6 定位钻石图 / 38
图 2.7 定位地图 / 39
图 2.8 营销定位管理瓶 / 40
图 2.9 管理风格的三角形 / 45
图 2.10 评价营销报告书的五个标准 / 46
图 2.11 本书的逻辑框架 / 49

图3.1	由职业女性增加引发的行业进入机会 / 57
图3.2	由小家庭增加引发的营销战略机会 / 58
图3.3	管理理论创新的实践路径 / 59
图3.4	营销研究内容与营销决策过程匹配 / 61
图3.5	购买行为过程框架 / 63
图3.6	研究范式、方法、数据采集和分析的关系 / 65
图3.7	质性研究类型树形图 / 66
图3.8	质的研究与量的研究比较 / 67
图3.9	研究目的、方法和结果的关系 / 72

图4.1	细分市场的可能水平 / 76
图4.2	顾客忠诚的类型 / 81
图4.3	顾客忠诚和利润贡献的类型 / 81
图4.4	有效细分的三个维度 / 83
图4.5	实施市场细分的路线 / 95

图5.1	备选目标市场选择 / 101
图5.2	单一市场单一产品策略 / 102
图5.3	单一市场多种产品策略 / 102
图5.4	单一市场多种产品策略 / 102
图5.5	多种市场多种产品策略 / 102
图5.6	奢侈品中国目标顾客的细分 / 106
图5.7	依顾客忠诚和利润贡献对顾客的细分 / 108

图6.1	三种定位点之间的关系 / 117
图6.2	品牌定位点的选择模型 / 126
图6.3	价格与服务水平现状的二维定位 / 132
图6.4	设施与位置现状的二维定位 / 132
图6.5	价格与服务水平未来的二维定位 / 133
图6.6	设施与位置未来的二维定位 / 134
图6.7	零售店的感知定位图 / 135

图 7.1   一个改进的营销组合要素内容框架 / **147**
图 7.2   营销组合规划流程 / **149**
图 7.3   营销组合要素属性、利益和价值之间的静态关系 / **151**
图 7.4   营销组合选择模型 / **152**

图 8.1   IEPA 模型 / **157**
图 8.2   产品的基本构成要素 / **159**
图 8.3   依定位进行产品规划过程 / **160**
图 8.4   零售商店产品线规划选择过程 / **161**
图 8.5   马斯洛的需求层次论 / **163**
图 8.6   包装的制作过程 / **166**
图 8.7   产品规划的一般模型 / **171**
图 8.8   舒适性纸尿布依定位进行产品规划 / **172**

图 9.1   一家酒店基于产品层次的服务内容 / **176**
图 9.2   服务之花 / **177**
图 9.3   服务规划的基本内容 / **178**
图 9.4   从有形产品到无形服务 / **179**
图 9.5   依定位进行服务规划 / **180**
图 9.6   不同服务类别的简单服务流程 / **182**
图 9.7   服务蓝图的结构 / **183**
图 9.8   一家酒店的服务蓝图 / **184**
图 9.9   服务质量管理关键点 / **186**
图 9.10 服务规划的一般模型 / **188**
图 9.11 迪士尼主题乐园依定位进行服务规划 / **189**

图 10.1 价格规划的基本内容 / **192**
图 10.2 依定位进行产品价格规划过程 / **193**
图 10.3 制定保本价格的利益关系 / **196**
图 10.4 依定位和物有所值应对价格战 / **198**
图 10.5 优惠券效益分析模型 / **202**
图 10.6 价格规划的一般模型 / **204**
图 10.7 沃尔玛依定位进行价格规划 / **205**

图 10.8 哈根达斯依定位进行价格规划 / *205*

图 11.1 零售渠道变革的路线 / *213*
图 11.2 全渠道模式图解 / *214*
图 11.3 垂直分销渠道系统 / *216*
图 11.4 依定位进行渠道规划 / *221*
图 11.5 价格规划的一般模型 / *223*
图 11.6 路易威登依定位进行渠道规划 / *224*

图 12.1 沟通规划的基本内容 / *232*
图 12.2 依定位进行沟通规划 / *233*
图 12.3 沟通组合要素 / *235*
图 12.4 沟通效果评价和策略建议 / *235*
图 12.5 可口可乐在雅典奥运赞助营销中的价值定位过程 / *237*
图 12.6 可口可乐(左)和百事可乐(右)雅典奥运的定位地图 / *239*
图 12.7 沟通规划的一般模型 / *244*
图 12.8 路易威登依定位进行沟通规划 / *245*

图 13.1 价值链 / *251*
图 13.2 业务流程 / *251*
图 13.3 沃尔玛的采购流程 / *256*
图 13.4 沃尔玛的配送流程 / *257*
图 13.5 沃尔玛的销售流程 / *258*
图 13.6 Zara 市场定位点 / *261*
图 13.7 Zara 业务流程对定位点形成的贡献 / *261*
图 14.1 消费者银行信息资本和关键流程的协调 / *273*
图 14.2 星巴克目标顾客的利益细分 / *277*
图 14.3 星巴克的定位钻石图 / *277*

表目录

- 表1.1　营销学概念演化　/ 5
- 表1.2　美国营销学会（AMA）营销定义演变　/ 10
- 表1.3　顾客价值的三种结果及评价　/ 11
- 表1.4　提升顾客价值的途径　/ 12
- 表1.5　顾客满意的三种结果及评价　/ 12
- 表1.6　提升顾客满意度的途径　/ 12

- 表2.1　品牌定位内涵的类型　/ 29
- 表2.2　定位内涵的演化阶段　/ 30
- 表2.3　定位外延的演化阶段　/ 33
- 表2.4　营销定位规划书的基本格式　/ 41
- 表2.5　营销定位评价书的基本格式　/ 42
- 表2.6　营销定位改进书的基本格式　/ 43

- 表3.1　不同目的的四种研究类型　/ 54
- 表3.2　环境变动与管理决策之间的关系　/ 57
- 表3.3　决策问题与研究题目之间关系举例　/ 63
- 表3.4　定性和定量研究方法与信息收集途径的匹配　/ 68
- 表3.5　量的研究和质的研究的资料分析方法　/ 71

- 表4.1　个人消费市场细分的变量　/ 78
- 表4.2　中国个人消费市场人口细分的常用变量　/ 78
- 表4.3　中国个人消费市场地理细分的常用变量　/ 79
- 表4.4　中国个人消费市场行为细分的常用变量　/ 80
- 表4.5　中国个人消费市场心理细分的常用变量　/ 80
- 表4.6　中国组织消费市场细分的变量　/ 82
- 表4.7　百货商店顾客满意度调查问卷　/ 86
- 表4.8　市场细分定量分析方法几个名词解释　/ 89
- 表4.9　验证性因子分析结果　/ 90
- 表4.10　量表可靠性检验　/ 90

表4.11	北京某百货商店的顾客细分 / 91
表4.12	汽车产品细分市场的特征 / 93
表4.13	顾客利益变量的牙膏细分市场描述 / 94

表5.1	细分市场吸引力评价标准 / 98
表5.2	网络公司市场潜力的评价标准 / 99
表5.3	网络公司竞争优势的评价标准 / 100
表5.4	目标市场选择 / 101
表5.5	基于选择行为的市场细分 / 103
表5.6	以生命周期为标志的银行客户细分 / 104
表5.7	鉴赏收藏者的个人特征和消费行为 / 106
表5.8	引领潮流者的个人特征和消费行为 / 107
表5.9	体验享受者的个人特征和消费行为 / 107
表5.10	身份象征者的个人特征和消费行为 / 108
表5.11	顾客细分后的策略选择 / 108

表6.1	奢侈品定位点选择的范围 / 118
表6.2	四个营销组合要素的属性内容 / 118
表6.3	四个营销组合要素的利益内容 / 119
表6.4	最终价值和工具价值 / 119
表6.5	部分奢侈品品牌的价值定位 / 121
表6.6	部分奢侈品品牌的定位点组合 / 121
表6.7	定位点数量选择方法 / 123
表6.8	某品牌运动鞋的利益定位点选择 / 127
表6.9	某品牌运动鞋的价值定位点选择 / 128
表6.10	某品牌运动鞋的属性定位点选择 / 128
表6.11	三种主要定位图技术的比较 / 129

表7.1	营销的"4P's"、"6P's"、"7P's"、"10P's"、"4C's"和"4R's"模型 / 143
表7.2	一个改进的营销组合要素 / 144
表7.3	西方代表性学者的营销组合要素 / 145
表7.4	确定营销要素组合方案的逻辑框架 / 148

| 表7.5 | 依利益和价值为基础的营销要素组合 / 150 |

表8.1	产品的五个层次 / 155
表8.2	宝洁公司产品组合的四个维度 / 158
表8.3	登喜路服装的定制过程 / 163
表8.4	品牌标志的九个特征 / 165
表8.5	产品线延长的类型和适用性 / 168
表8.6	联合利华（中国）公司的产品组合情况 / 170

| 表9.1 | 服务类型 / 174 |
| 表9.2 | 贝利等人服务质量的五个标准 / 185 |

表10.1	价格利益组合要素 / 193
表10.2	瑞安航空公司的价格组合策略 / 194
表10.3	某款汽车的价格和销售预测 / 196
表10.4	价格和价值选择的关系图 / 197
表10.5	有限商品降价表 / 201
表10.6	各种促销工具选择 / 202
表10.7	价格变动和价格感知变化的组合 / 203

表11.1	渠道规划的内容 / 208
表11.2	分销渠道长度的影响因素 / 209
表11.3	分销渠道宽度类型分析 / 210
表11.4	分销渠道宽广度影响 / 211
表11.5	垂直渠道系统类型 / 216
表11.6	分销渠道管理的内容 / 218

表12.1	四种信息沟通模式 / 228
表12.2	不同消费者接受信息的过程差异 / 228
表12.3	沟通要素明细表 / 229
表12.4	沟通工具的种类和特点 / 230
表12.5	不同媒介适用的品牌沟通策略 / 230
表12.6	若干品牌在中国市场沟通的定位点选择 / 241

表13.1	卡普兰等人归纳的业务流程的主要内容 / 252
表13.2	重新归纳的业务流程的主要内容 / 252
表13.3	定位利益点及所在的营销组合要素 / 253
表13.4	沃尔玛公司营销组合状态 / 255
表13.5	沃尔玛经营成本和行业平均水平比较 / 260

表14.1	企业资源的类型 / 267
表14.2	无形资源的类别 / 269
表14.3	若干品牌的关键流程 / 270
表14.4	沃尔玛企业文化的内容 / 275

第一篇 引论

第1章 营销管理概论

德鲁克早在1954年出版的《管理实践》一书中指出,企业仅有两种职能:营销和创新[1]。今天,营销学已经成为对经济和社会影响巨大的一门重要的学科。约翰·布罗克曼(John Brockman)在2000年出版了《过去2000年最伟大的发明》一书,该书评选出100项最伟大的发明,除了电动机、印刷机、计算机、电视等外,还列出营销,认为它成为文化的主导力量,并提供了通过实现顾客满意而使公司快速和持久赢利的方法[2]。营销管理实践,几乎每时每刻都在发生着变化,导致营销理论必须不断地进行补充和修正。自从20世纪50年代管理学派成为营销主流学派以来,营销管理理论围绕着分析、计划、组织、实施和控制等环节,不断地进行补充和完善。进入21世纪以后,这种变化速度加快,使我们必须重新审视已有的营销理论和方法,提出切实可行的营销管理框架。

---

[1] 彼得·德鲁克:《管理实践》,上海译文出版社1999年版,第41页。
[2] 约翰·布罗克曼:《过去2000年最伟大的发明》,上海科学技术出版社2000年版,第102~107页。

1.1 营销学的历史

营销活动出现于何时,争论很多,也无法达成一致,有人认为有交易活动就有营销活动,按着此种观点营销可以追溯至古代,显然不能被大多数学者认可。但是,对于营销学产生时代的判定,有着大体一致的看法。

1. 美国营销学的产生和发展

(1) 美国营销学发展过程。营销一词来自英文 Marketing,词根为 Market(市场)。在古代和中世纪有了营销思想的萌芽,主要是伴随着交易活动出现的学说,代表人物为哲学家;1900—1920 年,营销思想主要体现为分销问题的思考,属于经济学的分支,代表人物主要为经济学家;1920—1950 年,营销逐渐作为学科出现,主要包括销售的内容,营销学者开始独立;1950—1980 年,主流营销思想体现为管理学派,他们把营销视为一个有组织的系统活动,可以计划、实施和控制[1];1980 年之后,营销学虽然仍然是管理学派占据主导位置,但却显示出多元化的趋势。

(2) 美国营销学教材的变化。中国有学者认为,1912 年,哈佛学者 J.E. 海杰蒂出版了第一本营销学著作《营销学》,标志着营销学的诞生[2][3],其实海杰蒂是俄亥俄大学的教授。也有学者认为 1921 年出版的、保罗·W·艾维(Paul W. Ivey)所著的《营销原理》,是第一本营销学著作[4],当时主要内容是围绕着销售职能进行论述的。奥德逊(W. Alderson)在 1957 年出版了《营销行为和经理行动》一书,这是现代营销学诞生的标志,它使营销研究从关注分销向关注营销管理转变。同年,霍华德(John R. Howard)出版了《营销管理:分析和决策》一书,主张用管理的范式来审视营销理论和实践问题,认为营销管理的实质是企业创造性地适应变化的环境,因此关注于管理与决策;这本书被视为第一本名为《营销管理》的书籍,之前营销教材一般被称为《营销原理》。1967 年

---

[1] Shaw Jones, *A History of Marketing Thought*, See Weitz and Wensley, *Hand of Marketing*, Sage Publication, 2002, 39 – 65.
[2] 闫敏等:《营销百年》,载于《管理学家》2012 年第 1 期。
[3] 许以洪、刘玉芳:《市场营销学》,机械工业出版社 2011 年版,第 9 页。
[4] Paul W. Ivey, *Principles of Marketing*, Ronald Press Co, 1921.

科特勒出版了《营销管理：分析、计划和控制》，将管理的过程清晰地表述在书名之中，后来又改为"分析、计划、执行和控制"。

（3）美国营销学者共同体的发展。1915年美国广告学会成立，1926年改组为营销学和广告学教师学会，1931年经济学家和企业家成立营销社，1937年上述两个组织合并成立美国营销学会（American Marketing Association，AMA），表明当时形成一定规模的营销学者队伍，后来该学会推出的学术期刊 *Journal of Marketing*（1936年创刊）、*Journal of Marketing Research*（1964年创刊）成为衡量学术水平的标杆。目前，营销管理课程成为商学院的核心课程之一，营销学者队伍也不断壮大。

（4）营销学概念的演化。20世纪50年代之后，营销学进入管理学派为主流的发展时期，加上全球一体化和互联网的出现和升级，营销学概念不断地得到丰富和增加（见表1.1）①。

表 1.1　　　　　　　　　　营销学概念演化

时间	阶段	出现的营销概念
20世纪50年代	战后发展期	营销组合；产品生命周期；品牌形象；市场细分；营销概念；营销审计
60年代	繁荣期	4P理论；营销近视症；生活方式营销；宽泛化营销概念
70年代	动荡期	目标市场；定位；战略营销；服务营销；社会营销；宏观营销
80年代	不确定期	营销战；全球化营销；地区化营销；大市场营销；直接营销；客户关系营销；内部营销
90年代	一对一期	情感营销；体验营销；互联网和电子商务营销；赞助营销；营销道德
21世纪初期	金融驱动期	投资回报营销；品牌资产营销；客户资产营销；社会责任营销；消费者增权；社会媒体营销；部落主义；信任营销；协同创新营销

2. 营销学在中国的传播和发展

（1）营销学在中国的第一次传播（20世纪30年代）。19世纪40年代至60年代，经过两次鸦片战争的冲击，19世纪末和20世纪初，中国社会掀起了一场向西方学习以达到自强、求富的"洋务运动"，开始学习西方科技知识，与西方通商，因此经济学（名为富国策）和商学等逐渐进入中国学堂②。在这种背景

---

① 科特勒：《营销革命3.0 从产品到顾客，再到人文精神》，机械工业出版社2011年版，第30页。
② 吴小欧：《中国近代教科书的启蒙价值》，福建教育出版社2011年版，第195页。

下,刚刚在美国出现的营销学随着商学的引入,也一并传播到中国。

最早的中文版营销学书籍,是复旦大学教授丁馨伯先生于1933年编译、1934年由世界书局印行的《市场学原理》①,其依据的蓝本是梅纳德(Harold H. Maynard)、维德勒(Walter C. Weidler)和贝克曼(Theodre N. Beckman)所著的《营销原理》(Principles of Marketing,1930年第1版,1932年第2版,Ronald Press公司出版)。而最早自编的中文版营销学书籍,是侯厚吉编写的《市场学》,1935年7月由黎明书局出版发行。但是,在这两本书出版之前,一些商学院已经开设了市场学课程,因此推论在更早的时间已经有内部发行的营销学讲义或教材。据相关文献显示,1947年曾翻译、出版了《纺织品市场学》的中文版②,原著即美国纺织基金会编写的 Marketing of Textiles.

(2) 营销学在中国的第二次传播(20世纪70年代末期之后)。伴随着中国1978年底开始的改革开放,营销学开始了在中国的第二次传播。至今为止,大体经历了学习引进、消化吸收、模仿创新和自主创新等四个阶段。

学习引进期(1978—1990年)。在研究方法方面,主要是采取营销教材学习的研究方法,即通过翻译和参考国外营销学教材,了解这门学科实质。在研究内容方面,主要是对营销学学科形成、框架和内容的一般介绍。在研究成果方面,反映营销学术成果的形式主要是教材和词典,判断其水平高低的主要标准不是创新,而是准确地理解营销管理的概念及内容。

消化吸收期(1991—2000年)。在研究方法方面,主要采取专题学习的研究方法,即在把握营销学科整体框架的基础上,对各个行业或营销各个专题进行学习,大多为描述性讨论。在研究内容方面,已经从营销学科的一般讨论深化至营销的专题研究,并结合中国的营销实践进行简单地应用说明和解释。在研究成果方面,高水平的营销学术论文很少,但是已经出现了更为具体的营销专题方面的著作,同时也有一定水平的少许营销理论专著问世。

模仿创新期(2001—2010年)。在研究方法方面,主要采取模仿创新的研究方法,即模仿国际学界认可的规范研究方法和技术路线,结合中国本土营销实践进行理论方面的创新研究。在研究内容方面,已经不是营销教材和专题的解释和交流,而是进行真正的营销理论创新研究,消费者行为、服务营销、零售营销等方面的研究几乎与国际同步。在研究成果方面,已有一些高水平的研究成果在国

---

① 这与社会上广为流传的吴健安教授的看法有所不同。吴教授认为,中国第一部营销学著作是丁馨伯编译、1933年由复旦大学出版的《市场学》。但经作者考证(收藏有该书第一版),吴先生的说法有误,无论是出版时间、书籍名称,还是出版社都有误。

② 沈位:《纺织品市场学》,载于《公益工商通讯》1947年第1期。

际学术会议上交流并且在国际顶级营销学术期刊发表。

自主创新期（2011—　）。在研究方法方面，接受了定量和质性的研究方法，并且合理地进行选择和使用；在研究内容方面，关注理论分析和结论创新性贡献；在研究结果方面，在国际高水平期刊发表论文的数量大大增加，相应的学术专著具有新意和创新性，而不是模仿和注释。

1.2　营销在企业管理中的地位

企业营销活动比人们的想象要重要得多，一方面企业通过营销活动与顾客发生各种各样的联系，顾客是通过企业营销活动感受其品牌的价值；另一方面企业发展战略的实现离不开营销活动，营销是企业战略实现的重要基础和条件。

1. 企业战略学者视角的营销地位

何时企业管理学科细分为战略管理、组织和人力资源管理、营销管理等并不十分明确。战略管理学者认为，营销是实现企业发展战略的一种职能，与组织、人力、信息、资金等并重。图 1.1 是常见的制定企业发展战略的逻辑框架。该战略框架说明了两点：一是营销战略的制定必须以企业发展战略为基础；二是营销战略是企业发展中的一项职能战略。

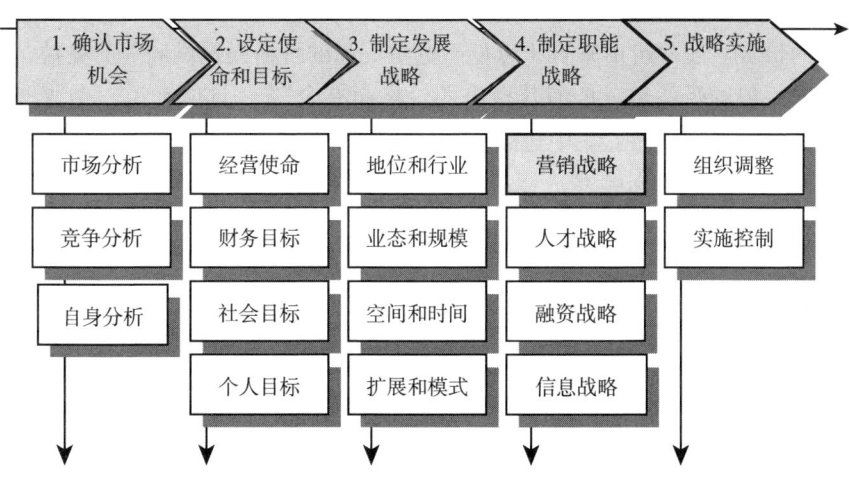

图 1.1　企业发展战略规划框架

图 1.1 的企业战略规划框架，存在一个缺陷，虽然包含了竞争优势的内容，但是对其强调远远不够，更没有将其界定为顾客创造的独特价值。企业战略的核心是竞争战略，竞争战略的核心是竞争优势，按波特的说法，即"竞争优势是一切战略的核心"[①]。显然，在诸多的企业战略规划中，并没有清晰地描述为顾客带来的优于竞争对手的利益或价值在哪里，更多的是局限于资金雄厚、人才素质高、政府关系好等资源层面。这是优势，但不是波特所说的竞争优势。究其原因，缘于没有将营销在战略规划中的位置清晰化。

2. 营销在企业战略中的真实地位

尽管企业战略学者也非常重视营销的作用，但是大多仅将其视为多项职能战略之一。之所以企业领导者认为战略太"虚"，是因为现有战略框架没有给予营销应有的位置。实际研究发现，营销不是企业发展战略中的职能战略，而是企业发展战略本身的重要组成部分，即打造竞争优势的重要内容，企业发展战略只不过是对竞争优势的复制。换句话说，在制定发展战略之前，应该首先确定竞争优势，如果没有竞争优势，发展战略中"发展"的内容有可能是劣势，劣势的延伸不可能自然地转化为优势。在此分析的基础上提出一个新的企业发展战略规划框架（见图 1.2），主要是在"发展战略"之前补充了"竞争战略"的内容，竞争战略的目的是打造竞争优势。

迈克尔·波特认为："竞争优势归根结底产生于一个企业能够为其客户创造的价值，这一价值超过了该企业创造它的成本。价值是客户愿意为其所需要的东西所付的价钱。超额价值来自于以低于竞争厂商的价格而提供同等的受益，或提供的非同一般的受益足以抵消其高出的价格而有余"[②]。具体来说，企业取得竞争优势有三种通用战略：集中化战略、低成本战略和差异化战略[③]。这三个战略实际上就是营销的目标顾客选择战略、低价格战略和营销组合要素的差异化战略。换句话说，竞争优势是靠营销战略实现的，因此营销是企业发展战略的重要组成部分，而不是一项职能战略。可见，营销比学者和企业领导人的想象重要得多。

---

①③ 迈克尔·波特：《竞争优势》，中国财政经济出版社 1988 年版，第 11 页。
② 同上，第 3 页。

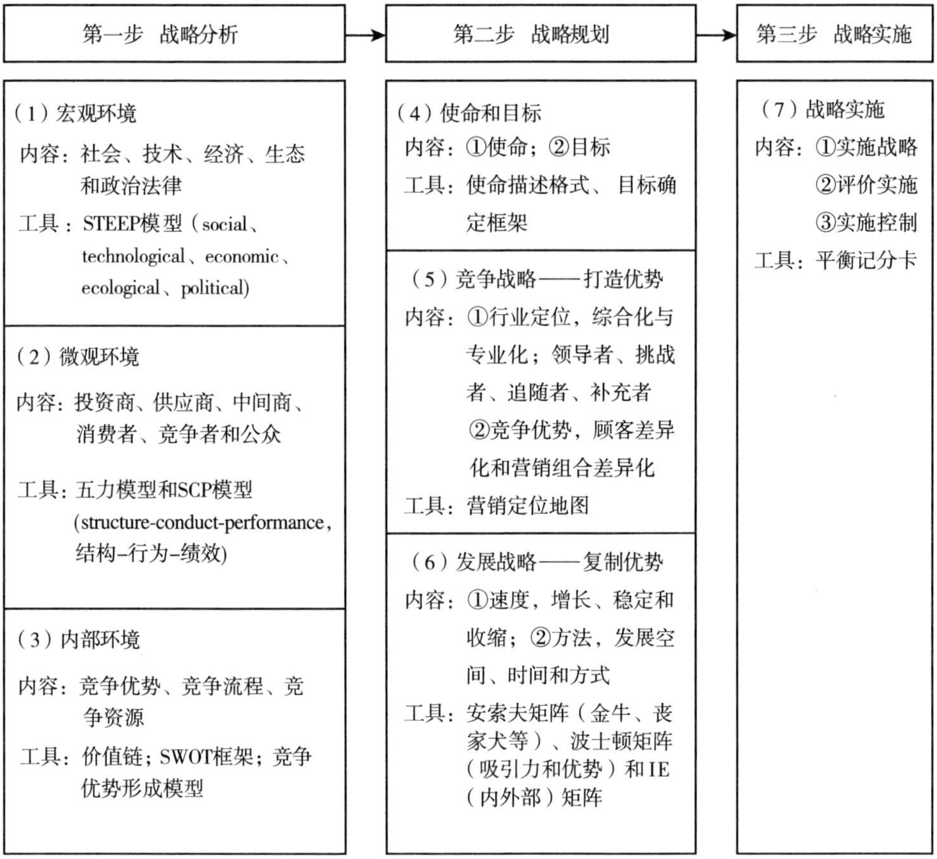

```
┌─────────────────────────┐     ┌─────────────────────────┐     ┌─────────────────────────┐
│   第一步  战略分析       │ ──▶ │   第二步  战略规划       │ ──▶ │   第三步  战略实施       │
└─────────────────────────┘     └─────────────────────────┘     └─────────────────────────┘
```

（1）宏观环境
  内容：社会、技术、经济、生态和政治法律
  工具：STEEP模型（social、technological、economic、ecological、political）

（2）微观环境
  内容：投资商、供应商、中间商、消费者、竞争者和公众
  工具：五力模型和SCP模型（structure-conduct-performance，结构–行为–绩效）

（3）内部环境
  内容：竞争优势、竞争流程、竞争资源
  工具：价值链；SWOT框架；竞争优势形成模型

（4）使命和目标
  内容：①使命；②目标
  工具：使命描述格式、目标确定框架

（5）竞争战略——打造优势
  内容：①行业定位，综合化与专业化；领导者、挑战者、追随者、补充者　②竞争优势，顾客差异化和营销组合差异化
  工具：营销定位地图

（6）发展战略——复制优势
  内容：①速度，增长、稳定和收缩；②方法，发展空间、时间和方式
  工具：安索夫矩阵（金牛、丧家犬等）、波士顿矩阵（吸引力和优势）和IE（内外部）矩阵

（7）战略实施
  内容：①实施战略　②评价实施　③实施控制
  工具：平衡记分卡

图 1.2　新的企业发展战略规划框架

1.3　营销管理的内容

营销管理的内容包括"营销内容＋管理内容"，营销管理中的"管理"是指分析、计划、组织、实施和控制的完整过程。但是，关于营销管理中的"营销"包含哪些内容，还存在着不同的理解和看法，需要对此进行梳理。

1. 营销目标的变化

全球最大的市场营销组织——美国市场营销协会（American Marketing Association），是引领世界营销研究的营销学者共同体。该组织 1960 年给出营销的定义，而后分别于 1985 年、2004 年和 2007 年对营销定义进行修改，表明人们对于营销的理解是不断变化的（见表 1.2）。

表 1.2　　　　　　　　美国营销学会（AMA）营销定义演变

时间	语言	内容
1935、1948、1960	英文	Marketing is the performance of business activities that direct the low of goods and services from producer to consumer or user
	中文	营销是"引导产品或劳务从生产者流向消费者的企业活动"
1985	英文	Marketing is the process of planning and executing the conception, pricing, promotion, and distribution of ideas, goods and services to create exchanges that satisfy individual and organizational objectives
	中文	营销是对创意、产品和服务进行设计、定价、分销和促销的规划和实施过程，从而通过交换能够实现个人和组织的目标
2004	英文	Marketing is an organizational function and a set of processes for creating, communicating, and delivering value to customers and for managing customer relationships in ways that benefit the organization and its stakeholders
	中文	营销是一项组织功能和一系列过程，包括为顾客创造、沟通并传递价值，以及管理公司和顾客的关系，从而使公司和相关利益者获益
2007	英文	Marketing is the activity, set of institutions, and processes for creating, communicating, delivering, and exchanging offerings that have value for customers, clients, partners, and society at large
	中文	营销是一系列活动、组织、制度和过程，包括创造、沟通、传递、交换对顾客、客户、合作伙伴和整个社会具有价值的提供物

资料来源：根据 AMA 网站资料整理。

1960 年之前，营销定义基于分销企业，强调的是产品和服务的分销过程，既没有营销组合的概念，也没有突出顾客导向。1985 年，营销定义是基于企业角度，强调的是企业通过 4P 营销组合，通过交换实现个人或组织的目标。2004 年，营销定义基于顾客角度，强调的是为实现顾客价值和相关利益者利益而开展的一系列创造、沟通并传递价值的活动。2007 年，营销定义将顾客（customer，个体消费者）、客户（client，组织消费者）、合作伙伴和整个社会都作为营销的对象，有了"大顾客"概念，突出了社会责任。

由此可见，营销组合的要素由分销延伸至4P组合要素后，没有发生本质的变化，大多是营销组合4P要素的拓展和延伸；管理的内容也没有变化，仍然是分析、计划、组织、实施和控制。但是，营销的目标发生了变化，由个人或公司获得自己所需用之物调整为：通过实现顾客价值来实现相关利益者利益和价值。无疑，最为重要的还是实现顾客价值和顾客满意，顾客价值决定顾客是否购买，顾客满意决定顾客是否再购买，是否再购买是衡量顾客忠诚度的重要指标，二者是推动公司取得良好业绩之车的两个轮子。还有一个重要原因是，相关利益者利益的各自分割多少，取决于最终顾客向企业支付的价格总额的多少，因此营销的核心目标就转化为实现顾客价值和顾客满意。

2. 营销管理的内容

实现营销目标的内容和方法就是营销管理的内容。换句话说，实现顾客价值和顾客满意的内容和方法就是营销管理的内容。

（1）如何实现顾客价值。顾客价值是顾客购买某一项商品和服务所花费的总成本，与该项产品和服务带来利益的比较；顾客利益包括产品利益、服务利益、人员利益和形象利益等；顾客成本包括货币成本、时间成本、体力成本和精力成本[①]。可以通过分析顾客利益和顾客成本的关键影响因素，以及它们对顾客价值结果的作用（见表1.3），来探寻营销战略管理的内容。

表1.3　　　　　　　　　顾客价值的三种结果及评价

利益和成本之间关系	结果	评价
利益大于成本	物超所值	很好
利益等于成本	物有所值	较好
利益小于成本	物无所值	不好

由表1.3可知，要实现物有所值和物超所值的目标，只有两种方法：或是增加顾客获得的利益，或是减少顾客支出的成本。无论采取哪一种方法，无非是产品（包括服务）、价格、分销和沟通四个营销组合要素的组合（见表1.4）。

---

① 科特勒、凯勒：《营销管理》，上海人民出版社2006年版，第155页。

表 1.4　　　　　　　　　　提升顾客价值的途径

增加顾客获得利益	减少顾客支出的成本
产品利益：提供更好产品	货币成本：降低价格
服务利益：提供更好服务	时间成本：产品、服务、分销和沟通
人员利益：提供更好沟通	体力成本：产品、服务、分销和沟通
形象利益：提供更好产品、服务和沟通	精力成本：产品、服务、分销和沟通

（2）如何实现顾客满意。顾客满意是顾客对某一项商品和服务的期望，与该项产品和服务带来的感知使用效果的比较。无论是顾客的事前期望，还是事后的感知，都是顾客的某种感觉。由此，可以通过分析顾客期望和顾客实际感知效果的关键影响因素，观察它们对顾客满意结果的作用①（见表 1.5），来探寻营销战略管理的内容。

表 1.5　　　　　　　　　　顾客满意的三种结果及评价

感知效果和期望之间关系	结果	评价
效果好于期望	非常满意	很好
效果等于期望	基本满意	较好
效果次于期望	不能满意	不好

由表 1.5 可知，要实现基本满意和非常满意的目标，只有两种方法：或是提升顾客的实际感知使用效果，或是降低顾客的期望。不过，也有研究证明，提升顾客期望，也可以提升顾客感知效果。无论采取哪一种方法，都是产品（包括服务）、价格、分销和沟通四个营销组合要素的组合（见表 1.6）。

表 1.6　　　　　　　　　　提升顾客满意度的途径

提升顾客的实际感知效果	降低顾客期望
提供更好的产品、优质的服务、较高的价格、有声誉的零售终端和信任的沟通	低调的品牌声誉、不承诺过多服务、较低的价格、朴实的分销渠道、低调的广告传播

有趣的是（这一点都被学者和营销实践者忽略了）无论是顾客价值，还是顾客满意，在本质上都是顾客的一种心理感觉，而非与实际情况完全匹配。这给

---

① Susan Fournier and David Glenmick，"Rediscovering Satisfaction"，*Journal of Marketing*，October，1999，5-23.

我们提供了两方面的营销启示：一是在顾客价值和顾客满意之间找到一个平衡点，让顾客感到值才会购买，这个"值"是顾客购买之前的心理感知，因此必须让顾客购买前感到"值"，做广告宣传品牌如何好，但是说得过好了，会提升顾客的期望，使顾客购买后不容易满意，不容易产生重复购买行为；二是由让利思维转化为让价值思维，顾客价值和满意是顾客的心理感知，即顾客要的是心理感知，企业要的是真金白银，两者的需求不同。因此企业营销的关键不是让利，而是如何花较少的钱，让顾客感到"值"和满意。事实证明，二者不一定是正比关系。

综上可知，营销管理的内容就是"营销的内容+管理的内容"，即为了实现顾客价值和顾客满意的目标，需要对选择目标顾客和定位、产品、服务、价格、分销和沟通等全部营销要素组合进行有效管理，也即分析、计划、组织、实施和控制，简言之，即分析、规划和实施。

1.4 营销管理的框架

在明确营销管理内容的基础上，可以归纳出相应的营销管理框架。这个框架不仅是理论研究的指引，也是营销管理规划书的编制逻辑。

1. 麦卡锡营销管理框架

麦卡锡（E. Jerome McCarthy）在 1960 年出版的《基础营销学》中提出了营销管理的基础框架；1964 年，在该书的第 2 版[①]中对原有框架进行了微调；1981 年，在第 7 版中，再次做了微调（仅仅是用"竞争环境"取代了原有的"目前公司市场地位"），形成后来相对稳定的营销管理框架（见图 1.3）[②]。该框架表明，围绕着目标顾客这个核心，要分析公司不可控制的经济环境、政治法律环境、文化社会环境、竞争环境、公司资源和目标等因素，然后对于公司可以控制的产品、价格、分销和促销等四个因素进行组合。这个框架成为营销管理框架演化的重要基础。

---

① E. J. McCarthy, *Basic Marketing: A Managerial Approach*, Homewood: Richard D. Irwin, Inc, 1964, 49.

② E. J. McCarthy, *Basic Marketing: A Managerial Approach*, Homewood: Richard D. Irwin, Inc, 1981, 52.

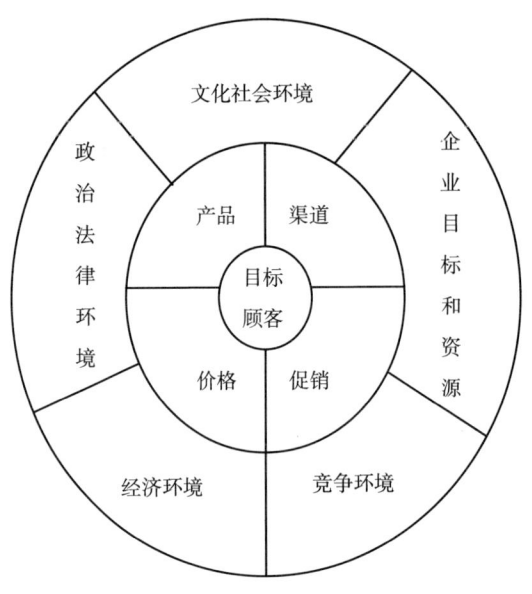

图1.3 麦卡锡营销管理框架

2. 科特勒营销管理框架

在麦卡锡营销管理框架的基础上，科特勒在1984年出版的第5版《营销管理》一书中，提出了新的营销管理框架，最为重要的是补充了信息系统、计划系统、执行系统和控制系统等内容，同时把营销环境细分为宏观环境和微观环境（见图1.4）①。这一营销管理框架一直在沿用，直到2011年科特勒出版了第14版《营销管理》，也未改变。

科特勒也曾经用另外的框架来说明营销管理的过程和内容，其中有一个众人熟知的模型，即关于10P's的概括。1986年6月30日，菲利普·科特勒应邀到北京对外贸易大学讲学，做了题为"市场营销对计划经济的贡献"的演讲，中国成为最早了解科特勒营销管理10P's概念的国家之一②。10P's是指产品（Product）、渠道（Place）、价格（Price）和促销（Promotion），探查（Probing）、细分（Partitioning）、优先（Prioritizing）和定位（Positioning），权力（Power）和公共关系（Public Relations）（见图1.5）。

---

① Philip Kotler, *Marketing Management*: *Analysis*, *Planning and Control*, Prentice-Hall, Inc, 1984, 72.
② 苏亚民：《现代营销学》，对外贸易教育出版社1991年版，第372~380页。

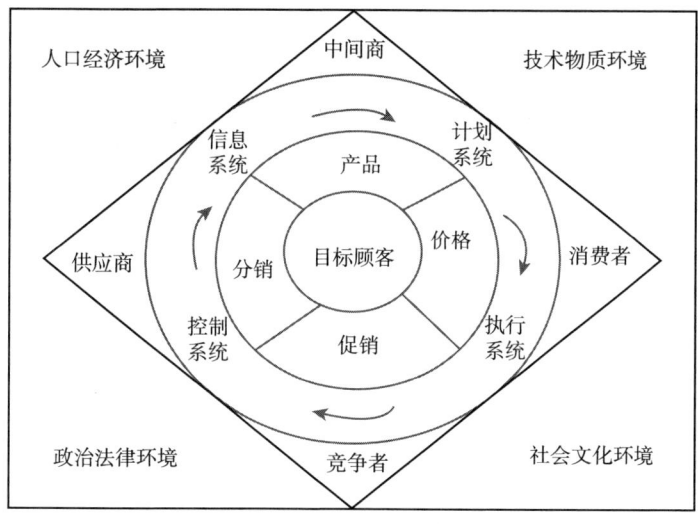

图 1.4 科特勒的营销管理框架

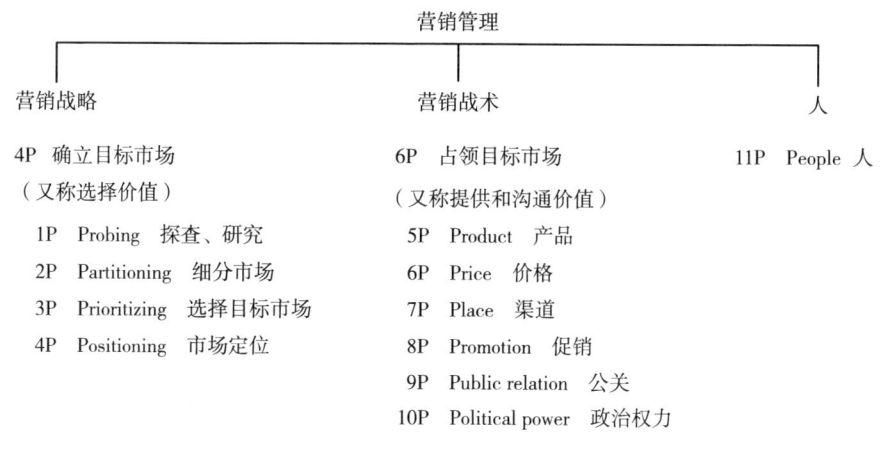

图 1.5 科特勒 10P's 营销管理模型

2006 年，科特勒在《营销管理》第 12 版[①]中提出了全方位营销理论，即在生产观念、产品观念、推销观念、营销观念之后，出现了全方位营销观念。2011年出版了《营销管理》第 14 版，仍然延续了第 12 版全方位营销的框架内容（见图 1.6）。但并未清晰地说明这个框架如何与图 1.4 的管理框架融为一体。

---

① Phillip Kotler and Kevin Keller, *Marketing Management Analysis, Planning, and Control*. Prentice-Hall, a Pearson Education Company, 2006；中文版《营销管理》，上海人民出版社 2006 年版，第 18 页。

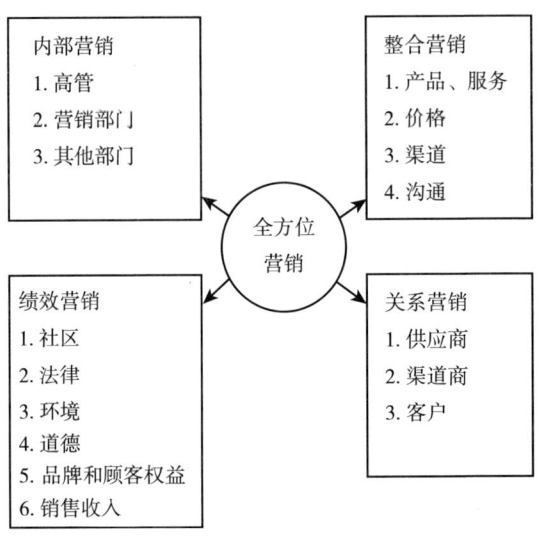

图 1.6 科特勒全方位营销框架

3. 切尔内夫营销管理框架

亚历山大·切尔内夫（Alexander Chernev）认为，营销不是经理人误解的仅为战术，它也是战略，是创造和管理成功交易的艺术与科学；艺术是指经理人的创造性和想象力，科学是指系统化的知识框架。在此基础上，他提出了 G-STIC 的战略营销管理框架，包括 Goal（目标）、Strategy（战略）、Tactics（战术）、Implementation（执行）和 Control（控制），并形成了一个营销战略管理金字塔（见图 1.7）①。

4. 哈佛商学院营销管理框架

在 21 世纪初期，哈佛商学院营销系提出了"市场营销图解"②，亚科布奇（Dawn Lacobucci）也提出了类似的营销框架模型③，简称为 "5C's（Company, Collaborators, Customers, Competitors, Context）–STP（Segmentation, Targeting, Positioning）–4P's（Product, Price, Place, Promotion）"。这个模型清晰地反映了

---

① 亚历山大·切尔内夫：《战略营销管理》，中国人民大学出版社 2011 年版，第 10 页。
② 罗伯特·J·多兰等：《营销战略》，中国人民大学出版社 2003 年版，第 5 页。
③ 唐·亚科布奇：《营销管理》，机械工业出版社 2011 年版，第 214～227 页。

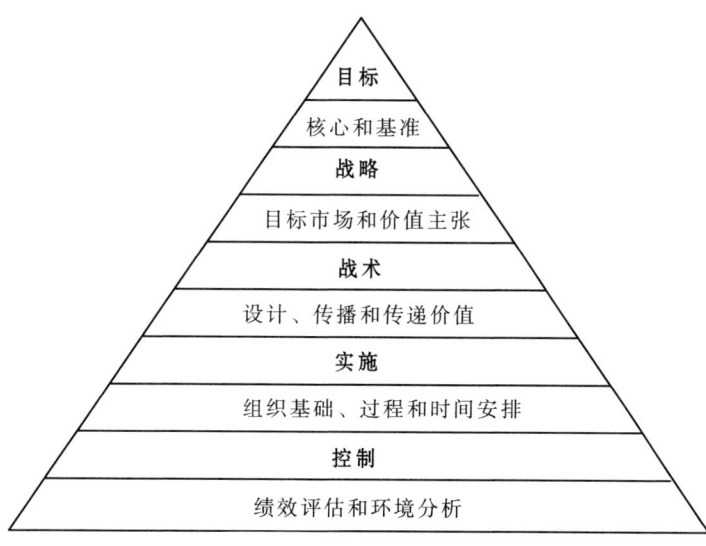

图 1.7 G-STIC 行动－计划金字塔

现代营销学框架内容,以及与营销管理实践的直接匹配性,因此可以作为营销管理实践的逻辑指南(见图 1.8)。这个框架的新特点,不仅清晰地表示出营销管理内容,同时将细分市场、目标顾客选择、营销定位、产品、服务、分销和促销都视为创造价值,改变了以往只有产品创造价值的思维,是以价值创造为核心的。

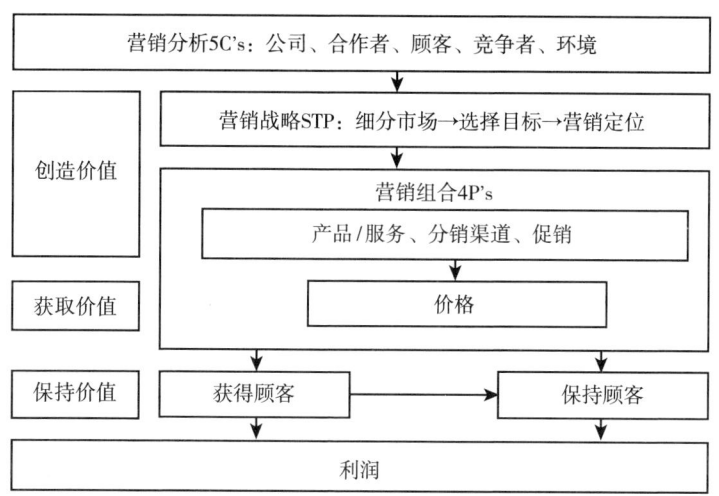

图 1.8 哈佛商学院营销管理框架

5. 李飞的营销管理框架

2005年李飞提出了这一框架,即用人的两个手掌、十个手指来说明营销管理的内容。右手为营销战略目标,核心是市场目标的确定,集中体现为找位和选位,包括拇指代表的市场研究、食指代表的市场细分、中指代表的目标顾客选择、无名指代表的目标顾客细分、小拇指代表的营销差异化定位。左手为营销战术,核心是实现营销战略目标,集中体现为到位,包括拇指的产品策略、食指的价格策略、中指的分销策略、无名指的沟通策略、小拇指的执行策略(见图1.9)①。右手大拇指的"调研"是分析,左手的小拇指的"执行"是实施,其他8个手指既是规划,又是分析、规划和实施的管理全过程。同时也包括了目标顾客选择、定位、营销组合等营销学的基本范式。

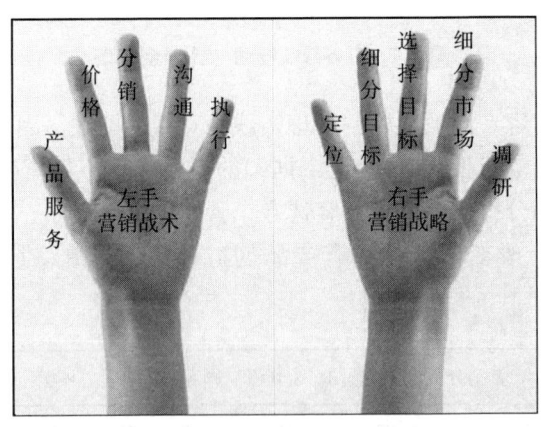

图1.9 十指营销

6. 本书建立的营销管理框架

在参考已有营销管理框架的基础上,考虑到"营销+管理"的整体内容,建立了一个"G-5C's-STP-4P's-3P's"营销管理框架。这个框架是在哈佛商学院营销管理框架基础上所做的改进:一是增加了营销组合实现的基础部分,包括构建关键流程(Procedure)和整合以人为核心的重要资源(People),匹配科特勒全方位营销中内部营销的部分;二是将管理过程的分析、规划和实施部分与营销结

---

① 李飞:《十指营销》,清华大学出版社2005年版,第2~3页。

合起来，构成真正的营销管理；三是绩效部分增加相关利益者利益（Performance），匹配科特勒全方位营销中的关系营销和绩效营销部分；四是增加了目标（G）确定的部分。最终形成了一个新的"G-5C's-STP-4P's-3P's"（见图1.10，阴影部分是作者补充完善的部分）。

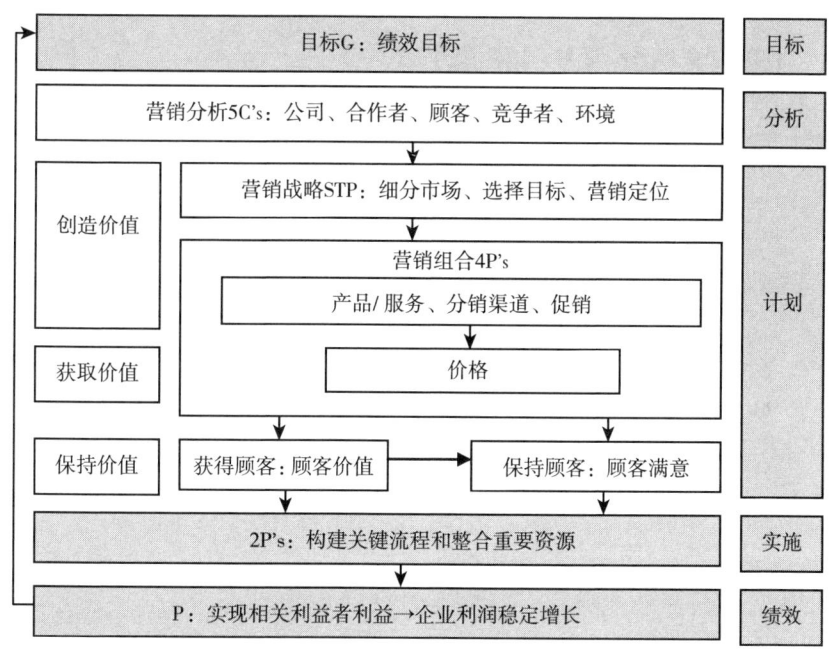

图1.10 "G-5C's-STP-4P's-3P's"营销管理框架

最后，简单地说明这个框架：营销管理的第一步是确定公司的营销目标，明确公司将要达到的绩效；第二步，进行营销分析或研究，分析5C's（公司自身、合作者、顾客、竞争者、宏观环境）等内容；第三步，制订营销计划，包括创造价值的选择目标市场、营销定位和产品、渠道和促销的策略组合等内容，还包括获得价值的价格策略选择，以及保持价值的顾客满意等；第四步，实施营销计划，包括构建关键流程和整合重要资源，保证计划的有效实施，从而实现绩效目标。

第2章 营销定位地图

人们用地图来表示一个物体的位置和到达的路线。借用"地图"一词与营销定位相结合，是要说明营销定位的方法和步骤，以及相应的路线图。长期以来，定位理念在营销理论和教材中得以强调，但是定位的工具和方法还非常缺乏，更没有形成一个完整的逻辑体系，也没有清晰地明确与营销管理之间的关系。本章主要梳理营销定位与竞争优势、营销管理之间的关系，进一步完善已有的营销定位框架，建立一个更为系统的营销定位框架图，简称为营销定位地图。

2.1 营销定位问题的引出

由营销框架可以看出,一个企业、一个政府、一所学校等的营销目的,是实现相关利益者利益,而相关利益者利益的核心是实现客户的利益,即实现客户价值和客户满意。换句话说,实现了顾客价值和顾客满意,基本上就会取得营销的成功。但是,由于市场上存在着竞争者,仅仅实现顾客价值和顾客满意还不够,还必须实现优于竞争对手的顾客价值和顾客满意。优于竞争对手的顾客价值和顾客满意被称为竞争优势。竞争优势是企业营销的目的,也是企业生存和发展的重要基础。"当今,竞争优势的重要性几乎达到了无以复加的程度",但"许多企业在争先恐后地追求增长和多种经营中都将竞争优势置之脑后"[1]。这需要进一步探寻竞争优势的形成路径。

1. 竞争优势的形成框架

既然竞争优势是企业生存和发展的重要基础,营销管理也必须为竞争优势做出相应的贡献。因此,需要了解竞争优势是什么以及相应的形成机理[2]。

(1) 竞争优势的概念。竞争优势属于竞争位势范畴,是指企业为目标顾客提供价值时与竞争对手相比较所处的位置,包括竞争优势、竞争平势和竞争劣势。有学者根据企业获得超额收益状况划定其属于哪一种位势[3],根据企业为顾客提供价值的多于或少于竞争对手来划定竞争位势。竞争优势表现在企业为顾客提供的价值,或是提供同等效用时价格低廉,或是提供独特效用使顾客愿意多付出高价[4],它是企业与竞争对手相比,在产品、服务、价格、渠道、沟通等方面所具有的一个或一个以上的优越条件或地位。这样,竞争优势就体现为围绕着营销定位点进行营销组合所形成的提供给顾客的利益状态。营销定位点是指目标顾客关注且具有比较竞争优势的营销要素形成的利益点或价值点。假如存在一个非常明显的强于竞争对手的定位点,其他方面不低于行业平均水平,则把这个定位

---

[1] 迈克尔·波特:《竞争优势》,前言,中国财政经济出版社1988年版。
[2] 这部分内容来源于李飞、汪旭晖:《零售企业竞争优势形成机理研究》,载于《中国软科学》2006年第6期。
[3] 刘洪伟等:《企业竞争能力的层次结构及其经济学分析》,载于《南开管理评论》2005年第3期。
[4] 王核成、孟艳芬:《基于能力的企业竞争力研究》,载于《科研管理》2004年第6期。

点定义为竞争优势。

由此可以推论，无论是企业战略管理当中的竞争优势，还是营销管理当中的竞争优势，都必须或曰主要是通过营销定位来实现的。第1章已讨论竞争优势与营销管理之间的密切关系，本章不再赘述。

（2）竞争优势的来源。竞争优势源于何处？这是学术界和企业界最为关注、争论最多、分歧最大的问题。关于企业竞争优势形成机理的研究，大致经历了一个从企业内部经济资源到外部产业环境，又从外部产业环境回归企业自身能力，再到资源、环境、能力综合要素的过程。越来越多的学者认为，无论是波特的竞争优势"外生论"，还是里普曼、鲁梅尔特、普拉哈拉德等人的"内生论"，都具有一定的局限性，竞争优势产生于内部和外部的综合要素①。实际上，无论是竞争优势"外生论"，还是"内生论"，都没有否认另一方面在形成竞争优势中的影响和作用，只是关注的重点不同。现在流行的大量文献是通过竞争能力的分解来说明竞争优势的来源。竞争能力不是单独发生作用而是综合作用形成竞争优势。竞争能力结合的结果表现为业务流程，业务流程在价值创造中具有重要作用，其关注的内容不同形成不同的竞争优势；换言之，关键业务流程是保证竞争优势实现的重要基础。

那么影响业务流程内容的关键因素是什么？竞争优势"外生论"、"内生论"，甚至"综合论"都聚焦于"企业资源因素"，只是侧重点不同而已。越来越多的学者认为，无形的学习和成长资源比有形的物质设备资源更重要。后者表现为人财物形成的系统，前者表现为制度、文化和组织等。

这样就形成了一个竞争优势的来源图，包括打造竞争优势、依竞争优势构建关键流程、依构建的关键流程匹配或整合重要资源（见图2.1）②。

由图2.1可知，竞争力包括竞争优势、竞争流程和竞争资源等三个层次。实际上，核心竞争力也应该包括三个层次，而不是其中的一个或两个层次。因为竞争优势如果不是建立在竞争流程和竞争资源的基础上，非常容易被竞争对手模仿，容易模仿的就不是竞争优势了；反之，竞争流程和竞争资源如果没有转化为顾客已感知的竞争优势，即在营销组合某一方面利益或价值优于竞争对手，再好的流程和资源也没有意义。以沃尔玛为例。有人认为沃尔玛的核心竞争力是低价格，有人认为是供应链，还有人认为是独特的企业文化——这些都不全面。沃尔玛的核心竞争力可以描述为三个层次：天天低价的竞争优势，为了保证实现天天

---

① 邹国庆、于桂兰：《企业竞争优势理论综述》，载于《经济学动态》2004年第8期。
② 李飞：《营销教学案例》，经济科学出版社2012年版，第26页。

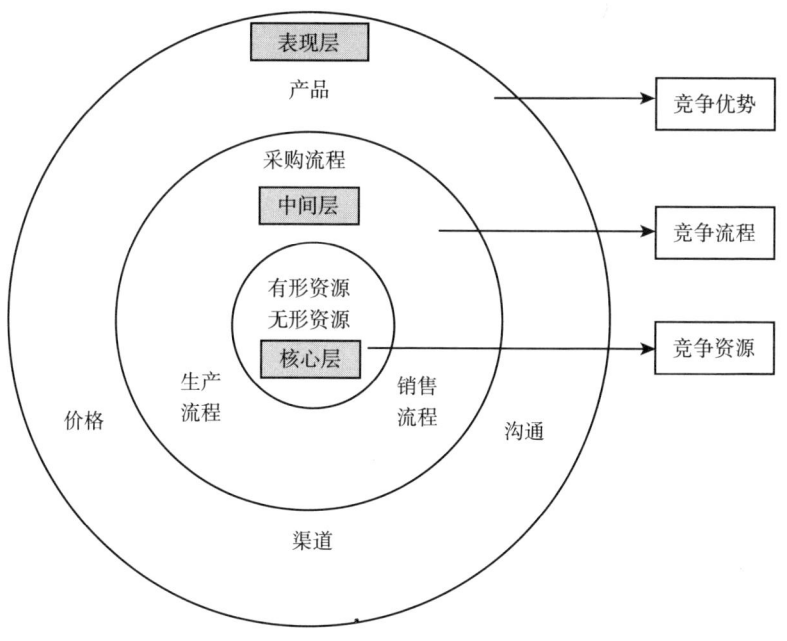

图 2.1 竞争力构成的三个层次

低价竞争优势而构建的低成本采购的关键流程，以及为了构建低成本采购流程而匹配的企业重要的有形资源和无形资源。

竞争优势的形成，可以通过由内到外（整合资源－构建流程－形成优势）和由外到内（规划优势－依优势构建流程－依流程整合资源）两条路径构建。

2. 用营销定位打造竞争优势

"竞争是一个残酷的过程，考验的是一个公司发现竞争优势并保持竞争优势的能力"[1]。竞争优势是指优于竞争对手的顾客价值和顾客满意，即在营销组合要素的某一方面为顾客带来独特的优于竞争对手的利益和价值。

在竞争环境下，营销管理的核心是营销定位，营销定位是指选择一个定位点并实现这个定位点，定位点为目标顾客关注并优于竞争对手的利益或价值点。

由竞争优势和营销定位的概念得出结论：可以通过营销定位来实现竞争优势。然而长期以来，营销定位似乎仅是一种概念，尚未成为一种实用的工具。实

---

[1] 琼·玛格丽特：《竞争战略论》，中信出版社 2012 年版，导言 第 XIII 页。

践中，亟须将其变成具体的管理工具。

2.2 营销定位理论的演化

"定位"一词并非源自营销学科，偶然被引入广告领域，也仅是一种理念，远没有成为一种应用工具和方法。然而，后来的发展出人意料，定位成为营销管理的核心概念和方法之一。

1. 营销定位概念的由来和传播

中文"定位"一词源自《韩非子·扬权》："审名以定位，明分以辨类。"原意为查看事物的名义，以确定它的位置；探寻事物的分属，以辨别它的类别。后来，定位一词更多地应用在建筑、地理等测量领域，以及汽车四轮调试、机械学中的螺钉位置确定等方面。顾名思义，对定位的普遍解释，就是确定位置。

将"定位"引入营销领域源于两位美国广告公司经理艾尔·里斯（AL Ries）和杰克·特劳特（Jack Trout）。1963年里斯创办了自己的广告公司，后来想用简单的词语来表达公司的营销哲学，曾经想用"Rock"，但是没有达成一致意见。特劳特和里斯是在通用电气公司工作时的同事，1968年底加入里斯公司（当时名为 Ries Cappiello Colwel Advertising，简称为 RCC）并担任客户经理。1969年1月3日特劳特建议公司用"Positioning"（定位）一词来表示公司的营销哲学[1]，1969年他在《工业营销》（Industrial Marketing）上发表的一篇文章中，公开、正式地使用了"定位"一词，意为确定产品在人们头脑中的位置[2]。这篇文章没有产生多大影响，也没有使"定位"一词传播开来。1972年，里斯和特劳特在《广告时代》（Advertising Age）杂志连续刊发了三篇有关定位的文章[3][4][5]，提出50年代为产品时代，60年代为品牌形象时代，70年代为定位时

---

[1] 钱杭园、杨小微：《杰克·特劳特：广告定位理论的最早提出者》，载于《新闻爱好者》2008年第12期（下半月）。

[2] Jack Trout, "Positioning" is a Game People Play in Today's Me-too Market Place, *Industrial Marketing*, 1969, 54 (6), 51-55（这篇文章可以翻译为《定位是一种在今天模仿市场中的游戏》）。

[3] A. Ries and J. Trout, "How to Position Your Product", *Advertising Age*, 1972, 43 (May 8), 114-116.

[4] A. Ries and J. Trout, "Positioning Cuts through Chaos in Marketplace", *Advertising Age*, 1972, 43 (May 1): 51-54.

[5] A. Ries and J. Trout, "The Positioning Era Cometh", *Advertising Age*, 1972, 43 (April 24), 35-38.

代,引起了传播学者的关注。但是影响也是有限的。

直至1981年,里斯和特劳特出版了第一本有关定位的书籍——《定位:攻占你心灵的战争》[1],才使"定位"一词和理念广泛传播开来,并从广告领域逐渐延伸至营销领域。有人争论里斯和特劳特谁是定位理论最早提出者[2][3][4],其实二人应该是不分彼此。特劳特在里斯公司最早提出"定位"一词,并独自发表文章使用该词,但是这篇文章是二人合作完成,只是里斯客气地婉拒了署名,后来3篇有影响的文章和《定位》一书,都是二人合作的成果,而定位理论的形成应该是以《定位》一书的出版为标志,影响也是由此逐渐扩大的。

在《定位》一书出版的前一年,1980年,科特勒出版了《营销管理分析、计划和控制》第4版[5],书中已有市场细分和目标市场选择的概念,但是定位的概念还没有被引入,足见此时定位概念影响非常有限。1982年,在台湾出版的陈定国编著的《行销管理概论》中,较早地引入了产品定位和再定位的概念,但是将其等同于产品细分概念[6]。1984年,即《定位》一书出版后的第3年,科特勒出版了《营销管理分析、计划和控制》第5版,书中第一次将定位的概念引入其教材中,该书第8章为市场细分、目标市场选择和定位,其中一节为产品定位,并介绍了里斯和特劳特的定位思想[7]。随后,定位成为营销管理的战略内容之一,内容不断得到充实。

定位理论随着西方广告和营销学在中国的传播而得到学者的认知。1985年,傅汉章等主编的《广告学》中,较早地具体介绍了定位理论[8];1990年,包含有定位理论的科特勒《营销管理分析、计划和控制》第5版的中文版出版发行[9];1991年里斯和特劳特的定位理论代表作以《广告攻心战略——品牌定位》

---

[1] A. Ries and J. Trout, The Positioning: The Battle for Your Mind, McGraw-Hill, 1981.
[2] 钱杭园、杨小微:《杰克·特劳特:广告定位理论的最早提出者》,载于《新闻爱好者》2008年第12期(下半月)。
[3] 刘悦坦:《"定位理论"背后的"定位站"》,载于《成功营销》2007年第5期。
[4] 刘悦坦:《"定位理论"提出者艾里斯以及女儿劳拉里斯亲自来信以及我的答辩》,载于http://yuetanliu.blog.sohu.com/52433711.html,2007年6月26日。
[5] Phillip Kotler, Marketing Management Analysis, Planning, and Control, Prentice-Hall, INC., Englewood Cliffs, New Jersey, 1980.
[6] 陈定国:《行销管理导论》,台湾五南图书出版公司1982年版,第165页。
[7] Phillip Kotler, Marketing Management Analysis, Planning, and Control, Prentice-Hall, INC., Englewood Cliffs, New Jersey, 1984, 252–276.
[8] 傅汉章、邱铁军:《广告学》,广东高等教育出版社1985年版,第92~97页。
[9] 科特勒:《营销管理 分析、计划和控制》(第5版),上海人民出版社1990年版。

为名出版中文版①。但是，在中国的影响非常有限。

2001年，定位被美国营销学会评选为有史以来对营销影响最大的概念。2002以后，里斯和特劳特的一系列定位理论著作在中国出版②，突破了广告领域，对营销战略产生了重要影响。

时至今日，定位理论已在"定位什么（内涵）、什么定位（外延）和如何定位（方法）"等三个方面取得重要进展，后文将对其进行详述③。

2. 定位的内涵：从利益延伸至属性、利益和价值

定位内涵是指定位的内容，即定位是什么。长期以来，通行的定义是"在目标顾客心目中占有独特位置的行动"④，但是这一定义强调的是定位一种行为及达到的目的，并没有表达出定位的具体内容，即用什么定位来取得独特的位置。近些年的研究在这方面取得了重要的突破，主要表现为两个方面：一是发现定位的核心是确定并实现定位点；二是这个定位点可以表现为属性、利益和价值三个方面。

（1）定位点概念的提出及定义。长期以来，定位理论是不完善的，一个重要标志是没有多少特有的概念，更没有形成概念体系，自然也就无法清晰地说明什么是定位和如何定位等问题。定位点的引入是完善定位理论概念体系的重要步骤。

定位，原指用仪器对物体所在位置进行测量，定位点就是经测量后确定的位置。在定位理论中，长期没有定位点的概念。2002年，凯勒等人提出了品牌定位参照系框架，其中涉及相同点（points of parity）和差异点（points of different）的概念，相同点是对非独特性品牌的联想，其属性和利益可能与竞争对手共享；差异点是区别于竞争对手的属性和利益的联想⑤。差异点可以表明竞争优势所在之处，但是它并不一定就是定位点，定位点有1个或2个或3个，差异点可能有

---

① 里斯、特劳特：《广告攻心战略——品牌定位》，中国友谊出版公司1991年版。
② 钱杭园、孙文清、杨小微：《广告定位理论在我国的传播、应用及评价》，载于《东南传播》2009年第11期。
③ 这部分主要内容源自李飞、胡凯、米卜：《营销定位理论的三个核心问题的研究进展》，载于《营销科学学报》2011年第1辑。
④ 里斯、特劳特：《广告攻心战略——品牌定位》，中国友谊出版公司1991年版，第2页。
⑤ Kevin Lane Keller, Brian Sternthal and Alice M. Tybout, "Three Questions you Need to Ask about Your Brand", *Harvard Business Review*, 2002 (September), 80 - 89（中文译为《三问品牌定位》，载于《哈佛商业评论》（中文版）2004年10月刊）。

很多个,因此与"定位点"的概念不同,定位点一定是差异点,但差异点不都是定位点。尽管定位点在工业、测量、汽车、建筑、电子等领域并不陌生,但是在营销理论中还是一个新词。

据不太全面的文献查询,发现定位点的概念在营销领域出现是在2003年①,被准确定义是在2005年,随后不断地出现在定位研究的理论文献当中。李飞认为,定位点是指企业选择、确定并提供给目标顾客的营销要素的某一特征,这一特征是目标顾客较为关注并且具有比较竞争优势的利益或价值点②;乔春洋认为,定位点是"可供品牌定位之用的要素",这些要素包含在产品当中③;余明阳和杨芳平认为,定位点是与竞争对手形成差异化,并据以向消费者传播并留下深刻印象的信息要点,可以是产品的某种属性、功效、设计、外观,也可以是品牌的某种利益或价值④。

本书所指的定位点是企业、品牌具有的目标顾客关注且具有明显竞争优势的属性点、利益点或价值点。有了定位点的概念,当有人再问定位干什么,就可以明确地回答:定位就是找到一个定位点并实现这个定位点。因此定位点概念的提出并定义是定位理论完善的重要基础之一。

(2)定位于顾客利益观点的提出。在定位概念提出之前,关注顾客的利益问题已经提上营销研究的议事日程。在20世纪50年代中后期,营销就已经成为企业的一项重要职能。1954年德鲁克(Druker)率先提出,企业的主要目标是满足顾客需求⑤。1960年,西奥多·莱维特在《哈佛商业评论》发表了著名的《市场营销的近视症》论文,论文指出:营销管理不应该仅仅是制造产品,而应该是提供顾客满意的价值(这里的价值指的是利益)⑥。由此可见,定位概念一提出,就已经是在关注顾客利益的大背景下。但是,初期定位强调的是在广告中诉求顾客的利益。

同时,定位概念被认为是广告"独特销售主张"(Unique Selling Proposition)观点发展的结果。广告经理罗瑟·瑞夫斯在20世纪四五十年代提出的"独特销售主张",就是强调将焦点集中于顾客关注的产品或服务的一个独特

---

① 李飞:《三步定位法——从产品定位到营销定位》,载于《成功营销》2003年第9期。
② 李飞、刘明葳、吴俊杰:《沃尔玛和家乐福在华的市场定位的比较研究》,载于《南开管理评论》2005年第3期。
③ 乔春洋:《品牌定位》,中山大学出版社2005年版,第19页。
④ 余明阳、杨芳平:《品牌定位》,武汉大学出版社2008年版,第57页。
⑤ 彼得·德鲁克:《管理实践》,上海译文出版社1999年版,第40~41页。
⑥ Theodore Levitt, "Marketing Myopia", *Harvard Business Review*, 1960:July-August.

利益上,其思想和定义体现在1961年出版的著作中①。所以里斯和特劳特在提出定位概念的同时,提出了"企业没必要在广告中大喊自己是最好的,而应该在顾客心目中增加产品的价值"②。在20世纪八九十年代,随着实现顾客价值和顾客满意成为营销的目标,顾客利益无可争议地成为定位的内容。1996年有学者明确指出:定位本质是以利益为基础的,定位将产品的特征转化为目标顾客的利益,这是顾客购买的理由③。目前,主流营销学者几乎一致认为:"市场定位开始于使企业营销供给切实地区别于竞争对手,从而给予消费者更多的利益"④。

(3)利益和价值的区分及应用。手段-目的链(Means-End Chain, MEC)分析法一出现,就成为顾客价值研究中重要的、深层次的研究方法之一⑤。这一概念早在1963年由奈威尔(Newell)和西蒙(Simon)两位学者率先提出⑥,20世纪80年代以后经古特曼等学者加以完善和发展⑦。该理论认为,顾客在购买产品和服务时,其出发点是实现一定的精神价值,为了实现这一价值需要取得一定的利益,为了实现这一利益需要购买一定的产品和服务的属性。属性包括原材料、形态、制造过程等内部属性和服务、品牌、包装和价格等外部属性。利益包括功能利益、体验利益、财务利益和心理利益等内容。价值包括归属感、爱、自尊、成就感、社会认同、享受、安全、快乐等内容。在市场营销范畴中,就形成一个手段-目的链:产品属性-产品利益-个人价值。利益和价值的区分意义重大,因为研究显示,二者的作用不同,价值对于人们偏好所起的推动作用大于使用产品带来的功能利益。所以,这种"手段-目的"理论已被认为是制定定位战略的基础⑧。

一些品牌研究学者提出了类似的主张,他们认为定位可在产品功能性

---

① Rosser Reeves, *Reality in Advertising*, Knopf, New York, 1961, 46–48;或罗瑟·雷斯(Rosser Reeves):《实效的广告》,世界图书出版公司1988年版,序言。

② Jack Trout and Al Ries,《定位在市场混乱状态中杀出一条生路》,Advertising Age, 1972 (5)。

③ 杰拉海姆·J·胡利:《定位》,参见迈克尔·J·贝克:《市场营销百科》,辽宁教育出版社1998年版,第290~296页。

④ 阿姆斯特朗、科特勒:《市场营销教程》(第6版),华夏出版社2004年版,第293页。

⑤ 李开:《手段-目的链模型在中国消费者价值研究中的运用》,载于《经济理论与经济管理》2005年第10期。

⑥ A. Newell, H. Simon, *General Problem Solving*: A Program that Simulates Human Thought [A], *Computer and Thought* [C], Feigenbaum and Feldman McGraw-Hill, New York, 1963.

⑦ A. J. Gutman, "Means-End Chain Model Based on Consumer Categorization Processes", *Journal of Marketing*, 1982 (46): 60–72.

⑧ 詹姆斯·H·迈尔斯:《市场细分与定位》,电子工业出版社2005年版,第198页。

(functional)、象征性（symbolic）和体验性（experiential）三方面进行，功能性是满足顾客对产品用途的需求，象征性是满足顾客角色认知层面的需求，体验性是满足顾客购买和消费过程的需求①。一方面，品牌本身分为功能性、象征性和体验性三种类型，不同的品牌类型适合相应的定位内容（见表2.1）；另一方面，在功能性定位和象征性定位与竞争者相似时，也可以将其转化为体验性定位，例如沃尔沃最初是功能性品牌，诉求安全（牢固车盖和钢梁保险杠），后来演化为形象性品牌，具有同情心的年轻父母的安全车，最后演化为"解救你的灵魂"的一种体验②。

表2.1　　　　　　　　　　　　　品牌定位内涵的类型

品牌类型	定位差异化基础	营销组合重点	消费者需求和参与度	管理挑战
功能性，如止痛药	超性能和超经济	产品、价格和分销	生理和安全需求，低参与度	保持优势的基础
形象性，如耐克鞋	令人愉悦形象	沟通	社会和尊重需求，高参与度	适应动态的环境
体验性，如迪斯尼	独特的参与经历	传递服务	自我实现需求，高参与度	消费饱和的风险

有学者由前述的研究成果推论定位包括价值定位、利益定位和属性定位三个方面，定位也就是选择并实现价值定位点、利益定位点和属性定位点的过程，三个定位点有其各自独特的作用和价值。价值定位点是满足目标顾客的精神感受，利益定位点是为目标顾客带来的功能好处（与价值定位有逻辑关系），属性定位是形成利益定位的原因（与利益定位有因果关系)③（李飞，2009）。可以根据表2.1来概括定位内涵的演化过程：由属性定位到利益定位，再延伸至价值定位，最后形成属性定位点、利益定位点和价值定位点的定位内涵体系（见表2.2）。在属性定位点和利益定位点实现差异化时，可以没有价值定位点；否则就必须通过价值定位点来实现差异化，取得竞争优势。可以说，这三个定位点体系的建立，大大拓展了差异化的空间，因为无论企业、品牌或产品的相似度有多大，最终总可以在价值定位点实现差异化。

---

① 克雷文斯、皮尔西：《战略营销》，机械工业出版社2007年版，第109～110页。
② 亚科布齐等：《凯洛格论市场营销》，海南出版社2003年版，第86～88页。
③ 李飞：《品牌定位点的选择模型研究》，载于《商业经济与管理》2009年第11期。

表 2.2　　　　　　　　　　　定位内涵的演化阶段

阶段	时间	定位内容
第一阶段	20世纪50年代中期至80年代初期	属性定位→利益定位
第二阶段	20世纪80年代初期至21世纪初期	属性定位→利益定位→价值定位（手段-目的链）
第三阶段	21世纪初期至今	属性定位、利益定位、价值定位→属性定位点、利益定位点、价值定位点（定位内涵体系形成）

3. 定位的外延：从广告扩展至营销组合的全部要素

定位外延是指定位点选择的范围，即定位点所辐射的营销组合要素。从定位概念提出以来，已有文献对定位外延的研究一直存在着争论。焦点在于定位在营销中是一个广告传播策略，还是一个营销战略。前者认为，定位属于传播范畴，不应该对产品做任何改变；后者则把定位视为营销战略的范畴，必须在产品实际差异化的基础上进行广告传播定位，主张对营销所有要素都要做出改变。这就形成了不同的定位外延观点。

（1）广告传播定位的提出。里斯和特劳特在把定位概念引入营销领域时，就是一种广告策略，属于战术层面。他们这样解释：定位并不是要对产品本身做什么事，而是对潜在顾客的心理采取行动，即产品在潜在顾客的心中确定一个适当的位置[1]。里斯和特劳特虽然将定位定义为商品、服务、企业或个人的定位，但是强调的是不改变产品、服务、企业本身，改变的是名称和传播等要素，这就将定位理论局限在传播策略之中，这种观点被称为"传播定位"或是"广告策略定位"。1996年，特劳特和瑞维金又出版了《新定位》一书，将"消费者请注意"的定位观转为"请注意消费者"，提出了重新再定位的问题。他们再次强调："定位是对大脑的定位，而不是对产品的定位。市场营销的最终战场是大脑"[2]。可见他们仍然坚持"传播定位"的观点，将定位的范围限定在传播要素。这与他们的广告人身份相关，广告公司的两个基本职能是广告创作和媒体发布，通常是不改变产品本身，而是将现有的产品通过广告传播让更多的人认知和偏爱，进而扩大产品销售。在产品本身真实地具有传播诉求的定位点的基础上，单纯的广告传播定位会是有效的，例如在没有改变王老吉产品的情况下，仅有

---

[1] 里斯、特劳特：《广告攻心战略——品牌定位》，中国友谊出版公司1991年版，第2页。
[2] 特劳特、瑞维金：《新定位》，前言，中国财政经济出版社2002年版，第2页。

"预防上火"的广告诉求定位点,也取得了成功,但前提是王老吉产品本身的确有预防上火的功能。因此广告传播定位具有局限性。

(2) 定位外延的不断扩展。由于定位从最初的战术层面不断地向战略层面转移,因此定位外延范围不断地扩大。

首先,定位由战术层面提升至战略层面。20世纪80年代,营销主流学者提出了营销战略定位的理论。一方面,他们称广告传播定位是心理定位甚至心理游戏①,视为营销战略之后的行为;另一方面,把企业战略视为营销战略制定的基础和前提,是营销战略定位之前的内容。营销定位战略的内容,不是产品制造出来之后的传播行为,而是产品生产之前就开始的活动;不是通过短期广告活动就可以完成的,而是与长期营销战略有关;如果目标定位不清晰,营销组合决策即使不是不可能的,也是非常困难的②③。乃至后来,里斯和特劳特也认为定位是一个战略问题,例如特劳特认为,战略就是在顾客心智中的差异化,通过定位来实现④。

其次,定位由传播领域扩展至产品领域。在以往的传播定位理论中,核心的传播内容也是讲产品,不过认为定位开始于产品生产之后;而在战略视角的定位中,认为定位开始于产品生产之前。因此,大量的定位文献都认为定位就是产品定位。温德(Y. J. Wind)在1982年提出,定位包括产品特征(例如笔记本电脑)、该特征带来的利益(可携带性)、特定的使用场合(外出旅行时)、特殊的使用群体(在不同地方工作的职员)和比竞争对手产品更多的用途⑤。诸多的营销管理书籍和论文,都是使用"产品定位"一词,即使是科特勒1988年出版的《营销管理》(第6版),也使用的"产品定位"一词⑥。手段-目的链理论的应用者,也是将其应用在产品定位方面,不涉及营销的其他组合要素。最典型的案例就是佳洁士儿童牙膏的产品手段-目的链:属性定位为含氟、利益定位为防止蛀牙、价值定位为做个好妈妈。迈克尔·特里西和弗雷德·威斯玛在1994年提出产品领先、经营出色(运营效率高)和服务亲和三个定位差异化,企业只需

---

① 史有春:《关于定位战略主要理论问题的探讨》,载于《南大商学评论》第3辑,人民出版社2004年版,第123页。
② 杰拉海姆·J·胡利:《定位》,参见迈克尔·J·贝克:《市场营销百科》,辽宁教育出版社1998年版,第290~296页。
③ 科特勒:《科特勒精选词典》,机械工业出版社2004年版,第125页。
④ 特劳特:《什么是战略》,机械工业出版社2011年版,第43页。
⑤ Y. J. Wind, *Product Polity*: *Concepts*, *Methods and Strategy*, *Reading*, Mass: Addison-Wesley Publishing Co., 1982.
⑥ 科特勒:《市场营销管理》(第六版),科学技术文献出版社1991年版,第480页。

要在一个方面成为市场领袖，在其他两个方面表现恰当即可①。这意味着产品中的服务也可以成为定位点所在的位置。

再次，定位由产品领域扩展至价格领域。迈克尔·波特在1985年提出，一个企业只能拥有两种基本的竞争优势，即低成本或产品差异化，由此得出三种通用战略：成本领先、产品差异化和目标市场集中②。这意味着，定位的范围不仅可以是产品差异化，也可以是价格差异化（这里主要是指低价格）。国内有学者提出了类似看法，例如1P理论，本质上是以低价格为战略核心，其他三个P围绕着低价格或零价格这一核心来安排，方法是让第三方在获得收益的同时，为顾客支付部分或全部价格，例如报纸的低价格就是广告客户为读者支付了部分价格③。

最后，定位扩展至全部营销组合要素。菲力普·科特勒将差异化从传播和产品要素扩展至营销的各个组合要素，提出了营销差异化的概念，包括产品的差异化、服务的差异化、人员差异化、渠道差异化和形象差异化等④。2001年，弗雷德·克劳福德和瑞安·马修斯通过实证分析，证明了各个营销要素差异化的可行性。其结论是：世界上最为成功的公司不过是在五个方面做出努力，包括价格诚实、服务兑现承诺、距离便利、独特体验和产品稳定，而仅仅把其中一个方面做得出色，另一个方面做得优秀，其他三个方面仅达到行业平均水平⑤。虽然克劳福德、马修斯和科特勒等人没有明确提出营销组合各要素都可以成为定位选择的范围，但已经有了这样的思想。在科特勒《营销管理》第12版中，提出了品牌定位的概念，代替了早期的产品定位概念，并借用相同点和差异点的提法，拓展了定位的空间⑥。近几年，国内一些学者或专家也提出了类似的主张，建立了"1P+3P"营销组合模式，即将4P中的一个P提升为战略核心，其他三个P围绕着这一个P核心来安排⑦。这就意味着利益或属性定位点的备选范围，可以是产品（包括服务）、价格、分销和沟通等全部营销组合要素中的任何一个⑧。

通过表2.3可以概括定位外延的演化过程：从传播定位到产品定位，再到价格定位，最终辐射至营销组合的任何一个要素。这种演化的重要意义在于，使营

---

① Micheal Treacy and Fred Wiersema, *The Discipline of Market Leader Reading*, Mass: Addison-Wesley, 1994.
② 迈克尔·波特：《竞争优势》，中国财政经济出版社1988年版，第11页。
③ 王建国：《1P理论》，北京大学出版社2007年版，第7～13页。
④ 菲力普·科特勒等：《市场营销导论》，华夏出版社2001年版，第194～197页。
⑤ 弗雷德·克劳福德等：《卓越的神话》，中信出版社2002年版，前言。
⑥ 科特勒、凯勒：《营销管理》（第12版），格致出版社和上海人民出版社2006年版，第342页。
⑦ 程绍珊、张博：《营销模式》，中国档案出版社2007年版，第32页。
⑧ 李飞、刘茜：《市场定位战略的综合模型研究》，载于《南开管理评论》2004年第5期。

销差异化的空间扩大了,为企业或品牌营销提供了更多的选择优势的余地。当然,从理论上讲,定位点可以是营销组合的任何一个要素,但在多数情况下,定位点是在产品要素和价格要素上,很少情况下是在渠道和沟通要素上。

表 2.3　　　　　　　　　　　　定位外延的演化阶段

阶段	时间	定位范围
第一阶段	20 世纪 70 年代初期开始	传播要素
第二阶段	20 世纪 80 年代初期	定位由战术提升至战略层次,扩展至产品和服务
第三阶段	20 世纪 80 年代中期	定位仍然在战略的层面讨论,扩展至价格的要素
第四阶段	21 世纪初期至今	定位最终扩展至营销组合全部要素:产品、价格、渠道和传播

4. 定位的过程:从定位的选择过程到定位的实现过程

定位过程是指定位规划的程序和步骤,具体解决如何定位问题。已有文献对定位过程的研究取得了突破性成果,逐渐显现出定位理论的完整框架。

定位过程是指定位的框架和思路,可以理解为定位的逻辑顺序。里斯和特劳特在《定位》一书中率先提出了成功定位的六个步骤:第一,明确品牌在顾客心目中的现在位置;第二,找到品牌在顾客心目中的目标位置;第三,选择品牌合适的竞争对手;第四,评估自己用于定位传播的资金;第五,长期坚持选择的定位;第六,评估是否达到了定位目标[①]。实际上,这是一个传播定位管理的过程,而不是一个营销战略定位的过程。

菲力普·科特勒则提出了营销战略定位的过程,他认为:"一系列营销活动都是以 STP(segmentation 细分,targeting 目标,positioning 定位)为基础的[②]。"他把营销战略制定过程划分为细分市场、选择目标市场和进行市场定位三个阶段,把市场定位过程归纳为三个步骤:第一,识别可能的竞争优势,列出与竞争者的差异点;第二,选择合适的竞争优势,这些优势必须具有独特性、感知性、营利性等特征;第三,传播并送达选定的市场定位,用相应的营销组合策略予以配合。本书把科特勒的观点归纳为 STP 模型(见图 2.2)。

[①] 里斯、特劳特:《定位》,中国财政经济出版社 2002 年版,第 243~250 页。
[②] P. Kotler, *Marketing Management* (11th edition), Upper Saddle River, NJ: Prentice Hall, 2003, 308.

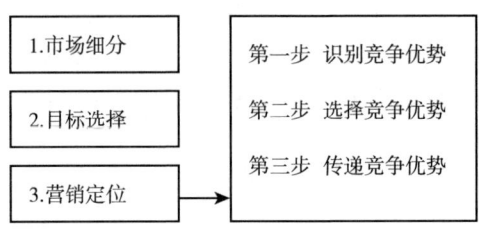

图 2.2 STP 定位模型

在《营销管理》第 12 版中，菲利普邀请凯勒教授为共同作者，凯勒教授曾经对品牌定位方法进行研究，因此吸纳了相应的研究成果。这些成果，在第 14 版《营销管理》中进一步发展为品牌定位的三个步骤：确定竞争性参照系、在参照系下识别品牌联想的最佳共同点和差异点、创建品牌真言来概括品牌定位。在这三个步骤的基础上，构建了品牌定位靶盘，并以星巴克为例进行假设说明（见图2.3）①。

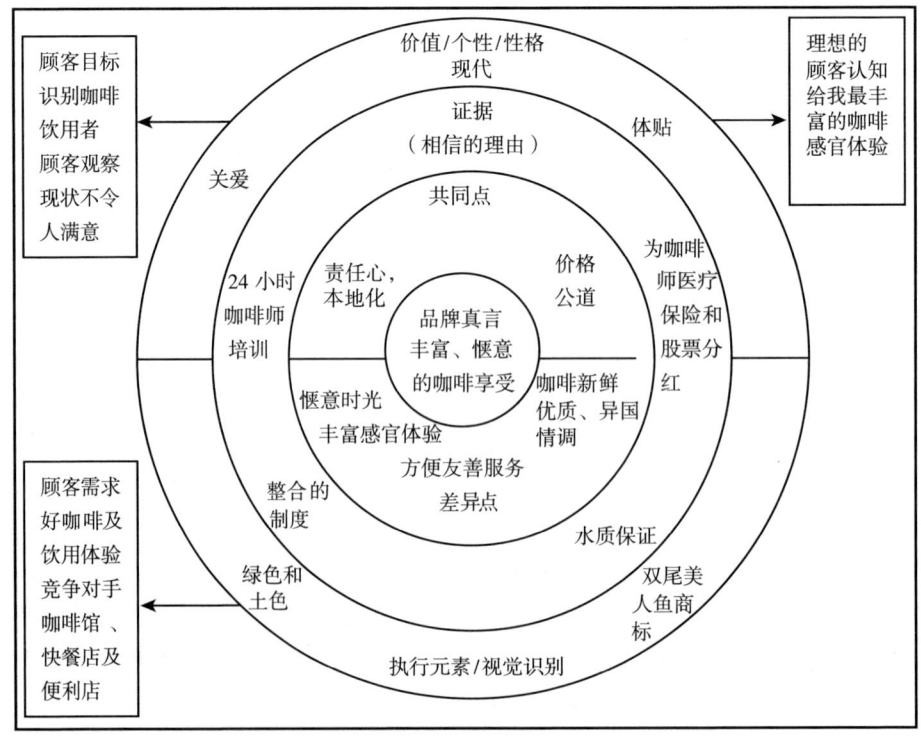

图 2.3 星巴克品牌定位靶盘

---

① 科特勒、凯勒：《营销管理》（第 14 版），格致出版社和上海人民出版社 2012 年版，第 278 页。

克雷文斯和皮尔西认为，战略定位应该包括定位概念、定位战略和定位效果三个内容，定位概念是确定顾客希望的产品或品牌定位，定位战略是向目标顾客传递定位概念的营销组合活动，定位效果是定位目标在目标顾客中的实现程度（见图2.4）①（克雷文斯，皮尔西，2007）。显然，这一定位过程不仅包括定位的选择过程，也包括定位的传递和效果实现的过程。

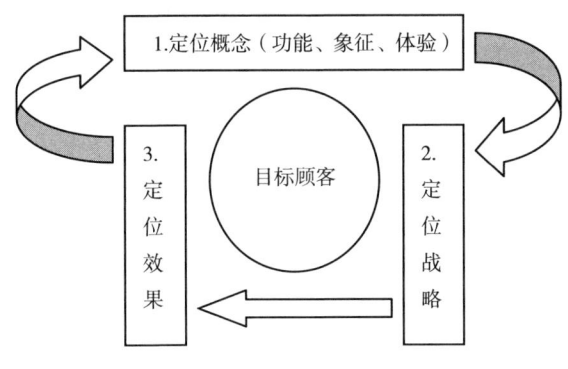

图 2.4　定位战略模型

布拉德利认为，定位过程包括顾客、竞争者和自身资源三方面分析，顾客分析主要是细分顾客、选择目标市场，竞争分析主要是差异化、选择利益筐，公司资源分析主要是确定价值、提供价值、传播价值和传递价值等方面，由此建立了定位流程图（见图2.5）②。

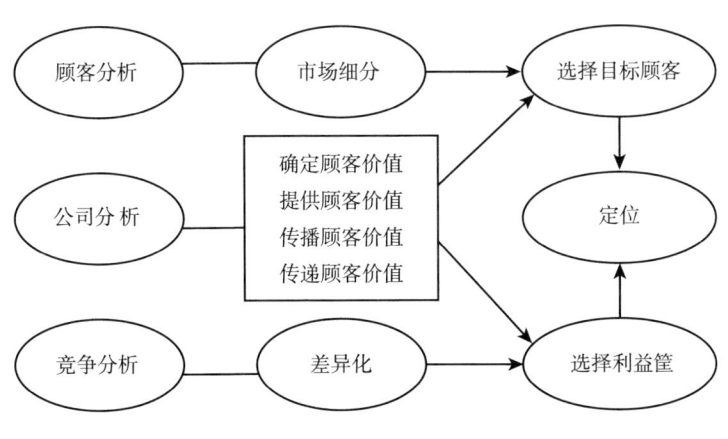

图 2.5　定位流程

---

① 克雷文斯、皮尔西：《战略营销》，机械工业出版社2007年版，第109~110页。
② 布拉德利：《战略营销》，华夏出版社2005年版，第53页。

凯勒等人认为，品牌定位包括三个方面：建立品牌参照系、充分利用相似点和使差异点产生强大的效力①。

关于定位的步骤，国内学者也进行了诸多研究。余明阳和杨芳平认为，随着宏观环境和微观环境的变化，品牌常常需要再定位，为此提出了动态定位模型，并在他人"找位、选位和到位"的成果基础上，补充了"提位（从人性角度提升定位）"和"调位（再定位）"两个步骤，建立了一个包括五步骤的定位过程模型：找位、选位、提位、到位和调位②。屈云波等人也提出了决定定位层次、属性辨别、绘制定位图、评估定位选择和实现定位的营销组合等五个步骤③。零点调查公司则提出了确定目标群体、找出该群体的目标角色状态、确定各角色状态追求的核心价值、确定可以代表核心价值的符号体系④。

2.3 营销定位管理瓶模型

李飞率先提出了定位地图的概念，并坚持十余年研究营销定位的工具和方法问题，取得有价值的成果，成为诸多企业进行营销定位的中国工具。下文简单回顾营销定位地图的发展和演化过程。

1. 营销定位地图构建前的成果

早在20世纪90年代初期，李飞在相关著作中就讨论过品牌定位问题，但是，基本上是对已有西方定位理论的介绍和说明⑤⑥。从2002开始进行定位的创新性研究，初期还是集中于定位过程和步骤的研究。2003年在《成功营销》杂志发表了《三步定位法——从产品定位到营销定位》⑦，这篇3500多字的短文是后来营销定位地图形成的重要基础，它有三个方面的重要贡献：

---

① Kevin Lane Keller, Brian Sternthal and Alice M. Tybout, "Three Questions You Need to Ask about Your Brand", *Harvard Business Review*, 2002 (September), 80–89. 中文译为《三问品牌定位》，载于《哈佛商业评论》（中文版）2004年10月刊。
② 余明阳、杨芳平：《品牌定位》，武汉大学出版社2008年版，第91页。
③ 屈云波、郑宏、张平淡：《营销方法》，企业管理出版社2005年版，第260~274页。
④ 袁岳：《四步搞定：创新品牌定位法（上、下）》，载于《中国经营报》2003年6月9日和23日。
⑤ 李飞、周景妹、王莉：《质量认证与争创名牌指南》，化学工业出版社1993年版，第73~78页。
⑥ 李飞：《名牌王——世界名牌策划与设计》，北京经济学院出版社1995年版，第76~85页。
⑦ 李飞：《三步定位法——从产品定位到营销定位》，载于《成功营销》2003年第9期。

一是拓展了定位的范围。提出了定位的范围要突破产品本身，扩展至营销组合的各个要素，这使差异化的空间扩大了，比如沃尔玛的低价格、海尔的优质服务等等。明确指出要从产品定位发展至营销定位。

二是明确了定位的过程。提出了定位全过程包括三个步骤：找位，满足谁的需要（Who）即选择目标市场的额过程；定位，满足谁的什么需要（What），即产品定位的过程，结果是确定定位点；到位，如何满足需要（How），即通过营销要素组合来实现定位。这就初步形成了"找位、选位（当时还是用的'定位'）和到位"的系统框架。

三是提出了定位点概念。该文指出："营销定位法的核心是在确定目标市场后，通过对目标市场的细分找到产品差异化的定位点，然后通过营销组合来突出这一定位点，或曰固化这一定位点。如果无法找到产品差异化的定位点，那么就在营销差异化方面找到定位点"。

2. 定位钻石图的形成过程

在《三步定位法》的基础上，李飞继续进行定位框架和实际应用的研究。在2004年提出了市场定位综合模型[①]，后在2006年出版了《钻石图定位法》一书，对原有模型进行了修订，命名为"市场定位钻石模型"，因其形状类似于钻石的一张八角的平面图[②]。用纵轴表示定位过程，用横轴表示定位内容，用三角形表示定位范围，然后将三者组合起来，构成一个市场定位钻石图模型（见图2.6）。

围绕着定位过程对钻石模型做出说明：首先，在市场研究的基础上，找到目标市场（目标顾客群），并了解他们在产品、价格、分销和沟通等方面的需求特征。其次，细分目标顾客利益并找出他们最为关注的若干利益点，通过分析竞争对手确定自身具有竞争优势的利益点，然后将该利益点确定为定位点，再根据这个利益点确定属性定位点和价值定位点，定位点的选择范围仍然包括营销组合要素的全部内容；无论在利益定位点是否实现差异化，最好仍然在价值方面找到并确定差异化的价值定位点。最后，通过进行营销组合要素的组合实现已经确定的定位。钻石模型中的各个要素，互相影响、互相依赖，它们必须保持方向的一致性，这是营销成功的重要基础。

[①] 李飞、刘茜：《市场定位战略的综合模型研究》，载于《南开管理评论》2004年第5期。
[②] 李飞：《钻石图定位法》，经济科学出版社2006年版，第15页。

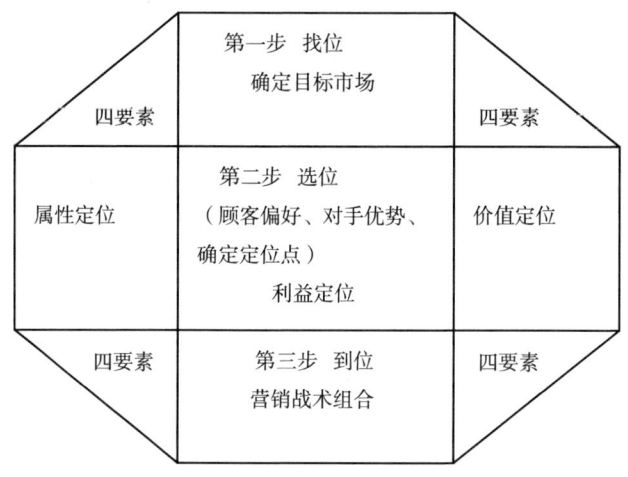

图 2.6 定位钻石图

通过定位钻石图可以进行定位描述,即把图形文字化。具体内容包括:为谁(目标顾客)在哪个领域(参照系)的哪个方面(定位点)提供更大的利益或价值,因为可以做到什么事(到位理由)。例如 Black & Decker 公司的 De Wakt 品牌电动工具的定位描述:对于不愿意在工作中出现停工现象的工人(目标顾客)来说,De Wakt 品牌在专业电动工具领域(参照系)比其他品牌的性能更加可靠(定位点),因为 De Wakt 品牌以高质量著称,服务网络密集,保证 48 个小时内维修或更换工具(到位理由)[①]。

3. 营销定位地图的形成过程

2008 年,李飞在《钻石图定位法》的基础上,又推出了新的研究专著《定位地图》,进一步完善了已有的模型。图 2.6 描述的定位框架,相对全面地说明了与目标顾客相关的各个要素,集中表现为定位的规划过程,即如何体现顾客的价值。实际上,到位的实现不仅仅是营销战术的组合,还需要一个与定位战略相关的业务流程来保障,这个流程包括采购、生产、配送和销售等环节。企业必须关注几个关键内部流程,这些流程对于建立和传递差异化的价值主张至关重要,即对定位的实现至关重要。同时业务流程效率如何,又在很大程度受制于企业的无形资产,包括企业的人力资本(员工技能、才干和知识)、信息资本(数据库、信息系统、网络

---

① 泰伯特等:《凯洛格品牌论》,人民邮电出版社 2006 年版,第 15 页。

和技术基础设施）和组织资本（文化、领导力、员工协调一致、团队工作和知识管理)[1]。如果把业务流程和无形资产作为实现定位的基础，加入前述的市场定位或营销定位的钻石图形中，就可以得到一个相对完善的营销定位地图，使企业的前后台连接为一个有效的系统，图形本身也由于有了基座而变得稳固（见图2.7)[2]。

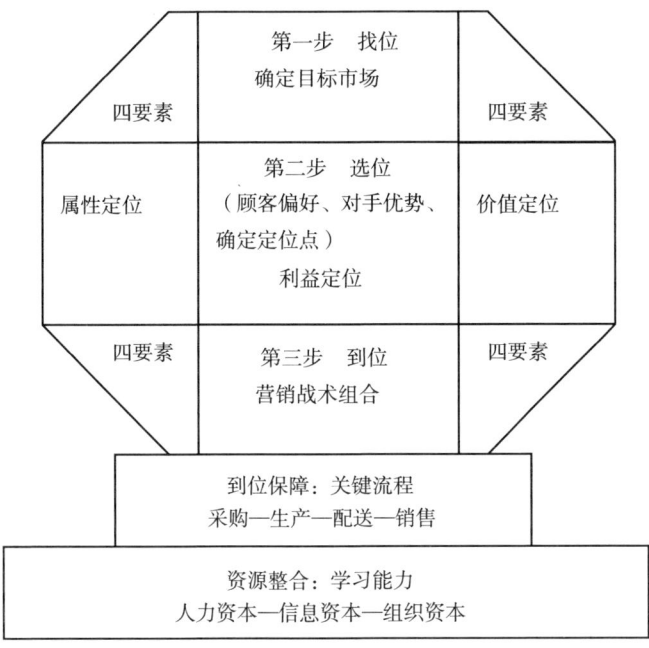

图 2.7 定位地图

4. 营销定位管理瓶框架

参考本书第1章建立的营销管理框架，并吸收最新的研究成果，可以建立一个更加清晰和具体的营销定位管理瓶框架（见图2.8）。

在逻辑上，这个框架与企业打造竞争优势的框架，是一致的，包括打造竞争优势，依竞争优势构建关键流程，依构建的关键流程匹配或整合重要资源。由前可知，竞争力包括三个层次，核心竞争力也应该包括三个层次，因为竞争优势如果不是建立在竞争流程和竞争资源的基础上，就容易被竞争对手模仿，容易模仿的就不是竞争优势了；反之，竞争流程和竞争资源如果没有转化为顾客感知到的

---

[1] 卡普兰、诺顿：《战略定图》，广东经济出版社2005年版，第10~11页。
[2] 李飞：《定位地图》，经济科学出版社2008年版，第30页。

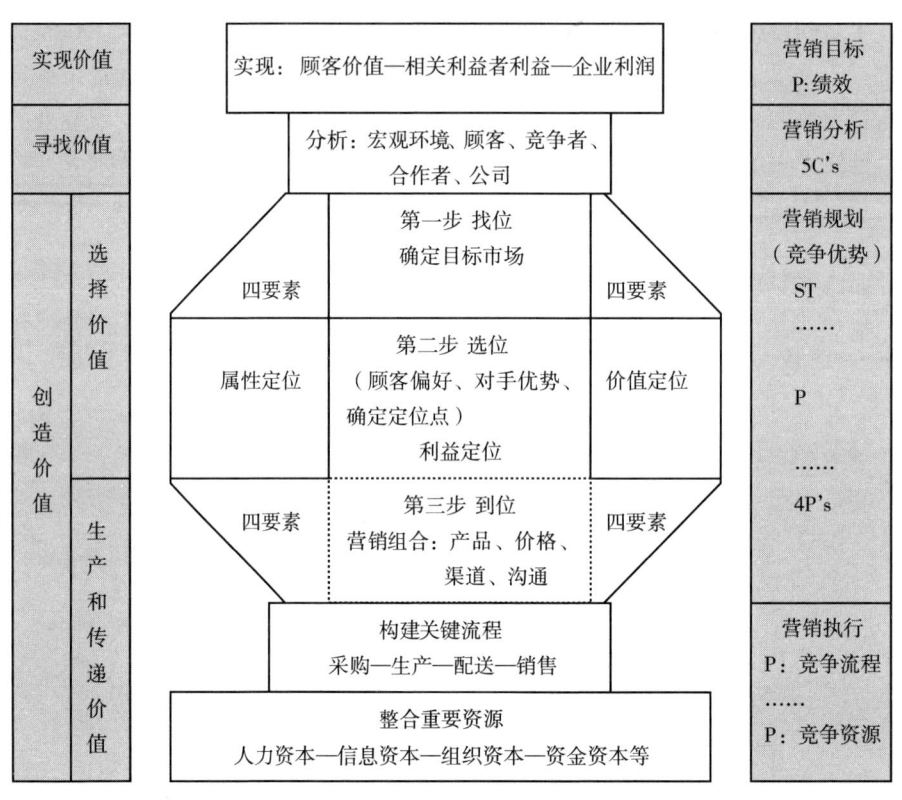

图 2.8　营销定位管理瓶

竞争优势，即在营销组合某一方面利益或价值优于竞争对手，再好的流程和资源也没有意义。竞争优势的形成，可以通过由内到外（整合资源—构建流程—形成优势）和由外到内（规划优势—依优势构建流程—依流程整合资源）两条路径构建。营销定位管理瓶（见图2.8）是将竞争优势这一层次具体化了。

这个框架也清晰地呈现了营销定位和营销管理之间的关系，实际上，营销管理的核心就是营销定位也就是营销定位点的选择和实现。内容包括营销目标确定、营销研究、目标顾客选择、定位点确定、依定位点进行营销要素组合及流程再造和资源整合。过程包括分析、规划和实施。

2.4　营销定位报告书

营销管理本质上是营销定位的管理；营销管理的核心是分析、规划、实施、效果评价和战略策略调整，因此本质上也就是营销定位的分析、规划、实施、效果评价和战略策略调整。由此提出"营销定位报告书"的概念，它包括三种类型：营销定位规划书、营销定位评价书和营销定位改进建议书。

1. 营销定位报告书的格式

由前述可知，营销定位报告书有三种：规划报告、评价报告和改进建议报告；相应的，报告书也有三种不同的格式，但是却有着一些相似的内容，即都不离不开图2.7的营销定位管理瓶框架。

（1）营销定位规划书，是指公司对一个品牌或产品或服务在上市之前编制的营销定位规划方案。它是营销定位规划工作后的成果，换句话说，一个公司进行某一个品牌的定位规划，必须形成一个营销定位规划书，而不是工作计划或是业务推广计划。我们根据营销定位管理瓶框架，可以梳理出一个营销定位规划书的基本格式，概括为"1P-5C's-STP-4P's-3P's"（见表2.4）。

表2.4　　　　　　　　营销定位规划书的基本格式

项目	具体内容
1. 营销定位目标确定（1P）	公司使命；销售目标；财务目标；形象目标；社会目标等
2. 营销环境研究（5C's）	（1）宏观环境分析：经济、政治法律、社会文化、科学技术和自然对品牌发展的影响 （2）顾客分析：分析顾客对营销组合四个要素的需求状况及影响顾客行为的各种环境因素，目标顾客在购买时关注的要素是什么（属性、利益和价值） （3）竞争分析：按照定位地图各项内容分析主要竞争者的目标顾客、定位、营销组合、流程和资源的优劣势，其市场份额有多少以及变化趋势等 （4）合作者分析：分析与合作者的关系，以及对定位地图各项内容的可能影响（目标顾客、定位、营销组合、流程和资源），预估各渠道的市场份额以及变化趋势等 （5）自身分析：按照定位地图的各项内容分析自身的目标顾客、定位、营销组合、流程和资源的优劣势，市场份额预估以及变化趋势等。SWOT分析也是基于定位管理瓶的内容
3. 目标顾客和营销定位选择（STP）	（1）细分市场：谁？购买什么（关注四个组合要素是什么）？为什么购买（心理和生活方式）？主要工具为聚类分析 （2）目标顾客选择：具有市场潜力和竞争优势的群体。工具为通用评估矩阵 （3）营销定位点选择：属性定位、利益定位和价值定位。主要工具为定位感知图和品牌定位点选择模型

续表

项目	具体内容
4. 依定位进行营销要素组合（4P's）	（1）依定位进行产品和服务规划：材料、工艺、形态、品牌名称标志、包装和服务 （2）依定位进行价格规划：高价、低价、高低价格、价格调整和折扣、信用条件和付款期限 （3）依定位进行渠道规划：长度、宽度和广度；系统；信息流、资金流和物流 （4）依定位进行沟通规划：广告规划和公关规划
5. 流程、资源保障和绩效预估（3P's）	（1）依定位构建关键流程：采购、生产、配送和销售，并进行过程控制，明确实施时间表 （2）依定位整合重要资源：人力、信息、组织、资金等，并指定责任人 （3）绩效预估：盈亏平衡点分析、销售预测、费用预算
6. 总结	画出已规划的1P-5C's-STP-4P's-3P's定位图

（2）营销定位评价书，是指公司对一个品牌或产品或服务在上市一段时间后，对原有的营销定位规划方案及实施进行评价后的总结报告。它是营销定位评价工作后的成果，换句话说，一个公司进行某一品牌的定位评价，必须形成一个营销定位评价书。本书根据营销定位管理瓶框架，梳理并设计了一个营销定位规划书的基本格式。其最大的特征是评价绩效（见表2.5）。

表2.5 营销定位评价书的基本格式

项目		具体内容
1. 问题的提出：营销定位目标（1P）是否实现？		公司使命、销售目标、财务目标、形象目标、社会目标等是否已实现
2. 分析框架		空白的STP-4P's-3P's模型
3. 营销定位现状描述	（1）目标顾客和营销定位点描述（STP）	①选择了目标顾客吗？若选择了，他们是谁？关注需求是什么 ②选择了价值、利益和属性定位到了吗？若选择了，是什么
	（2）依定位进行营销要素组合描述（4P's）	①产品和服务策略如何？材料、工艺、形态、品牌名称、包装和服务 ②价格策略如何？高价、低价、高低价格、价格调整和折扣、信用条件和付款期限 ③渠道策略如何？长度、宽度和广度；系统；信息流、资金流和物流 ④沟通策略如何？广告和公关等
	（3）流程、资源保障和绩效描述（3P's）	①流程构建如何：采购、生产、配送和销售 ②资源整合如何：人力、信息、组织、资金 ③绩效如何：盈亏情况

续表

项目		具体内容
4. 营销定位现状分析	（1）目标顾客和营销定位点分析（STP）	① 目标顾客清晰吗？若清晰，是吸引力和公司具有竞争优势的群体吗 ② 有定位点吗？若有，是否目标顾客关注且有竞争优势的点
	（2）依定位进行营销要素组合分析（4P's）	① 产品和服务策略与目标顾客和定位匹配吗 ② 价格与目标顾客和定位匹配吗 ③ 渠道与目标顾客和定位匹配吗 ④ 沟通与目标顾客和定位匹配吗
	（3）流程、资源保障和绩效分析（3P's）	① 构建了与定位相匹配的关键流程吗 ② 资源整合匹配了关键流程的构建吗
5. 评价总结		填充的STP-4P's-3P's模型

（3）营销定位改进书，是指公司对一个品牌或产品或服务在上市一段时间后，对原有的营销定位规划及实施提出了新的改进建议报告。它是营销定位问题分析后的成果，换句话说，一个公司进行某一个品牌的定位问题分析之后，必须形成一个营销定位建议书，或曰再定位规划书或定位调整书。

营销定位改进书的基本格式与定位评价书相似，差别在于提出了相应的改进建议，形成再定位的规划书（见表2.6）。

表2.6 营销定位改进书的基本格式

项目		具体内容
1. 问题的提出：营销定位目标（1P）没有实现		公司使命、销售目标、财务目标、形象目标、社会目标等全部或部分没有实现
2. 分析框架		空白的STP-4P's-3P's模型
3. 营销定位现状描述	（1）目标顾客和营销定位点描述（STP）	① 选择了目标顾客吗？若选择了，他们是谁？关注需求是什么 ② 选择了价值、利益和属性定位到了吗？若选择了，是什么
	（2）依定位进行营销要素组合描述（4P's）	① 产品和服务策略如何？材料、工艺、形态、品牌名称、包装和服务 ② 价格策略如何？高价、低价、高低价格、价格调整和折扣、信用条件和付款期限 ③ 渠道策略如何？长度、宽度和广度；系统；信息流、资金流和物流等 ④ 沟通策略如何？广告和公关等
	（3）流程、资源保障和绩效描述（3P's）	① 流程构建如何：采购、生产、配送和销售 ② 资源整合如何：人力、信息、组织、资金 ③ 绩效如何：盈亏情况
	（4）小结	画出描述后的STP-4P's-3P's营销定位模型

续表

项目		具体内容
4. 营销定位现状分析	（1）目标顾客和营销定位点分析（STP）	①目标顾客清晰吗？若清晰，是吸引力和公司具有竞争优势的群体吗 ②有定位点吗？若有，是否目标顾客关注且有竞争优势的点
	（2）依定位进行营销要素组合分析（4P's）	①产品和服务策略与目标顾客和定位匹配吗 ②价格与目标顾客和定位匹配吗 ③渠道与目标顾客和定位匹配吗 ④沟通与目标顾客和定位匹配吗
	（3）流程、资源保障和绩效分析（3P's）	①构建了与定位相匹配的关键流程吗 ②资源整合匹配了关键流程的构建吗
	（4）小结	画出不匹配的 STP-4P's-3P's 营销定位模型
5. 营销定位改进建议	（1）目标顾客和营销定位点分析（STP）	①目标顾客调整：具有吸引力和公司具有竞争优势的群体 ②定位点调整：目标顾客关注且有竞争优势的利益或价值点
	（2）依定位进行营销要素组合分析（4P's）	①依定位进行产品和服务规划：材料、工艺、形态、品牌名称标志、包装和服务 ②依定位进行价格规划：高价、低价、高低价格、价格调整和折扣、信用条件和付款期限 ③依定位进行渠道规划：长度、宽度和广度；系统；信息流、资金流和物流 ④依定位进行沟通规划：广告规划和公关规划
	（3）流程、资源保障和绩效分析（3P's）	①构建与定位相匹配的关键流程 ②资源整合匹配关键流程
6. 再定位总结		改进后的 STP-4P's-3P's 营销定位模型

2. 营销定位报告书的评价

营销决策者如何评价咨询公司或是市场部提供的营销定位报告书，对于公司营销的成败影响重大。评价标准的确定是保证选择合适的"作战地图"的基础，但是已有的文献对于这个问题很少涉及。用什么来评价营销定位报告书，主要取决于管理具有的性质。

（1）营销管理的性质。一些营销方面的书籍启用了一些给人以误导的名称，诸如《作局》、《炒作》、《忽悠》，实际上是对营销管理的误解。传统上视营销管理的性质为科学与艺术的统一，这是由管理的两重性沿袭而来。如果是这样，就应该从科学性和艺术性两个方面来评价一份营销报告书的好坏。然而，明茨伯格提出的管理三重性似乎更有道理，他为我们评价营销定位报告书提供了新的思路。明茨伯格认为，管理是科学、艺术与手艺（技巧和经验）三者的统一，商学院里教的只是各种理性分析技能，而艺术和手艺，特别是手艺，只能从实践中学习（见图2.9）①。

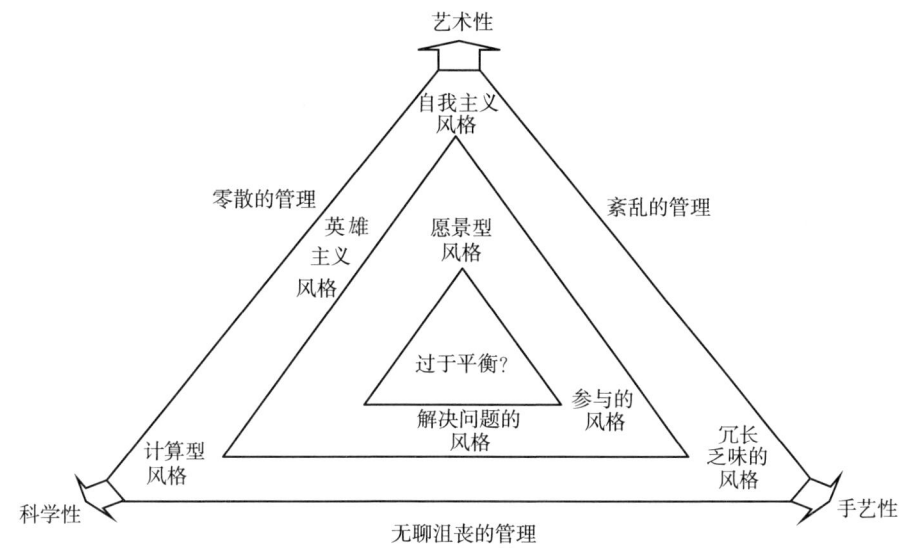

图 2.9　管理风格的三角形

依管理的三重性理论，一个好的管理决策离不开任何一重性质，仅重视科学性和手艺性，而忽视艺术性，是无聊沮丧的管理；仅重视科学性和艺术性，而忽视手艺性，是零散的管理；仅重视艺术性和手艺性，而忽视科学性，是紊乱的管理。

（2）营销定位报告书的评价标准。由于管理具有科学、艺术和手艺三重性质，营销管理也不例外，因此至少要从这三个方面来评价一份营销报告书的优劣。同时，在选择报告书时，还要考虑报告书实施后的结果，包括财务结果和形象结果。这样，就可以建立一个衡量营销定位报告书优劣的指标体系，包括科学

---

① 明茨伯格：《管理者而非MBA》，机械工业出版社2006年版，第92页。

性（数字性）、艺术性（创意性）、手艺性（可行性）、正向性（形象性）和效益性（盈利性）（见图2.10)①。

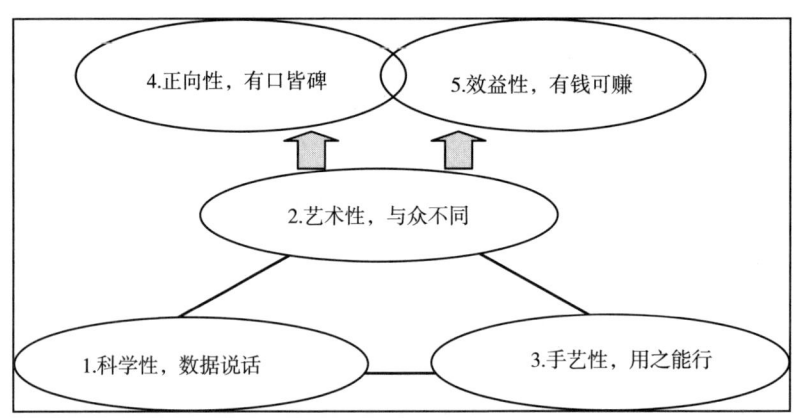

图 2.10 评价营销报告书的五个标准

① 科学性有两个含义，一是指营销规划和评价的结论，必须是建立在数据分析的基础上，简称数据性；二是营销规划和评价的结论，必须符合营销管理的专业逻辑，简称逻辑性或专业性。

数据性，要求数据分析必须包括数据取得的准确性、分析方法的科学性和结果的可信性。缺少其中任何一个因素，都不能称其为科学的营销规划。在美国的一家商店里，经营者把啤酒和尿布陈列在一起，中国商业考察团的成员对此提出质疑，商品陈列必须正相关，而啤酒和尿布陈列在一起，容易产生不利于销售的联想。但美国商店的店长回答说，凭经验和感觉，啤酒和尿布不能陈列在一起，但是通过商店的信息系统进行顾客购买相关性的数据分析发现：买啤酒的顾客大多买了尿布，买尿布的顾客大多也买了啤酒，因此他们把啤酒和尿布陈列在一起，结果二者的销售量都大幅提高——这就是数据和科学的力量。仅凭感觉做出经营决策，不会有长久的成功营销。

逻辑性，要求营销规划符合营销管理专业的框架和逻辑。例如，一份完整的营销规划书一定包括营销目标、营销研究、目标顾客选择、营销定位确定，以及相应的营销组合策略等内容，这是营销管理的独特范式或曰基本框架。另外，还要求符合逻辑，即目标顾客选择是建立在营销研究基础上，营销定位与顾客需求

---

① 这与我过去提出的"全面性、创意性、可行性、正向性、效益性"评价标准略有不同，这里借鉴明茨伯格的观点，用科学性代替了全面性，其他四个标准基本相同。这一小节的内容部分引自李飞：《十指营销》，清华大学出版社 2005 年版，第 14~18 页。

和公司的竞争优势匹配，营销组合与目标顾客和营销定位匹配，等等。

② 艺术性是指营销规划和评价必须独特新颖，令人叫绝。平平淡淡，没有新鲜感，不过是一种计划安排。创意是营销规划的重要特征之一。"点子"常常是创意的产物，因此它是营销策划不可缺少的内容。韦尔奇所说的"不创新就死亡"同样适用于营销策划。因此，流行的模仿方案不能成为优秀营销策划的候选者。一位24岁的青年亨利·芬克患精神病14年之久，行为怪诞，无法自制，竟对准自己的头部开枪自杀，幸运的是，他不仅没死，而且戏剧般地变成了正常人，至今子弹仍留在他的头内。如果我们用这种办法对待每一位精神病患者，那是犯罪，是荒唐的。但在营销中，这样的事情屡见不鲜，人们常常把偶然的成功当作规律，结果可想而知。可以这样说，不容易想到、不容易做到的创意，是死点子；容易想到、容易做到的创意，是差点子；不容易想到、容易做到的创意，是绝点子。

③ 手艺性是指营销规划构想要有实现的可能。做到这一点，必须将创意与企业现有的人力、物力、财力合理结合，并且落到实处。那种"叫好不叫座"、无法实现的创意都不是真正的策划。再好的点子，如果无法实施，只是启发人们的思路，不会产生效益。有一则寓言故事恰好说明了这一点。传说老鼠们为了防范猫的袭击，在一起开会商量对策，一只非常聪明的小老鼠提出了一个极具创意的建议："给猫脖子挂上一只铃铛，猫一走来，我们就会听到铃声，马上就跑。"一只年长的老鼠问道："谁去给猫挂铃铛呢？"结果，没有一只老鼠敢去。当然，这只是一个无法实现的创意。

还有一些创意较为容易实现，但打开市场太难，我们也将其划归为不可行之列。有两个比较典型的例子：马蹄形的啤酒杯和可伸缩后跟的高跟鞋。

日本人由欧美人接吻必须歪着头发现他们的鼻子很大，从而推论他们用普通平口杯喝啤酒会碰鼻子，因此创意了马蹄形的啤酒杯。这是一个具有创意性和正向性的策划，被不少媒体作为精彩点子推广。然而至今也没见到这种啤酒杯在欧美市场流行。根本原因在于它的缺点大大抵消了"不碰鼻子"的优点，诸如不美观、不易放、容量小、喝酒时需要定向等。

媒体拍手叫好的另一个创意是为女士们发明了一种可伸缩后跟的高跟鞋。当跑步时，就把后跟推上去；当跳舞时，就把后跟拉出来；当上班时，就把后跟定位在不高不低处。其最大好处是女士们不必准备多种鞋了。但是，这也是一个不可行的设想，因为鞋后跟与前脚掌必须协调，后跟自由调解而前脚掌不变，这样的鞋不可能舒适。

④ 正向性是指营销规划的内容必须有利于达成预定的目标，否则再好的创

意也没有价值。比如，向某个明星赠送别墅、珠宝，也算是非常有影响的创意。但是这对提升企业形象不仅没有正向效应，反而引发反向效应，这就不是好的营销创意。一些厂商的广告密度达到了令人反感的程度，纵然使销售增加，也不是一个优秀的策划。流行的不一定是好的，但一定是短命的，流行商品、流行书籍、流行歌曲、流行方法、流行口号，都是如此。

几乎所有的营销规划书都在追求迅速提升品牌知名度。其实不然，品牌知名度是需要抑制的，不是越高越好，高知名度意味着高成本和高风险。抑制品牌知名度的"原则：一是让该知道的人知道你，让不该知道的人不知道你。谁是该知道你的人，取决于你是谁。二是该让知道的事情让人知道，不该让人知道的事不让人知道。什么是该让人知道的事，还是取决于你是谁。这两者互相关联，假如不该知道的人知道了你，就容易导致不该让人知道的事被人知道；假如不该让人知道的事让人知道了，就容易导致让不该知道你的人知道了你"①。该知道你的人，应该是你的目标顾客和潜在的目标顾客。实际上，抑制品牌知名度，就如同在战场上把自己隐蔽在掩体里。在军事战争中，人们容易具有自我保护的意识；而在商业战争中人们往往忽视了这一点。

⑤ 效益性，是指营销策划必须产生理想的效益，或是推动了效益的增长。评价任何一个营销策划，都不是进行作文竞赛，看谁的方案写得漂亮；也不是在进行富豪榜排列，看谁花的营销费用多，而是看谁的策划带来的效益最好，而效益好的原因主要是策划的结果，而不是烧钱包的结果。让人边骂边买的策划自然不是好策划，让人连声说好而不掏一分钱的策划则更糟。

形象营销规划书可以忽略短期财务绩效，纯粹的促销规划书可以忽略长期形象的提升，除了这两种情况之外，其他任何情况下，五个评价标准都是缺一不可的，它们是优秀营销报告书的必备条件；否则可以断定这个策划不是优秀的营销策划，有理由让受托的咨询公司或是公司市场部重新修改和完善。

2.5 本书的逻辑框架

依据上述建立的营销管理框架设计本书的章节逻辑，共分为 6 篇 13 章，每一篇和每一章都体现了营销管理框架的逻辑思路和内容（见图 2.11）。

---

① 李飞：《知名度贵在度》，载于《北大商业评论》2010 年第 12 期。

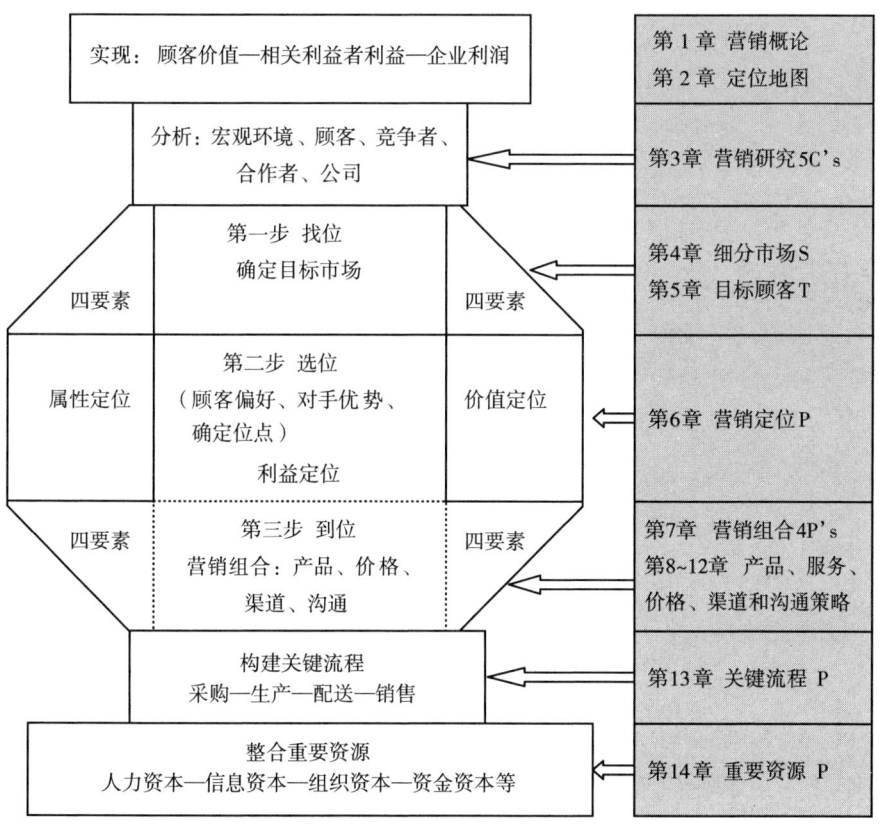

图 2.11 本书的逻辑框架

第二篇

寻机：营销研究（5C）

第3章 营销研究

营销研究（Marketing Research）常被称为市场调查，是指运用科学的方法和合适的手段，系统地收集、整理、分析和报告有关信息，得到有意义的营销理论或问题应对策略。前者被认为是理论或学术研究，主要是为营销学科的发展做出贡献；后者被认为是实践或对（决）策研究，主要是帮助企业、政府和其他机构及时、准确地了解市场机会，制订、完善和评估营销计划，调整和改进营销管理活动，解决营销问题。营销决策的研究不仅在制订营销规划时是必不可少的步骤，同时贯穿于整个营销规划实施、调整和再规划过程之中，即在每一个营销战略和策略的制订、实施和调整过程中，都离不开营销研究活动。本章仅从总体上讨论营销研究问题，其他章节也还将涉及营销研究的具体内容。

3.1 营销研究的目的

营销研究具有一般科学研究的特征,因此在讨论营销研究目的之前,需要对一般研究的目的做简单梳理。

1. 科学研究的目的

有学者认为:"科学研究的目的是什么?可能的答案有:1. 理论验证或创新;2. 方法创新;3. 探索并描述问题(尤其对于那些无法直接观察或不为大多数人所知的现象,如复杂的社会现象);4. 阐释思想或观点(在不同的时空背景或情境之下对于观点的重新理解和阐发,比如红学、宗教与经典作品研究);5. 解释现象(找出因果关系);6. 解决现实中存在的社会问题(软科学研究,比如政策研究、咨询研究等);7. 求知与学习;8. 答疑解惑;9. 自我兴趣驱使;10. 解决工作、生活中遇到的难题;等等。可以说,科学研究体现了人类对所处自然环境与社会环境未知现象和问题的探索,是一种人类出于自身生存和发展的本能需求……因此说,科学研究的目的就是大伙都知道的道理:发现问题、解释问题、解决问题"[1]。

我们不关注人们为什么从事科研这项活动(诸如人生追求、获得学位、晋升职称),而是关注一项科研课题或一篇研究论文有哪些具体的研究目的。这些目的归纳起来,无非是要回答"是什么"(发现问题)、"什么样的"(描述问题)、"为什么?"(解释问题)和"怎么办"(解决问题),相应的,有四种不同性质和特征的研究(见表3.1)[2]。

表 3.1　　　　　　　　不同目的的四种研究类型

研究类型	是什么?	什么样?	为什么?	怎么办?
	探索性研究	描述性研究	解释性研究	对策性研究
目的	发现新想法、新见解,形成概念	描述总体状况和分布特征	确定变量关系和理论检验	提出解决问题的对策

---

[1] 王芳:《科研的目的是发表文章吗?》,载于博客《思想的田园》,http://blog.sciencenet.cn/blog-38036-588362.html,2012年7月3日。

[2] 根据已有成果进行的补充,参考文献为杨杜等:《管理学研究方法》,东北财经大学出版社2009年版,第133页。本书作者补充了思辨性研究和调整了研究方法等内容。

续表

研究类型	是什么? 探索性研究	什么样? 描述性研究	为什么? 解释性研究	怎么办? 对策性研究
特征	设计简单,形式自由	内容广泛,规模较大	设计复杂,理论性强	分析环境,提出对策
样本	小样本	大样本	中样本	小样本
数据	观察,无结构访问	问卷调查,结构式访问	调查,实验	实地研究,问卷,二手资料分析
分析	主观的,或质性的	定量的描述性统计,或质性的	相关与因果的定量分析,或质性的	定性与定量结合的,系统分析

探索性研究 基本目的是发现新想法和新见解,或是发现一个新理论(不是验证一个普遍适用的理论)。常常用于帮助调研者将问题定义得更准确些、帮助确定下一步研究的行动路线,为回答"有没有"和"是不是"的问题。例如,采取焦点访谈的方法,了解顾客在选择百货商店时考虑的因素等。探索性研究的结果一般只是试验性的、暂时性的,或作为进一步研究的开始。

描述性研究 基本目的是要描述某些事物、现象、人群、过程的变化及变量之间的关系,结果是得出命题和假说,是回答"是什么"和"怎么样"的问题。描述性研究一般事先确定了具体的假设,所需的信息是清楚定义的。典型的描述性研究是以有代表性的大样本为基础的。

解释性研究 基本目的是要获取有关原因和结果之间联系的证据,或了解哪些变量是起因(独立变量或自变量),哪些变量是结果(因变量或响应),或者确定起因变量与要预测的结果变量间的相互关系的性质。主要是回答"为什么"的问题。

对策性研究 基本目的是根据问题情境,分析原因,提出相应的对策,或是提出一个对策规划,或是提出一个改进建议。对策性研究也需要一个逻辑框架指引,但是不需要诸多的理论文献回顾和分析。

四种研究具有各自的特征和应用情境,但也不是完全互相排斥的,有时需要运用其中的多种类型。一般在描述性和解释性研究之前,先进行探索性研究,或者用探索性研究发现理论,用描述性和解释性研究验证理论;有时,为了解释描述性、解释性研究的结果,也需要在进行探索性研究。当然,对策性研究也需要以其他三项研究为基础或前提。但从总体上说,探索性、描述性和解释性研究多用于理论(学术)研究,对策性多用于实践(对策)研究。

我国的社会科学基金项目通常分为基础理论研究和应用理论研究。基础理论研究又可以分为哲学理论和科学理论，前者为了确立社会理想和价值，后者为了描述社会现象和社会发展规律；应用理论研究则是为了指导实践。

2. 营销研究的目的

营销研究，对于学者来说是构建或验证某种理论。但是对于企业来说，有两大作用：一是为战略决策服务，或是用于公司确定战略经营目标，或是用于公司选择进入的行业；二是为营销决策服务，为营销定位点（目标顾客关注的点和具有竞争优势的点）选择和实现（营销要素组合）奠定基础。无论是哪一种作用，都是为了：①关注内外部环境的变化；②掌握竞争和消费者的动向；③列出可能的市场进入机会；④最终确认和选取可能进入的市场机会。但是，在一些情境下，企业营销决策是以学者的理论研究为基础，甚至有时理论研究和决策研究成为同一个研究课题。在此，先以企业决策目的为例进行说明，然后再讨论学者的理论创新研究。

（1）发现行业进入机会。这个问题属战略管理的范畴。由于宏观环境和微观环境变化速度加快，一方面产生威胁，即使是行业龙头公司也可能一夜之间变得负债累累，比如数码技术的发展使乐凯胶卷品牌消失，使柯达濒临破产倒闭的边缘；另一方面产生机会，即使是几个人的小公司也会在很短的时间内成为行业的领头羊，比如互联网技术的发展使比尔·盖茨、马克·扎克伯格（Mack Zuckerberg）等精英像雨后春笋般涌出。总之，环境和自身的变化，使公司不得不面临诸多脱离或进入某一个行业的选择，这种决策已经成为当代企业家面对的最频繁、最重要的选择之一。这种选择离不开环境和自身因素的分析。

行业威胁和机会的发现，大多不是沿着先宏观环境、后微观环境分析，或是先外部环境、再内部环境分析的固定程序，带有一定的偶然性，或许显现在一个环境要素之中，其实背后有其他要素的影响和推动，了解要素之间的影响关系，可以对一些趋势进行事前的推断与预测，提前考虑应对策略（表3.2）[1]。

研究行业进入机会，需要遵循前述的四个步骤：①关注内外部环境的变化；②掌握竞争和消费者的动向；③列出可能的市场进入机会；④最终确认和选取可

---

[1] 林建山：《企业环境扫描——市场机会分析手册》，台湾商略印书馆1987年版，第8~9页。

能进入的市场机会。以职业女性和单身人群增加为例进行说明①：经济发展、就业率提高、女性地位上升、文化多元化、追求职业升迁等因素，使职业女性数量增加，单身家庭也逐渐增加，做家务的时间大大减少，于是产生了更加强烈的方便和灵活的生活需要，而相关行业发展较慢，没能满足相关需求，而某公司恰好有某些方面的优势，就可以选择进入这一新的市场（见图3.1）。

表 3.2　　　　　　　　环境变动与管理决策之间的关系

环境性质	举例	管理决策
1. 大部分不可预测	火灾、水灾、疾病流行；有风险的产品；前所未有的新产品	危险管理（投保）；研发；接受挑战
2. 局部可预测	国际化、自由化、配额与关税；出生率；消费品位、地位象征；科技发展；政府政策等	确认可能发展趋势；拟定应对策略
3. 大部分可预测	能源成本上升；通货膨胀；人口老龄化；职业女性增加；小家庭化；郊区化发展等	变迁规划；调整计划与策略

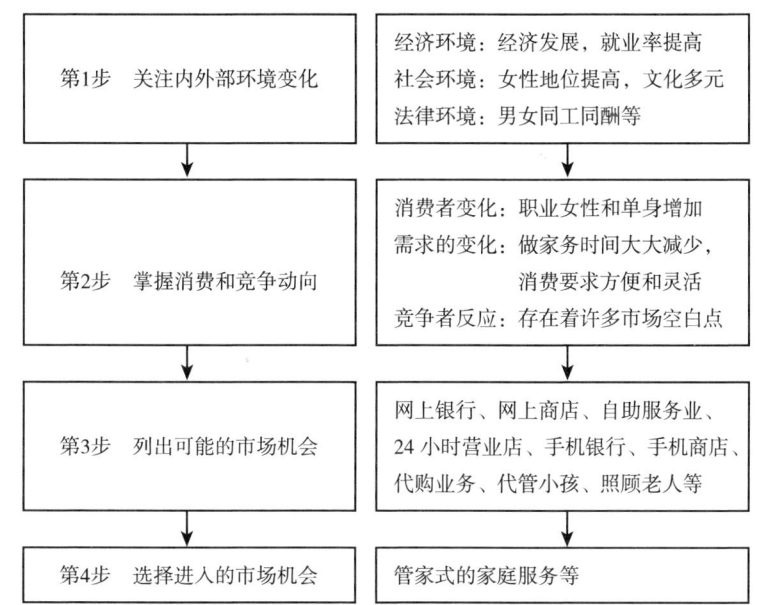

图 3.1　由职业女性增加引发的行业进入机会

---

① 本例资料参考了林建山：《企业环境扫描——市场机会分析手册》，台湾商略印书馆1987年版，第34~36页。根据需要，本书作者对其进行了一些修改。

（2）为营销决策服务。这是营销管理范畴的问题。营销经理面临诸多的营销决策，诸如目标顾客选择、营销定位点的确定，以及产品、服务、价格、渠道和沟通策略如何组合等，同时，这些决策还要考虑实现相关利益者的利益，日趋变得复杂和多变，因此必须建立在营销研究的基础上，才能保证决策的相对正确；否则只能以失败而告终。例如，美国通用汽车曾经向墨西哥等西班牙语拉美国家推出了一款名为雪佛兰·诺瓦（Chevrolet Nova）的轿车，但销售不佳，后来才发现"Nova"在西班牙语中是"不走"的意思。同样，福特公司把最畅销的"彗星"牌（Comet）汽车以"卡林特"（Caliente）之名销售到墨西哥，也无人问津，后来发现"Caliente"在当地俚语中是"妓女"的意思。只要做一些营销研究，这种失误都可以减少，甚至避免。

营销研究主要从两个方面帮助企业进行营销决策。一方面帮助企业识别营销的问题或机会，另一方面提供相关信息帮助企业解决营销问题。这两方面的研究，同样需要遵循前述的四个步骤：①关注内外部环境的变化；②掌握竞争和消费者的动向；③列出可能的营销战略机会；④最终确认和选取可能采取的营销战略。以城市三口之家普及化为例进行说明：人口规模过大，导致政府推出计划生育政策（一对夫妇一个娃），老人不愿意麻烦子女和选择自由生活，多数老两口独居，这就催生了大量的三口之家小家庭，独生子女成为每一个家庭的宠儿，父母不惜花掉毕生的积蓄也要让孩子过得好——一个最大的需求产生了，让孩子受到良好的教育，但是花多少钱也不一定考上清华北大，于是催生了出国留学的需求。对于普通家庭来说，过百万的钱不是一下子就能拿出来的，需要长时间的积累，因此需要一个理财项目"留学成长基金"（见图3.2）。

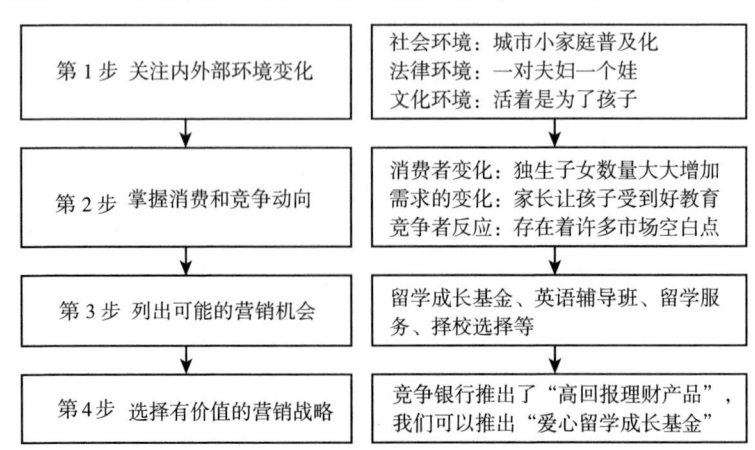

图 3.2　由小家庭增加引发的营销战略机会

(3) 创造营销理论新知识。有些营销研究不是立即或直接为企业决策服务，而是为了发现一个新的营销理论和工具，一般称这些研究为学术研究。学术是指系统专门的学问，是对存在物及其规律的学科化论证。学术研究通常也被称为理论研究，其研究的目的是创新或者丰富理论，这些理论可能具有一定的实践意义，也可能没有。没有实践指导意义的理论，也并非没有研究价值。对于管理理论研究来说，更多的是关注它的应用价值，但是根据理论性和实践性占比可以分为不同的层次。有学者认为，可以将学者的管理研究分为四个层次：文化与哲学、系统性知识、经验与案例、应用型工具，四个方面不同程度地与实践有着来源关系，既可以通过实践研究来获得研究成果①，也可以指导实践（见图3.3）。

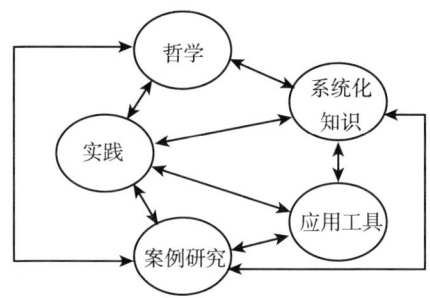

图 3.3　管理理论创新的实践路径

3.2　营销研究的内容

由有前述可知，营销研究的内容可以归纳为 5C's：Context（宏观环境）、Customers（顾客）、Competitors（竞争者）、Collaborators（合作者）和 Company（公司自身）。实际上，还是宏观环境、微观环境和企业自身情况三方面的分析与研究，但是这三个方面的研究包含着丰富的内容，涉及目标顾客选择、营销定位确定和营销组合策略制定等各个方面。这些内容，既是理论研究的来源，也是对策研究的大体范围。

1. 宏观环境的研究

理解宏观环境对于营销的影响，可以借用"蝴蝶效应"（The Butterfly

---

① 陈明哲：《文化交融与中国式管理：一个海外学者的反思》，在《中国式企业管理科学基础研究》结题汇报会的发言，2012年12月18日。

Effect）理论，即在一个动力系统中，初始条件下微小的变化能带动整个系统的长期的巨大的连锁反应。对于这个效应最常见的阐述是："一只南美洲亚马逊河流域热带雨林中的蝴蝶，偶尔扇动几下翅膀，可以在两周以后引起美国得克萨斯州的一场龙卷风。"显然，营销决策需要关注宏观环境的变化。

宏观环境研究的内容包括经济环境、技术环境、人口环境、社会文化环境、政治法律环境、自然环境等。宏观环境研究的重点是分析这些环境是否发生了变化，这些变化是否会影响营销决策，换句话说，不是对宏观环境的泛泛描述，而是分析这些环境因素对营销决策的影响。实际上，就是分析这些环境对于目标顾客选择、营销定位确定、营销要素组合的具体影响。

2. 微观环境的研究

理解微观环境对于营销的影响，可以借用日常生活中诸多消失的行业做出说明。由于帮宝适纸尿布的发明，使美国原有的挨家挨户换洗尿布的服务行业消失；由于消费者收入水平提高和"用过就扔"现象的出现，使中国旧衣缝补业、锔锅锔碗等传统行业消失；电脑产品的入市，使传统打印机、钢笔、作业本产品销售量大减；等等。

微观环境研究的内容，包括顾客、竞争者、合作者、公众等。顾客包括个人顾客和团体顾客；竞争者包括直接竞争者和间接竞争者、现实竞争者和潜在竞争者；合作者包括商品供应商和商品销售商，以及银行、保险、物流等方面合作伙伴；公众包括个人、政府、媒体、金融机构；等等。

微观环境研究的重点同样是分析这些环境是否发生了变化，这些变化是否会影响营销决策，即分析这些环境因素对营销决策带来的影响。实际上，是分析这些环境对于目标顾客选择、营销定位确定、营销要素组合的具体影响。

在顾客研究方面，主要是分析顾客的特征（文化、社会、个人和心理等）和对营销定位、营销组合各要素的需求偏好；回答顾客是谁，顾客购买需求是什么，为什么有这样的需求（心理特征）。

在竞争者研究方面，主要分析竞争者的特征和在目标顾客、营销定位、营销组合、流程和资源方面的表现；同样是回答竞争者是谁，竞争者在营销战略和策略等方面的优劣势情况。因此，SWOT分析也不应该是泛泛地分析孰优孰劣，有什么机会或有何威胁，而是分析目标顾客、营销定位、营销组合、流程和资源的优劣、机会和威胁。

3. 公司自身的研究

公司自身的研究,包括公司某一项业务或产品的竞争优势、竞争流程和竞争资源的系统分析,也可以理解为是营销框架的整体分析,涉及是否有目标顾客、营销定位点,营销要素如何组合,流程结构和资源整合情况,以及这几个要素是否相互匹配。

4. 营销研究内容归纳

小结营销研究的内容,即对宏观环境、微观环境和企业自身进行分析和研究,以便为公司的营销决策(目标顾客选择、营销定位、营销要素组合、流程构建和资源整合)提供依据,营销研究贯穿于营销分析、规划和实施的整个管理过程(见图3.4)。

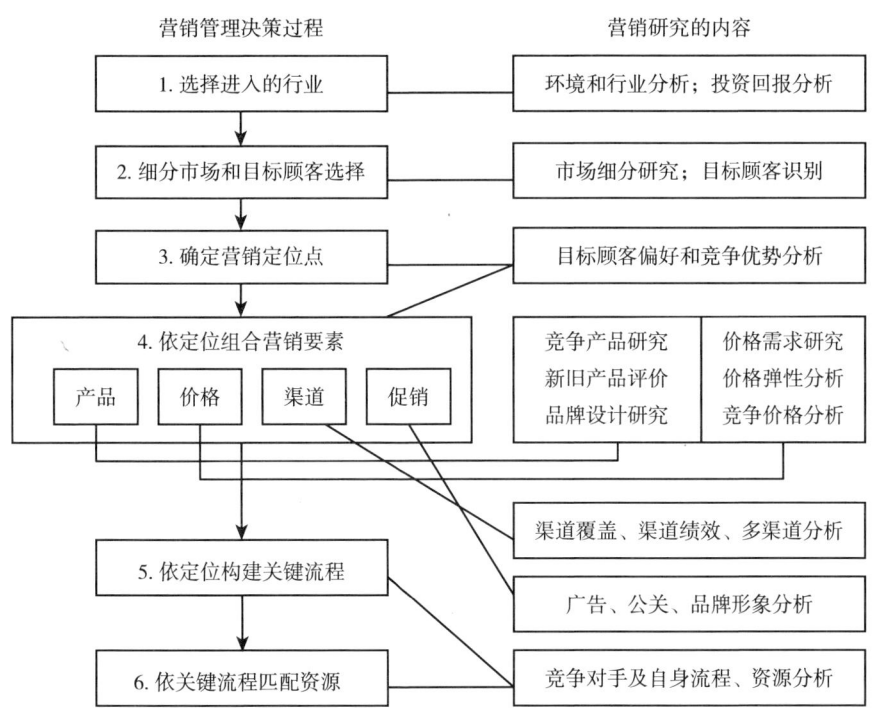

图 3.4 营销研究内容与营销决策过程匹配

3.3 营销研究的过程

营销研究的过程是指进行营销研究的程序和步骤。这与其他研究一样，一般将其分为六个步骤：定义研究的问题、建立理论框架、选择研究方法、收集数据、分析数据和结果报告。但研究结果会由于研究目的不同而以不同的文本格式呈现——理论研究的结果常采用论文或著作的形式，对策研究则多以研究报告或规划书的形式。

1. 定义研究的问题

首先需要明确是一个理论问题，也是一个对策问题；然后再界定这个理论和对策问题的具体含义，务必将其限定在有限的范围内，避免问题过于庞杂。

对于营销学者来说，研究问题必需关注理论，其问题来源于三个方面：阅读文献找到理论缝隙，观察实践发现有价值的问题，以及通过思考得出感兴趣的问题。但是，从一般情况来看，选择研究的问题最好具备理论价值或是实践价值，或者二者兼备。对于营销理论研究问题的界定，既要有理论价值，也要有实际应用价值，不主张进行"林黛玉葬花是先迈左脚，还是先迈右脚"的无实际应用价值的研究。

对于企业决策者来说，营销研究问题的来源，既可以在制订营销规划的过程中，也可以在发生问题的时候，还可以是每季度或每半年的营销实时监测时。企业决策的营销研究可以是一个包含营销全部内容的整体研究，也可以是一个包含部分内容的局部研究。整体研究是为制订整体营销规划或整体规划调整服务的，局部研究是为进行营销某一方面的规划或规划调整服务的。无论理论研究还是决策研究，在研究之前，需要确定研究的问题是什么。

研究问题的确定大多是由研究目的所决定的。企业决策中研究问题的确定是与决策的问题息息相关的。在决策的问题比较宽泛时，一个决策问题可以列出多个研究问题（见表3.3）[1]。

---

[1] 涂平：《市场营销研究方法与应用》，北京大学出版社2012年版，第30页。

表 3.3　　　　　　　　　决策问题与研究题目之间关系举例

决策问题	研究题目
推出一款新产品	顾客需求与购买意向调查；竞争产品分析；产品概念测试
为新产品设计包装	不同包装设计的有效性测试
通过开新店拓展市场	备选店址商圈市场潜力分析；备选店址的评估
调整广告媒体	媒体受众分析；媒体效果测评

2. 建立理论的框架

一般而言，有效的研究需要有理论框架的指引，这是体现研究专业性的重要标志之一，也是保证研究结果准确、合理的一个重要基础。因此，营销研究也不应该例外，无论是理论研究，还是决策研究都是如此。

理论是由一系列概念、命题整合而成的阐述、解释、预测或控制某一现象的思维系统。框架是对概念之间关系的结构阐述，一般用图解形式表示，也被称为框架图。理论框架是指利用已有的理论对研究中各种概念或变量间的相互关系做出说明的框架图。如果研究暂时不能找到相应的理论作为依据，也可以利用普遍被人们接受的命题或学说对各变量之间的关系做出说明，这些命题的组合即该研究的概念框架。

例如，通过消费行为的研究来评估各种促销活动的效果，就适合运用购买者行为的理论框架（见图3.5）。在这个框架之下，可以设定具体要研究的问题，诸如知晓度与促销活动效果的关系，理解评价与促销活动效果的关系，偏好与促销效果之间的关系，以及知晓、理解评价和偏好之间的关系，等等，从而为营销决策提供依据。

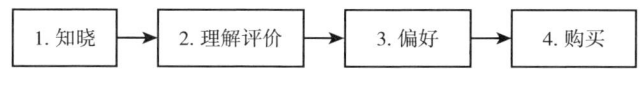

图 3.5　购买行为过程框架

如果进行公司的战略分析，就需要运用图 1.2 给出的企业发展战略规划框架；如果进行一个品牌的营销战略分析或营销定位的分析，就需要运用图 2.8 给出的营销定位管理瓶框架。即使是理论研究，也需要在整体框架中找到相应的问题和逻辑，研究目的或是对框架的修正，或是对框架具体内容的补充等，又或是衍生新的框架理论——无非是构建理论和验证理论。

当然，也有一些营销研究没有理论框架的指引，只是根据存在的主要问题，分析产生原因，最终提出相应的解决方案。现代管理学的持续学派，寻求对已有的管理理论进行适当的修正，主张运用理论框架进行研究。但是，超现代学派抛弃所有连贯的理论，诸如1982年汤姆·J·皮德斯（Peters）和小罗伯特·沃特曼（Waterman）编著的、轰动世界的《追求卓越》等；没有连贯的理论框架，后来的很多管理类畅销书都是这种风格①，诸如《基业长青》、《从优秀到卓越》等。无疑，各种管理学派都在营销研究中得以反映。

3. 选择研究的方法

营销学发展的过程也是营销研究方法不断丰富的过程。今天，营销研究方法已经累积得多如牛毛，几乎包涵了一切自然科学和社会科学的研究方法。

（1）按研究的范式分类。研究范式也称元理论，是指一个学术共同体共有的思考前提，"代表着一个特定共同体的成员共有的信念、价值和技术等等构成的整体"，以及这个共同体创造出来的成果或范例②。营销研究没有特有或排斥的范式，一般运用实证主义范式、解释主义范式和批判主义范式三种类型。

实证主义范式认为，世界独立存在于人们关于它的知识当中，强调解释为什么而不是理解，主张用研究自然科学的方法研究社会科学；解释主义范式认为，世界不是独立存在于人们关于它的知识当中，强调如何而非为什么，主张用不同于自然科学的方法研究社会科学；批判主义主张前两者结合的观点。营销学已经演化为具有交叉特点的边缘科学，因此应该适合前述各种范式。每种范式的研究方法具有专属的特征（见图3.6）。

（2）按研究的方法分类。营销研究也与其他研究一样，有两种方法：定性研究（包括思辨研究和质性研究等）和定量研究（包括问卷调查和心理实验研究等）。

① 定性研究是指用文字记述少量的人的意识和行为、或者事实等资料，属于非数字化研究。它分为思辨研究和质性研究两种类别。

---

① 罗岷：《管理学发展模式的现代性、超现代性与后现代性的论争》，载于中国企业研究会等：《管理学发展及其方法论研究》，中国财政经济出版社2005年版，第211~223页。

② 托马斯·库恩：《科学革命的结构》（第四版），北京大学出版社2012年版，第147页。

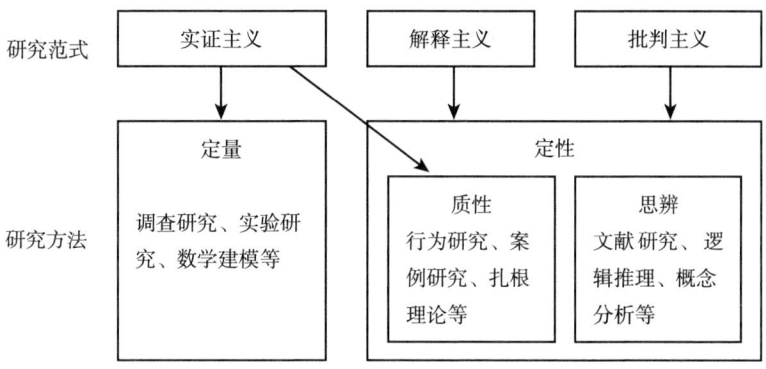

图 3.6　研究范式、方法、数据采集和分析的关系

思辨研究，一般讨论的都是事物最基本的、最核心的问题，目的在于回答一个事物或现象存在的本质和发展变化的规律，研究过程涉及历史研究、哲学思考、逻辑推演和概念分析，文献研究是其采用的最基本方法，"旁征博引"是此类研究的显著特征。

质性研究，"是以研究者本人作为研究工具，在自然情境下采用多种资料收集方法对社会现象进行整体性探究，使用归纳法分析资料和形成理论，通过与研究对象互动对其行为和意义建构获得解释性理解的一种活动"①。以研究者本人作为研究的工具是指，研究者"通过长期深入实地体验生活从事研究，研究者本人素质对研究的实施十分重要"②。质性研究有着诸多的类型，就像一棵参天大树，包含着多种枝干和树叶（见图3.7）③。

② 定量研究是指通过数字的统计和分析进行的研究，用数量来记述大量的人的意识和行为、或者事实等资料。这类研究是通过大规模的问卷调查和实验等方法取得数据，然后通过数理统计分析的方法得到结论。

在定量研究中，需要先确定概念或构念（构念是正在研究中的概念），建立相应的框架模型，提出假设，而后确定指标和量表，根据量表设计问卷或实验进行数据采集，最后通过数理统计方法得出研究结论。

定性研究和定量研究其方法各具特点。有学者认为，从资料形态看，量的研究倾向于使用数据作为分析的单元，质的研究倾向于使用文字或图像作为分析的单元；从使用方法看，量的研究倾向于使用分析方法，质的研究倾向于使用描述

---

①② 陈向明：《质的研究方法与社会科学研究》，教育科学出版社2000年版，第12页。
③ H. E. Wolcott, *Posturing in Qualitative Inquiry*, 1992, In M. D. LeCompte, W. L. Milroy, and J. Preissle, *The Handbook of Qualitative Research in Education*, New York：Academic Press 1992, 3 - 52.

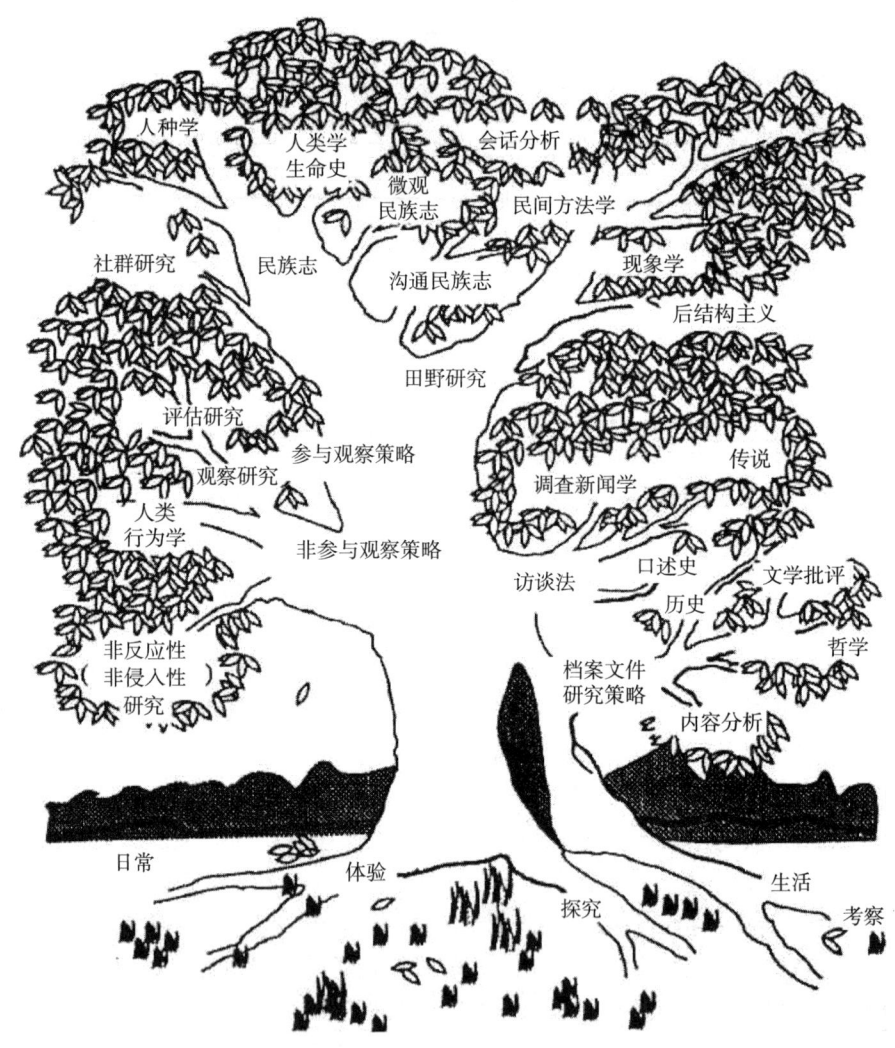

图 3.7 质性研究类型树形图

方法；从研究样本数量看，量的研究倾向于进行大规模研究，质的研究倾向于进行小规模研究；从研究的范围看，量的研究倾向于聚焦研究，质的研究倾向于全面研究；从研究者涉入程度方面看，量的研究倾向于研究者与研究分离（客观分析），质的研究倾向于研究者涉入研究（研究者为测量工具）；从研究设计看，量的研究倾向于使用预先确定的研究方案，质的研究倾向于使用不断变化的研究方案①。另有学者详细归纳了质性研究和定量研究的特征（见图3.8）②。

	量的研究	质的研究
研究的目的：	证实普遍情况，预测，寻求共识	解释性理解，寻求复杂性，提出新问题
对知识的定义：	情境无涉	由社会文化所建构
价值与事实：	分离	密不可分
研究的内容：	事实，原因，影响，凝固的事物，变量	故事，事件，过程，意义，整体探究
研究的层面：	宏观	微观
研究的问题：	事先确定	在过程中产生
研究的设计：	结构性的，事先确定的，比较具体	灵活的，演变的，比较宽泛
研究的手段：	数字，计算，统计分析	语言，图像，描述分析
研究工具：	量表，统计软件，问卷，计算机	研究者本人（身份，前设），录音机
抽样方法：	随机抽样，样本较大	目的性抽样，样本较小
研究的情境：	控制性，暂时性，抽象	自然性，整体性，具体
收集资料的方法：	封闭式问卷，统计表，实验，结构性观察	开放式访谈，参与观察，实物分析
资料的特点：	量化的资料，可操作的变量，统计数据	描述性资料，实地笔记，当事人引言等
分析框架：	事先设定，加以验证	逐步形成
分析方式：	演绎法，量化分析，收集资料之后	归纳法，寻找概念和主题，贯穿全过程
研究结论：	概括性，普适性	独特性，地域性
结果的解释：	文化客位，主客体对立	文化主位，互为主体
理论假设：	在研究之前产生	在研究之后产生
理论来源：	自上而下	自下而上
理论类型：	大理论，普遍性规范理论	扎根理论，解释性理论，观点，看法
成文方式：	抽象，概括，客观	描述为主，研究者的个人反省
作品评价：	简法、明快	杂乱，深描，多重声音
效度：	固定的检测方法，证实	相关关系，证伪，可信性，严谨
信度：	可以重复	不能重复
推广度：	可控制，可推广到抽样总体	认同推广，理论推广，积累推广
伦理问题：	不受重视	非常重视
研究者：	客观的权威	反思的自我，互动的个体
研究者所受训练：	理论的，定量统计的	人文的，人类学的，拼接和多面手的
研究者心态：	明确	不确定，含糊，多样性
研究关系：	相对分离，研究者独立于研究对象	密切接触，相互影响，变化，共情，信任
研究阶段：	分明，事先设定	演化，变化，重叠交叉

图3.8　质的研究与量的研究比较

---

① 马丁·登斯库姆：《怎样做好一项研究——小规模社会研究指南》，上海教育出版社2011年版，第208~210页。
② 陈向明：《质的研究方法与社会科学研究》，教育科学出版社2000年版，第11页。

在营销研究中，量的方法和质的方法有时独立使用，有时结合使用，这与研究的目的和内容有关。随着营销学理论和决策的复杂性，两种方法结合运用已不是个别的现象。甚至有学者认为，量的研究与质的研究的区别不在于研究方法，而仅仅是在对于数据的处理上，即在分析时如何处理数据[①]。

两种方法结合又产生了内容分析法和混合方法研究。内容分析法即社会科学家借用自然科学定量分析的科学方法，对历史文献内容进行内容分析的方法，是量的研究与质的研究相结合的综合方法。混合方法研究是指，研究者在同一研究中综合调配或混合定量和质性研究的技术、方法、手段、概念或语言的研究类别。

4. 收集研究的信息或数据

从总体上看，信息或数据收集包括文献（二手）采集和实地（一手）采集两种类型，各类型中又包括多种方式。信息和数据采集方法的选择与研究的目标和性质密切相关，特别是直接受到研究方法的制约，由于研究方法选择的多样性，就显现出有时采用一种数据采集方法，有时采用多种数据采集方法。定性和定量研究方法与信息或数据收集途径的匹配情况见表3.4（表中○表示适用，△表示有时适用）。

表3.4　　　　　定性和定量研究方法与信息收集途径的匹配

信息收集方法分类		主要优点	信息收集路径	收集的信息	
				定性	定量
1. 二手信息收集		灵活使用现有资料，可获得时空大范围的信息	内外部资料检索	○	○
			内外部数据采集		○
2. 一手信息收集	定性调查	以少量人为对象，获得直接和详细的信息	小组座谈	○	
			深度访谈	○	
			倾听调查	○	
			案例调查	○	△
	现场观察	可以获得第三方视角的信息，更为客观	用机器观察	○	○
			肉眼观察	○	○
			参与式观察	○	
			实地考察	○	△

[①] 马丁·登斯库姆：《怎样做好一项研究——小规模社会研究指南》，上海教育出版社2011年版，第208页。

续表

信息收集方法分类		主要优点	信息收集路径	收集的信息	
				定性	定量
2. 一手信息收集	实验调查	可以控制相关情境，便于实施	社会实验	△	○
			市场测试	△	○
			事前事后测试	△	○
			商品测试等	△	○
	问卷调查	抽样调查可以推论总体；非抽样调查可以把握多数人信息	面访		○
			电话		○
			邮寄		○
			街头		○
			入户		○
			互联网		○

一个值得注意的现象是，大数据（Big Data）改变了原有的数据采集和分析的方法。对于大数据，还没有一个公认的定义，或曰定义还有些模糊。顾名思义，"大数据"就是比过去多得多的数据，运用传统方法进行采集和分析花费的时间和成本巨大，是难以完成的，因此互联网和移动通信、多媒体的发展，催生了数据采集和分析的新方法，大大提高了效率，可以使采集和分析的数据达到海量的规模。

在 Forrester 分析师布赖恩·霍普金斯（Brian Hopkins）和鲍里斯·埃韦尔松（Boris Evelson）撰写的《首席信息官，请用大数据扩展数字视野》报告中，他们提出大数据的四项典型特征——海量（Volume）、多样性（Variety）、高速（Velocity）和易变性（Variability），被人们概括为四个"V"。第一，数据的海量性，企业面临着数据量的大规模增长。第二，数据的多样性，主要是由于新型多结构数据，以及包括网络日志、社交媒体、互联网搜索、手机通话记录及传感器网络等数据类型造成。其中，部分传感器安装在火车、汽车和飞机上，每个传感器都增加了数据的多样性。第三，采集和分析的高速性，通过基于实现软件性能优化的高速电脑处理器和服务器，创建实时数据流已成为流行趋势。第四，数据的易变性，大数据具有多层结构，这意味着大数据会呈现出多变的形式和类型。传统业务数据随时间演变已拥有标准的格式，能够被标准的商务智能软件识别。物联网、云计算、移动互联网、车联网、手机、平板电脑、PC 以及遍布世界各个角落的各式各样的传感器，都是数据来源或者承载的方式。

迈尔-舍恩伯格（Mayer-Schönberger）和库克耶（Cukier）在《大数据时代》一书中描述了大数据时代的特征①，大数据的核心就是预测，这个核心代表着分析信息的三个转变。第一个转变，数据采集规模方面。在大数据时代，可以采集和分析更多的数据，甚至可以处理与某个特别现象相关的所有数据，而不再依赖于随机采样。第二个转变，数据分析准确性方面。研究数据如此之多，以至于人们不再热衷于追求精度，因为大数据的简单算法比小数据的复杂算法要更准确。第三个转变，数据分析的目的方面。不再热衷于寻找因果关系，而是关注相关关系。

5. 分析信息和数据

由于存在着定性信息和定量数据两种形态，因此，对定性信息和定量数据的分析也需要采取不同的方法。当然，在一项研究中也可能并存两种形态，那么就需要采取多种分析方法。

（1）定量数据分析。首先需要进行定量数据的处理，包括数据的审核、编码、录入、编辑、清理和制作相应的数据文献。然后对处理后的定量数据进行分析，一般是使用统计软件进行分析，如SPSS、SAS等等，最终得到分析的结果。

用什么统计软件进行分析，取决于前述的研究目的和内容。相关分析可以分析两个变量之间的相关性（是否具有相关关系）；回归分析可以分析一个因变量与一个或多个自变量之间的关系，例如，分析价格和促销对于销量的影响等；因子分析，可以用于对大量和庞杂的影响因素进行归类，简化分析的难度，诸如对于满意度影响因素的分析等；聚类分析，可以将相似的群体划分在一起，常用于细分市场的分析；联合分析，可以用于分析消费者的购买偏好或者说关注的影响因素有哪些。

（2）定性信息分析。首先需要进行定性信息的处理，同样包括信息的审核、编码、录入、编辑、清理和制作相应的信息文献。然后对处理后的定性信息进行分析，早期研究者靠人工分析，现在已有相应的软件分析工具。各种软件分析工具都各具特色，专家给出了相应的建议，详见相关参考书籍②，这里不再赘述。

定性信息分析与量的数据分析存在较大的差异，正是这种分析的差异才催生

---

① 舍恩伯格和库克耶：《大数据时代　生活、工作与思维的大变革》，浙江人民出版社2013年版，第17~19页。

② Miles, Huberman，《质性资料的分析：方法与实践》，重庆大学出版社2008年版，第450页。

了两种不同的研究方法。二者分析的步骤大体相同，不同的是各步骤的具体内容（见表3.5)①。对于质的研究，最大的特征是对海量的信息进行编码，摘编出与研究问题有关的数据，然后分析编码数据之间的关系。

表 3.5　　　　　　　量的研究和质的研究的资料分析方法

5 个步骤	量的数据	质的资料
1. 准备数据	编码（一般在数据收集之前）；将数据分类；核对数据	誊写文本；将文本和图像分类；准备数据并将载入软件
2. 整理数据	寻找数据中明显的趋势或联系	寻找明显重复出现的主题与问题；在资料上做笔记；用备忘录及时记下想法
3. 分析数据	使用统计测试，如描述统计、因素分析、聚类分析等；寻找数据与研究假设的关系	对数据进行编码，将编码按着问题或主题分类；在类别和主题之间进行比较
4. 呈现数据	表格；图形；对统计结果的文字性解释	对研究结果的文字性解释；用例子或图片证明观点；使用视觉模型、图像或表格
5. 检验数据	外部基准点；内部一致性；与其他可能的解释进行比较	数据与方法的三角互证；成员检验；与其他可能的解释进行比较

6. 研究结果报告

由前可知，定量和质的研究方法的选择与研究的目标密切相关（见图3.9）。同时，研究报告的格式也与研究的目的相关。对于理论研究而言，采用论文的报告格式；对于对策研究而言，采用营销规划书或建议书的格式。但是，无论哪种格式，在研究报告中都需要清晰地交代"研究什么，如何研究，得出什么结论"这三个最为基本的问题。

关于营销对策报告书的格式，在第 2 章中已有详细说明，包括营销定位规划书（见表2.4）、评价书（见表2.5）和改进书（见表2.6），这里不再赘述。关于营销学术论文的格式，除了思辨型论文有其独特的格式外，质的研究和量的研究论文有大体相似的体例：问题的提出、文献回顾和理论框架、研究设计、数据收集、数据分析及检验、研究结论、理论贡献和实践意义。

---

① 马丁·登斯库姆：《怎样做好一项研究——小规模社会研究指南》，上海教育出版社 2011 年版，第 211 页。

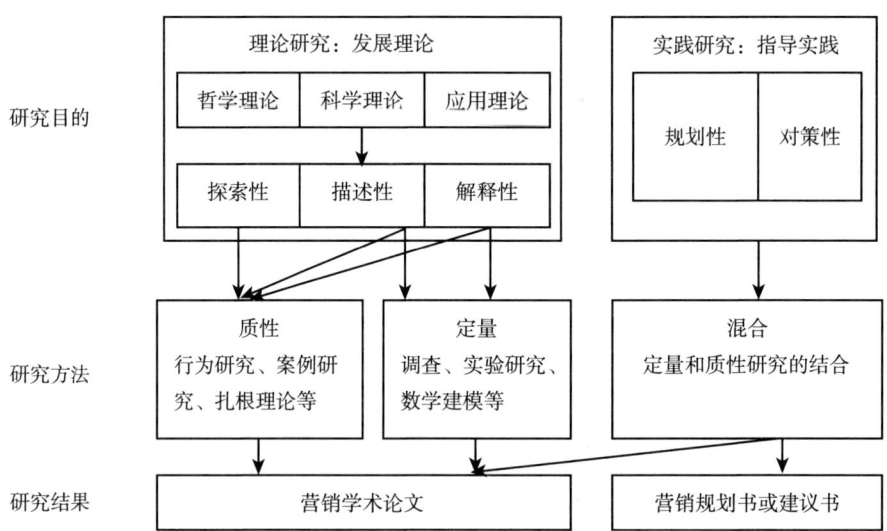

图 3.9 研究目的、方法和结果的关系

第三篇

找位:目标顾客(ST)

第4章 细分市场

市场细分是指以一定的标志把市场分为几个有明显差别的消费者群体，对于公司提供的产品和服务，他们有不同的需求特点和消费行为。因此，市场细分不是抽象的群体细分，而应该结合公司进入的行业领域，市场细分一般是公司确定了行业方向之后的行为。市场细分概念是美国营销学家温德尔·斯密（Wendell R. Smith）在1956年提出来的[①]。其宗旨是强调企业选择自己具有优势的市场而不是全部市场进行营销活动，这样才能在激烈的竞争中得以生存和发展。在20世纪60年代，细分市场是美国营销界讨论的中心话题，直至今日仍是营销战略的核心概念[②]。市场细分包括明确细分市场目的、确定细分市场变量、采集数据、分析数据和描绘细分市场五个阶段。本章分析的前提，是假设通过营销研究，公司大体确定了进入的行业和领域，甚至有了产品或服务发展方向的一些轮廓。

---

① Wendell R. Smith, "Product Differentiation and Market Segmentation as Alternative Product Strategies", *Journal of Marketing*, Vol. 21, July, 1956, 3–8；迈克尔·J·贝克：《市场营销百科》，辽宁教育出版社1998年版，第272页。

② 詹姆斯·H·迈尔斯：《市场细分与定位》，电子工业出版社2005年版，第4页。

4.1 明确细分市场目的

细分市场的目的会直接影响细分市场的全过程,包括细分市场变量的确定、数据的采集、分析和描述等。如果细分市场的目的是为增加市场份额,那么就要分析哪些因素影响顾客的购买额,然后根据这些影响因素的影响程度差异进行市场细分。如果细分市场的目的是提升顾客满意度,那么就要分析哪些因素影响顾客的满意度,然后根据这些影响因素的影响程度差异进行市场细分。可见,虽然细分市场是目标顾客选择和营销定位的前提,但是如何细分还要受到企业营销目标的影响。本章讨论的市场细分是为选择目标顾客服务的。

目标顾客选择是为了选择更有价值的顾客,同一产品和服务卖给不同的顾客,可能会获得相同或不同的价格回报。如果不对顾客进行细分,都视为自己的目标顾客进行无差异营销,则称之为大众营销;如果细分到非常精细的程度,针对每一位顾客都采取差异化营销策略,称之为一对一营销(定制化);在大众化营销和一对一营销之间,存在着大量的空间,需要企业细分后选择自己的目标顾客,目标顾客既不是一个人,也不是所有的人,这种情况可以称之为细分市场营销。不同的产品,不同的市场环境,以及不同的企业自身优势,需要不同的细分市场策略:在大众市场、一对一的定制化,以及二者之间做出相应的选择(见图4.1)。

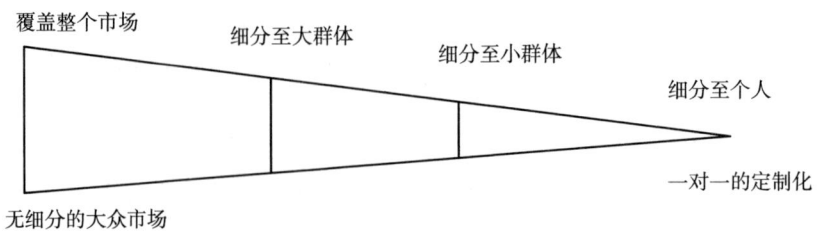

图4.1 细分市场的可能水平

在商品短缺的情况下,不需要营销,更不需要细分市场;在供过于求的市场环境下,需要提供比竞争对手更适合需求的产品和服务,这就需要选择一部分人成为自己的目标顾客,进行更加具有针对性的产品和服务设计,以及相应的营销要素组合,以保证让顾客感到比竞争对手做得更好。这应该是细分市场的根本目的。

那些认为品牌具有足够吸引力使顾客偏爱自己的产品和服务的公司,不必选择目标顾客,自然也就没有细分市场的必要。在这种情况下,顾客会想方设法搜寻并购买该品牌产品。有人认为,一些奢侈品牌和高科技品牌具有这种特征。如路易威登和苹果手机等,大有谁爱买就买的架势。即便如此,也不能否认他们研究和关注了顾客的需求。

IBM商业价值研究院研究后认为,中国诸多公司开始将市场细分引入其业务管理当中,有四个因素促使这种转变的发生:中国各地区的高度多样性,中国消费者日趋成熟和复杂,成熟行业竞争白热化和向国外竞争者开放市场[①]。

4.2 确定细分市场变量

对于个人消费品市场和团体组织市场,细分市场的变量会有所不同,但是最为核心的变量是一致的,包括顾客视角和对公司贡献视角。顾客视角包括识别是谁、他们在哪儿、他们购买了什么和购买过程中关注什么,以及为什么购买和关注这些,即谁、哪里、什么、为什么等四个方面的变量。公司视角包括对公司的销售额、利润额和品牌声誉的贡献等方面的变量。

1. 个人消费品市场细分变量

(1) 顾客视角的市场细分。它是根据顾客本身的特征对市场进行细分。研究人员通常采用两种不同的程序。一是根据消费者本身的特征性变量细分市场,然后再分析每一个细分市场对产品的反应;二是根据消费者对产品的反应性变量细分市场,然后再分析每一个细分市场消费者本身的特征。换句话说,一是先对"谁"进行细分,再看顾客"在哪里"、"购买了什么"和"为什么购买";二是先对"什么"和"为什么"进行细分,再看顾客是"谁"和"在哪里"。

在20世纪60年代的美国,流行三种细分市场的变量,包括地理细分、人口统计特征细分[②]和销售量细分。1968年,又有人提出利益细分变量,这与营销管

---

① IBM中国商业价值研究院:《IBM中国商业价值报告:战略与管理》,东方出版社2007年版,第296页。

② Ronald E. Frank, "Correlates of Buying Behavior for Grocery Product", *Journal of Marketing*, Vol. 31 (October, 1967), 48-53.

理的目标一致起来①。随后，被提及的细分变量不断增加。消费者本身特征性变量包括人口变量和地理变量，消费者对产品反应的变量包括购买行为和心理等方面的变量（见表4.1）。在细分市场时，可以从任何一种变量开始，但是最终这四个方面的问题都应该明确回答。

表4.1　　　　　　　　　　个人消费市场细分的变量

细分变量	营销学常用概念	具体因素
1. 谁（Who）	人口统计特征	年龄、性别、职业、教育、收入、家庭人数、家庭生命周期、种族、民族、宗教、国籍、社会阶层等
2. 哪里（Where）	地理因素	国界、区域、地形、气候、城乡、人口密度、交通条件等
3. 什么（What）	行为因素	追求利益、使用者地位、购买频率、使用频率、品牌商标忠诚度、对产品的信赖度、对价格广告服务的敏感度等
4. 为什么（Why）	心理因素	生活方式、性格、价值观念等

第一，人口细分，是指按着各种人口统计变量进行市场细分。具体变量包括年龄、性别、职业、教育、收入、家庭人数、家庭生命周期、种族、民族、宗教、国籍、社会阶层等。不同人文环境下的消费者常常有着不同的消费需求和购买特征，要求差异化的营销组合。仅就歌曲需求来说，孩子们喜欢儿歌，青年人喜欢流行歌曲，中年人喜欢经典歌曲，老年人喜欢历史歌曲。中国个人消费市场人口细分的常用变量见表4.2。

表4.2　　　　　　　　中国个人消费市场人口细分的常用变量

细分变量	典型分类
1. 年龄	6岁以下，6～11岁，12～20岁，21～30岁，31～40岁，41～50岁，51～60岁，60岁以上
2. 性别	男、女
3. 职业	工人、农民、教师、职员、经理人、公务员、家庭主妇、退休者等
4. 受教育程度	小学以下、中学、专科、本科、硕士、博士
5. 家庭月收入	高中低或是按具体数额进行划分
6. 家庭规模	1～2人，2～4人，5人以上
7. 家庭生命周期	单身、新婚无子女、子女6岁以下，子女6岁以上，老年夫妇，独身老人

---

① Russell I. Haley, "Benefit Segmentation: A Decision-Oriented Research Tool", *Journal of Marketing*, Vol. 32 (July, 1968), 30–35.

续表

细分变量	典型分类
8. 民族	汉、回、藏等
9. 宗教	佛教、道教、伊斯兰教、基督教、天主教、其他宗教或不信教
10. 种族	黑人、白人、黄种人
11. 国籍	中国人、日本人、美国人、英国人、巴西人等
12. 社会阶层	下层、中下层、中上层、上层、上上层

第二，地理细分，是指按消费者所处的地理位置和自然环境进行市场细分。具体变量包括国家、地区、城市规模、气候、人口密度和交通条件等。不同地理位置和自然环境下的消费者常常表现出不同的消费特征，对公司的营销组合策略也会有着不同的反应。例如，中国不同区域的消费者对食物的需求特点可以概括为"南甜北咸，东辣西酸"，这就是一个证明。

中国个人消费市场地理细分的常用变量主要包括区域、城市规模、气候、城市或农村（见表4.3），一些在中国的国际跨国公司则按城市人口和人均国民生产总值两个指标进行地理细分。

表4.3　　　　　　　　中国个人消费市场地理细分的常用变量

细分变量	典型分类
1. 地理区域	东北、华北、西北、西南、华东、华南和华中
2. 城市规模	50 000 人以下，50 000～99 999，100 000～249 999，250 000～499 999，500 000～999 999，1 000 000～3 999 999，4 000 000 以上
3. 地理气候	热带气候、亚热带气候、温带气候、寒带气候
4. 城乡区域	城市、乡镇、农村

第三，行为细分，是指按消费者对产品的了解程度、态度、使用情况或反应等变量进行市场细分。具体变量包括追求利益、使用者地位、购买频率、使用频率、品牌商标忠诚度、对产品的信赖度、对价格广告服务的敏感度等内容。行为细分应该是市场细分的重要结果，每种行为细分市场的特征将决定是否被选为目标市场，也决定着将采取的营销组合策略。例如，人们在使用牙膏时的利益诉求点分别为防蛀、美观、味觉、卫生等，那么就需要实施不同的营销组合策略与其适应。

中国个人消费市场行为细分的常用变量基本上包括购买时机、追求的利益、使用状况、使用率、忠诚度、购买阶段、对产品的态度等方面（见表4.4）。

表 4.4　　　　　　　中国个人消费市场行为细分的常用变量

细分变量	典型分类
1. 购买时机	一般时机、特殊时机
2. 追求利益	经济、便利、实用、名誉、服务等
3. 使用状况	未曾使用者、曾经使用者、潜在使用者、首次使用者、经常使用者等
4. 使用率	不使用、少量使用、中量使用、大量使用
5. 忠诚度	没有忠诚度、较低忠诚度、中等忠诚度、较高中程度、很高中程度
6. 购买阶段	不了解、了解、熟知、感兴趣、想买
7. 对产品态度	抵制、否定、不关心、肯定、热情

第四，心理细分，是指按消费者的心理特征进行市场细分。具体变量包括生活方式、性格和价值观等内容。在同一地理特征、同一人口特征的细分市场中，也会由于心理变量的差别而表现出不同的消费特点和行为。例如同样是女大学生，由于她们的个性有的张扬有的收敛，所以在穿着上就表现为前卫型和保守型。因此心理细分也是市场细分的重要内容。表 4.5 列出了中国个人消费市场心理细分的常用变量。

表 4.5　　　　　　　中国个人消费市场心理细分的常用变量

细分变量	典型分类
1. 生活方式	传统型与新潮型、节俭型与奢侈型、保守型与前卫型等
2. 性格	冲动型、理智型、自卫型、进攻型、交际型、独处型等
3. 价值观念	进取型、传统型、助人型、温情型、享乐型、创造型等

（2）公司贡献视角的顾客细分。这种方法是通过分析潜在和现有顾客给公司带来的风险和利益情况，而后将其分为若干客户群体。这种方法类似于客户的分类管理，包括细分市场和细分目标顾客两方面内容。

例如，一家银行可以根据为其带来的收益和风险两个方面来细分顾客，收益部分可以用客户忠诚和消费潜力来评价，银行风险可以用还款情况来评价。这样，就可以把顾客分为若干个不同特征的群组[①]。

衡量顾客对公司的贡献，通常用忠诚度来进行细分。普里查德和霍华德（Pritchard and Howard）提出，可以将顾客区分为真正忠诚、潜在忠诚、假性忠

---

① 详见李飞：《营销教学案例》，经济科学出版社 2012 年版，第 41~54 页。

诚和低忠诚（见图4.2）[①]。

行为忠诚	低（态度忠诚）	高（态度忠诚）
高	假性忠诚 (Spurious Loyalty)	真正忠诚 (True Loyalty)
低	低忠诚 (Low Loyalty)	潜在忠诚 (Latent Loyalty)

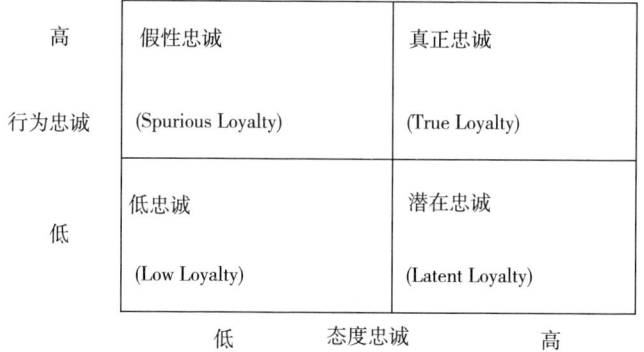

图4.2　顾客忠诚的类型

雷纳茨（Reinartz）和库玛（Kumar）根据顾客保持的长期性（时间维度）和利润贡献，将其分为过客（Strangers，偶尔路过购买以下）、藤壶（Barnacles，贝属动物，附着在水下船底，其过多会使船的运行速度减慢，因此需要定期清理，用此比喻单次花钱少但频繁购买的顾客）、蝴蝶（Butterflies，客单价高但具有随机性）和知己（True Friends，客单价高且频繁购买）（见图4.3）[②]。

利润贡献	低（保持关系的时间）	高（保持关系的时间）
高	蝴蝶（取脂）	知己（投资）
低	过客（不投资）	藤壶（放弃或改变）

图4.3　顾客忠诚和利润贡献的类型

2. 团体组织市场细分变量

有些用于细分个人消费者市场的变量可以用来细分组织消费市场，如地理变量、购买行为、对公司贡献方面的变量等。但是，由于组织消费市场的特殊性，

① M. Pritchard, D. R. Howard, The Loyal Traveler: Examining a Typology of Service Patronage, *Journal of Travel Research*, vol. 35 (4): 2-10, 1997.

② W. Reinartz, V. Kumar, "The Mismanagement of Customer Loyalty", *Harvard Business Review*, July, 86-94, 2002.

还需要补充一些变量（见表4.6）。

表4.6　　　　　　　　中国组织消费市场细分的变量

细分变量	具体因素
1. 行业变量	冶金、煤炭、军工、机械、服装、食品、纺织、船舶、化工、医疗、商业等
2. 地理变量	国界、区域、地形、气候、资源、自然环境、城乡、城市规模、交通条件、生产力布局等
3. 规模变量	以采购额或是销售划分为大型企业、中型企业、小型企业等
4. 行为变量	追求利益、使用者地位、购买频率、使用频率、品牌商标忠诚度、通路信赖度、对价格、广告服务的敏感度等
5. 对公司贡献变量	销售额、利润额、忠诚度等

（1）行业变量。以行业变量为标志，可以将组织消费市场分为多个细分市场，每个细分市场有其购买和消费特征。仅就钢材产品来说，汽车行业需要板材，建筑行业需要线材；物资公司购买是为了转卖，制造厂商购买是为了使用。中国目前存在的行业有冶金、煤炭、军工、机械、服装、食品、纺织、船舶、化工、医疗、商业、教育、文化等。一家公司很难满足各个行业的产品需求，必须通过行业细分后选择自己的、小的目标市场。例如，一家管理软件公司的目标市场可能仅为零售企业提供管理软件。

（2）地理变量。以地理变量进行组织市场的细分常被人忽视，但在实际营销活动中是不可缺少的。对巨型公司来说，即使将全球市场作为目标市场，也需要对全球这一目标市场进行地理上的细分，以开展本土化的营销活动。对绝大多数公司来说，其目标市场仅是一定区域范围内的细分市场，因此对组织市场进行地理上的细分是必不可少的。目前，中国组织市场的地理细分变量类似于个人消费市场，主要是东北、华北、西北、西南、华东、华南和华中等区域，也有具体以省、市、自治区为变量进行划分的。

（3）规模变量。组织规模不同，购买和消费的特征也会有很大差别，从而要求有不同的营销组合。组织规模变量主要包括职工人数、采购额、销售额等变量。以钢材市场为例，建筑公司、造船公司、汽车制造公司对钢材需求量很大，而一些小的机械加工企业需求量则较少。又如汽车市场，政府购车有减少的趋势，购买批量较小，但是出租汽车公司购买批量较大。显然，客户要求不同的营销组合服务。

（4）行为变量。是指组织的购买行为或采购行为，其主要内容包括利益诉求、购买决策过程、品牌忠诚度等方面内容。在利益诉求方面，有质量、服务、价格等多种选择。在购买决策方面，有集中决策和分散决策等情况；在忠诚度方面，有忠诚型公司和非忠诚型公司。这些差异都会影响营销方案的选择。

（5）对公司贡献变量。是指各个团体客户对于公司的贡献，包括销售额、利润额、长期性等方面的内容。例如，可以根据对公司的销售额或利润贡献、未来发展潜力和双方关系等三个方面的情况，将顾客分为若干类型。

IBM中国商业价值研究院认为，尽管细分市场的方法和技术不断发展，但是有效细分的基础仍然是深入的业务分析以及三大关键组成部分，即细分的特征、时间和盈利能力（见图4.4）①。通常，这三个维度会同时使用。

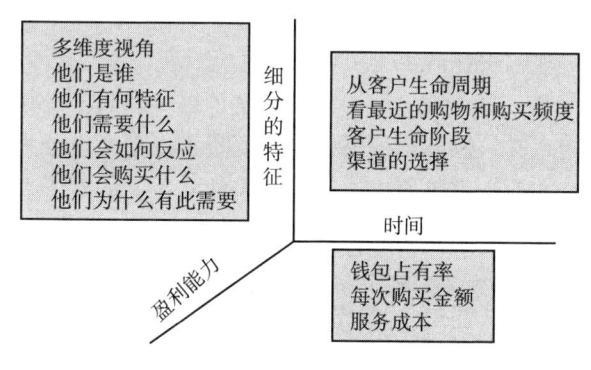

图4.4　有效细分的三个维度

3. 细分市场变量的选择

对细分市场变量的应用并不简单，一方面不是任何细分对企业都是有效的；另一方面企业面临着细分市场变量的诸多选择。因此，前述细分市场的变量并不是每个产品都必须一一对应地使用。一项关于北美公司的调查结果显示，在不同情况下，通常会选择不同的细分变量，这就使多种变量被公司选用，北美公司使用各种变量的比例是：人口数据为77%，需求为66%，盈利性或价值为63%，行为偏好为37%，生命周期为34%，等等②。

---

①② IBM中国商业价值研究院：《IBM中国商业价值报告：战略与管理》，东方出版社2007年版，第300页。

判断哪些细分市场变量最有价值,一个最为有效的方法是明确市场细分的目标。换句话说,细分市场的目的决定着变量的选择。通常细分市场的目标包括:识别重点客户及特征,提高广告的效果,为新产品选择目标市场,改进产品设计,寻找新产品机会,评估竞争者产品的市场影响,提升公司或品牌的形象[1]。

科特勒(Kotler)认为,有效的细分市场应该具备五个特征:[2]

第一,可测量性:子市场的规模、购买力和基本情况是可测量的。有些细分市场的依据是难以测量的,例如为与父母抗争而吸烟的青少年市场等。

第二,可进入性:企业可以有效地进入细分市场并为之提供服务。有些细分市场是难以进入的,例如一些社交频繁、晚上外出活动的单身女性,被香水公司认为是难以进入的细分市场。

第三,可盈利性:细分市场足够大并且能够盈利。例如,一家汽车制造商专门开发适合身高在1米以下的人用的车,肯定难以赚钱;一家服装公司专门制作适合2米以上的人穿的牛仔裤也不可取。

第四,可区别性:每个细分后的市场对营销组合的要求必须具有差别,否则就没有细分市场的意义。例如,按婚姻状况变量可以把女士分为未婚和已婚两个市场,这对于房地产商和家具商来说,有一定的意义;但对于香水公司来说,意义不大,因为未婚女士和已婚女士对香水营销组合的要求基本相同。

第五,可操作性:公司有能力制订并实施有效的营销计划来吸引所细分的市场。例如,大公司可以将奶粉市场细分为婴儿用、儿童用、青年用、中年用、老年用,但小公司无能力针对每个细分市场采取行动,这表明,这种细分缺乏可行性。

4.3 采集细分市场数据

市场细分的基础,不是人们单纯的主观判断,而是建立在定量统计分析基础上的有计划的活动。一般情况下,细分市场数据采集是通过随机抽样、问卷调查的方法(较少采用观察法和专家调查法等)完成,具体形式包括面访、电话调查、邮寄问卷和网络调查等类型,访问时间最好不超过30分钟。调查的内容包括人口统计特征、心理特征、对营销组合要素的需求和偏好特征等。

---

[1] 詹姆斯·H·迈尔斯:《市场细分与定位》,电子工业出版社2005年版,第15页。
[2] 菲利普·科特勒等:《营销管理(第十版)》,中国人民大学出版社2001年,第330页。

1. 传统数据的采集方法

本小节通过清华大学经济管理学院中国零售研究中心对北京一家百货商店细分市场数据采集的实例,具体说明传统数据的采集方法。

(1)细分市场目的。找到适合本店的目标顾客群,提高他们在本店的顾客满意度。

(2)选择细分变量。由细分市场目标决定,影响顾客满意度的主要因素就是细分市场的变量。因此,选择细分市场变量的过程就是探寻顾客满意度影响因素的过程。中国零售研究中心通过消费者焦点访谈会,挖掘影响消费者购物满意度的因素,然后,通过问卷调查数据提取影响购物满意度的抽象维度。

焦点访谈会(Focus Group)是深入挖掘影响消费者百货商场满意度要素的一种有效的定性研究手段,与面对面的个人访谈相比,它更能利用小组成员之间的良好互动,使参加者自然流露出真实想法及深层次的信念、感受、态度和观点。调研组共组织了两场小组座谈会,每场座谈会由8~10位有百货商店购物经验的消费者组成。参加者中女性与男性比例为1.5:1;每组小组座谈会的持续时间为1.5小时。在座谈会主持人引导下,消费者围绕购物前、购物中、购物后各个阶段的购物经验充分交流,然后,录像记录两组座谈会的全过程,并将座谈会的资料整理成文。

在2005年中国零售研究中心进行零售满意度调研所开发量表的基础上,结合两组座谈会所挖掘的内容,最终获取55个测量指标,其中包括满意度和忠诚度的测量指标以及影响满意度的众多指标。以此为基础,设计了定量调查问卷,采用10级量表对每个指标进行评价,1分为最低,10分最高,以供预调查使用。

(3)问卷设计。通过路面拦截的方法在北京几家大型百货商场门前随机调查了100名购物者,目的是对定性研究获得的测量指标进行因子提取。通过对数据进行探索性因子分析(Exploratory Factor Analysis,EFA),结果显示影响满意度的指标可以分成10个因子,每个因子的特征根均大于1。由于有些因子对应指标的载荷系数非常低,所以进行了指标提炼。指标提炼既考虑了载荷系数的大小,也考虑了各个指标与因子之间的实际意义,最终保留了47个测量指标来反映这10个因子。基于各具体指标的实际意义,将影响满意度的10个因子定义为企业形象(4个指标)、购物便利(5个指标)、商店环境(4个指标)、商店设施(3个指标)、人员服务(6个指标)、商品层面(5个指标)、感知价值(5个指标)、结账过程(3个指标)、商店政策(3个指标)和售后服务(2个指标)。

另外，总体满意度有 4 个测量指标，忠诚度有 3 个测量指标。以上共 12 个结构变量名称与 2005 年的零售调查结果基本一致。在完成全国数据收集之后，又通过了验证性因子分析来检验这些因子的稳定性。在此基础上，形成正式调查的问卷（见表 4.7）。

表 4.7　　　　　　　　　百货商店顾客满意度调查问卷

这次调查是清华大学中国零售研究中心的一个研究项目，希望您能用几分钟时间帮助我们完成这份问卷，您的意见对于我们非常重要。请您在每个问题的右边备选答案中画钩（√）。

1. 您的年龄在 18 岁以上吗？　　　（1）是　（2）否
2. 您本人或家人有从事零售、市场营销或广告工作的吗？　（1）是　（2）否
3. 您在过去的半年中接受过类似的市场调查吗？　　（1）是　（2）否
4. 您最近一次逛大型百货商店是什么时候？

（1）一周以内　（2）两周以内　（3）三周以内　（4）一个月以内　（5）两个月以内　（6）三个月以内　（7）三个月以上　（8）半年以内　（9）半年以上

5. 您一般怎么去百货商店？　　（1）步行　（2）骑自行车　（3）坐公交车　（4）购物班车　（5）坐出租车　（6）开车

6. 您一般需要花多久才能到达想去的百货商店？＿＿＿＿＿分钟

7. 您在百货商店每次购物平均要花多长时间？＿＿＿＿＿分钟

8. 您在百货商店平均每次花多少钱？＿＿＿＿＿元

下面请您对＿＿＿＿＿＿＿＿＿＿商店进行，请您对所有问题进行回答。

这家商店的便利性	最低分为 1 分，最高分为 10 分
1. 您能否方便快捷地到达这家商店？	1 2 3 4 5 6 7 8 9 10
2. 您认为这家商店营业时间合适吗？	1 2 3 4 5 6 7 8 9 10
3. 这家商店停车（汽车、自行车等）方便吗？	1 2 3 4 5 6 7 8 9 10
4. 店内的指示标志（路标、卫生间标志等）清晰准确吗？	1 2 3 4 5 6 7 8 9 10
5. 这家商店存放包裹方便吗？	1 2 3 4 5 6 7 8 9 10
这家商店的形象	最低分为 1 分，最高分为 10 分
6. 大家都知道这家商店吗？	1 2 3 4 5 6 7 8 9 10
7. 大家认为这家商店的名声好吗？	1 2 3 4 5 6 7 8 9 10
8. 这是一家有社会责任感的商店吗？	1 2 3 4 5 6 7 8 9 10
9. 您对这家商店信任吗？	1 2 3 4 5 6 7 8 9 10
这家商店的环境	最低分为 1 分，最高分为 10 分
10. 店内是否非常宽敞？	1 2 3 4 5 6 7 8 9 10

11.	店内商品的摆放布局合理吗?	1 2 3 4 5 6 7 8 9 10
12.	店内卫生（地面、空气质量等）怎么样?	1 2 3 4 5 6 7 8 9 10
13.	商店氛围（装修、温度、光线、色调、音乐等）怎么样?	1 2 3 4 5 6 7 8 9 10

	这家商店的硬件设施	最低分为 1 分，最高分为 10 分
14.	这家商店休息设施充足吗?	1 2 3 4 5 6 7 8 9 10
15.	卫生间是否易于寻找，且使用方便?	1 2 3 4 5 6 7 8 9 10
16.	电梯是否布置合理和方便搭乘?	1 2 3 4 5 6 7 8 9 10

	这家商店的人员服务	最低分为 1 分，最高分为 10 分
17.	工作人员的服务态度好吗?	1 2 3 4 5 6 7 8 9 10
18.	工作人员值得信赖吗?	1 2 3 4 5 6 7 8 9 10
19.	工作人员的仪表举止得体吗?	1 2 3 4 5 6 7 8 9 10
20.	当您有问题时，工作人员愿意帮助您吗?	1 2 3 4 5 6 7 8 9 10
21.	当您有问题时，工作人员有足够的能力帮助您吗?	1 2 3 4 5 6 7 8 9 10
22.	当您有问题时，工作人员是否能及时帮助您?	1 2 3 4 5 6 7 8 9 10

	这家商店的商品	最低分为 1 分，最高分为 10 分
23.	所售商品的品类齐全吗?	1 2 3 4 5 6 7 8 9 10
24.	所售商品的花色、品种、款式好吗?	1 2 3 4 5 6 7 8 9 10
25.	所售商品的品牌是否符合您的需求?	1 2 3 4 5 6 7 8 9 10
26.	所售商品的质量怎么样?	1 2 3 4 5 6 7 8 9 10
27.	所售商品的摆放是否整齐和便于寻找?	1 2 3 4 5 6 7 8 9 10

	这家商店的价格与促销	最低分为 1 分，最高分为 10 分
28.	所售商品的价格合理吗?	1 2 3 4 5 6 7 8 9 10
29.	与其他同类商店相比，这家商店的商品价格便宜吗?	1 2 3 4 5 6 7 8 9 10
30.	商店的促销活动有吸引力吗?	1 2 3 4 5 6 7 8 9 10
31.	商店的促销是否容易兑现?	1 2 3 4 5 6 7 8 9 10
32.	商店促销真实可信吗?	1 2 3 4 5 6 7 8 9 10

	这家商店的结账过程	最低分为 1 分，最高分为 10 分
33.	您对结账的速度满意吗?	1 2 3 4 5 6 7 8 9 10
34.	您对结账的准确性满意吗?	1 2 3 4 5 6 7 8 9 10
35.	付款方式灵活吗（现金、银行卡、信用卡等）?	1 2 3 4 5 6 7 8 9 10

	这家商店的服务政策	最低分为 1 分，最高分为 10 分
36.	商店退、换货方便吗?	1 2 3 4 5 6 7 8 9 10
37.	对电器、家具等大件的送货、安装及时吗?	1 2 3 4 5 6 7 8 9 10
38.	对电器、家具等大件的维修方便及时吗?	1 2 3 4 5 6 7 8 9 10

39.	商店的会员卡有吸引力吗？	1	2	3	4	5	6	7	8	9	10
40.	当发生纠纷时，商店能否妥善处理？	1	2	3	4	5	6	7	8	9	10

您对这家商店的满意度　　　　　　　　　　　最低分为1分，最高分为10分

41.	总体上说，您对这家商店满意吗？	1	2	3	4	5	6	7	8	9	10
42.	与预期相比，您对这家商店满意吗？	1	2	3	4	5	6	7	8	9	10
43.	与同类商店相比，您对这家商店满意吗？	1	2	3	4	5	6	7	8	9	10
44.	与心目中理想的商店相比，您对这家商店满意吗？	1	2	3	4	5	6	7	8	9	10
45.	您下次购物还去这家商店的可能性大吗？	1	2	3	4	5	6	7	8	9	10
46.	您向别人推荐这家商店的可能性有多大？	1	2	3	4	5	6	7	8	9	10
47.	如果这家商店价格小幅度提高，您还到这家商店购物的可能性有多大？	1	2	3	4	5	6	7	8	9	10

性别：（1）男　　（2）女

年龄：
1	2	3	4	5	6	7	8	9	10
18~24	25~29	30~34	35~39	40~44	45~49	50~54	55~59	60~64	65岁以上

学历：
1	2	3	4	5	6	7
小学	初中/技校	高中/中专	大专	大学	硕士	博士

家庭年收入（万元）
1	2	3	4	5	6	7	8	9	10
小于0.5	0.51~1	1.1~2	2.1~3	3.1~4.5	4.51~6	6.1~8	8.1~10	10.1~15	15.1以上

家庭人口数：（1）1人　　（2）2人　　（3）3人　　（4）3人以上

姓名：_____　　联系方式：_____

（4）调查实施。被调查对象按照四个条件进行遴选：一是在最近一个月内在所研究的百货商店买过东西；二是年龄在18岁以上；三是本人或家人没有从事零售、市场营销或广告工作；四是半年内未接受过与零售有关的市场调查。前两个甄别条件是本次研究对调查对象的限制，而后两个条件是为了保证调查数据的质量，因为符合后面两个条件的研究对象对市场调查的特点比较清楚，有可能给出不真实的数据。本次调查是以清华大学经济管理学院中国零售研究中心的名义进行的，采用的方法是路面拦截访问（Intercept Interview）。调查共花费一周的时间，最终完成有效问卷500份。

2. 大数据的采集方法

大数据是指大量非结构化和半结构化数据，其采集是通过多媒体网络系统自动完成，分析通常与云计算联系在一起，因为实时的大型数据分析需要像Map Reduce一样的框架来向数十、数百或甚至数千的电脑分配工作。大数据采集必

须让视频、音频、图片、文字、各种形式的数据以高速流动方式进行实时、无所不在的采集和存储。互联网使每一个人都成为信息交流的参与者、信息的制造者和提供者,数据采集自然是无所不在、无时不在的。

4.4 分析细分市场数据

数据分析过程,一般包括验证性因子分析(检验提取的影响因子是否稳定合适)、可靠性分析(使用的量表是否可靠)和最终的聚类分析(进行市场细分)。聚类分析法是多变量统计技术,其过程正是市场细分的过程:将受访者按某种方法分组,使组内个体之间差别最小而不同组的个体之间差别最大(见表4.8)[1]。之后仍然通过前面的百货商店细分市场案例进行说明。

表4.8　　　　　市场细分定量分析方法几个名词解释

名词	简单解释
因子分析	用少数几个因子去描述许多指标或因素之间的联系,即将相关比较密切的几个变量归在同一类中,每一类变量就成为一个因子,以较少的几个因子反映原资料的大部分信息。运用这种研究技术,可以方便地找出影响消费者购买、消费以及满意度的主要因素是哪些,以及它们的影响力(权重)
因子载荷值	因子载荷 $a_{(ij)}$ 的统计意义就是第 i 个变量与第 j 个公共因子的相关系数即表示 $X(i)$ 依赖 $F(j)$ 的分量(比重),即相对重要性
聚类分析	直接比较各事物之间的性质,将性质相近的归为一类,将性质差别较大的归入不同类的分析技术。运用这项研究技术,可以划分出细分市场,并且描述出各细分市场的人群特征
卡方检验	在各种假设情形下,实际频数与理论频数偏离的总和即为卡方值(chi-squarevalue)它近似服从自由度为 v 的卡方分布,因此可以用卡方分布的理论进行假设检验
信度	即可靠性,是指采用同一方法对同一对象进行调查时,问卷调查结果的稳定性和一致性,即测量工具(问卷或量表)能否稳定地测量所测的事物或变量 信度系数是指同一群人几次测验结果的一致性,信度指数是指信度系数的平方根
效度	即有效性,它是指测量工具或手段能够准确测出所需测量的事物的程度

1. 验证性因子分析

在调查数据中抽取一部分样本进行了量表的验证性因子分析(Confirmatory

---

[1] 李飞:《营销教学案例》,经济科学出版社2012年版,第52页。

Factor Analysis，CFA)，用以检验前面提取的影响满意度的10个因子是否稳定合适。表4.9给出了竞争模型方法检验的结果。结果显示，RMSEA 和 SRMR 均低于0.08的临界值，CFI、GFI 和 AGFI 高于0.80的临界值，说明十因子模型是各项拟合指标最好的模型，因此将40个测量指标分为10个因子是合适的。

表 4.9　　　　　　　　　　　验证性因子分析结果

拟合指标	10 因子模型
RMSEA	0.0627
SRMR	0.0574
GFI	0.8444
AGFI	0.8273
CFI	0.8897

2. 可靠性检验

虽然按照严格的过程开发了量表，而且因子的提取也是比较合适的，但是仍然有必要对量表的可靠性进行检验。表4.10给出了 Cronbach's α 的检验结果。可以看出，所有结构变量的 α 值都超过了0.7的要求，说明观测变量是可以比较一致地反映结构变量的。

表 4.10　　　　　　　　　　　量表可靠性检验

结构变量	购物便利	企业形象	商店环境	商店设施	人员服务	商品层面
观测变理	位置便利 营业时间 停车方便 标志清晰 存放方便	知名度 声誉 社会责任 信任程度	宽敞程度 商品布局 商店卫生 商店气氛	休息设施 卫生间 电梯	服务态度 人员信赖 仪表举止 愿意帮助 能够帮助 及时帮助	商品品类 商品款式 商品品牌 商品质量 商品易找
信度（α）	0.73	0.86	0.87	0.81	0.93	0.88
结构变量	感知价值	结构过程	商店政策	售后服务	满意度	忠诚度
观测变量	商品价格 比较价格 促销吸力 促销兑现 促销可信度	结账准确 结账速度 付款灵活	退换方便 会员卡 纠纷处理	送装及时 维修及时	总体满意 预期满意 比较满意 理想满意	再购可能 推荐可能 涨价再购

3. 聚类分析结果

仍然依据前面北京百货商店的例子进行说明。根据实地调查所获得的一手资料，依据顾客购物行为特征对顾客进行细分。在本例中，首先利用顾客最近购物时间估算出顾客每年在此商场的购物次数，然后运用SPSS统计软件中的两步聚类方法（Two Step Cluster），将顾客的客单价（顾客平均单次购买金额）和每年在此商场的购物次数作为分类依据，在置信度为95%的限制条件下进行探索性分析，其结果见表4.11。

表4.11　　　　　　　　　北京某百货商店的顾客细分

	特征	偏好型顾客	习惯型顾客
购物行为特征	平均客单价（元）	461.46	326.65
	平均年购物次数（次）	16.69	52.00
	占整体顾客群的比重（%）	64.50	34.50
人口统计特征	性别	1.40	1.44
	年龄	2.07	1.78
	学历	3.92	4.11
	家庭年收入	4.60	4.37
家庭人口数		2.86	3.03
对各经营要素的评价	购物便利	7.71	7.49
	商店形象	8.21	7.93
	购物环境	7.73	7.56
	硬件设施	7.88	7.37
	人员服务	7.98	7.61
	店内商品	8.05	7.73
	感知价格	7.78	7.28
	结账过程	7.97	7.71
	商店政策	7.88	7.38
	满意度	7.87	7.41
备注	对人口统计特征和各经营要素评价的相关说明参照所附的调查问卷		

4.5 描绘各个细分市场

在这个阶段，根据聚类分析的结果，对细分后的每一个子市场进行描绘。具体内容包括：各个细分市场的名称、各个细分市场的特征、各个细分市场对营销组合的要求。

1. 以购买行为为变量的细分市场描述

根据已调查的北京一家百货商店的细分市场数据，可以依顾客的购买频率和客单价对细分市场进行描述。

第一类，偏好型顾客，是指对在本商场购物具有一定偏好，购物频率不是特别频繁但平均客单价相对较高的顾客。本例中，偏好型顾客在此商场的整体顾客群中占有较大比重，约为64.5%。他们对在本商场消费具有明显的偏好，平均每三周在此商场消费一次，消费金额相对较大，大多在450元以上。此商场的偏好型顾客多来自家庭年收入3万元左右的三口之家，年龄在29岁左右，男性略多于女性，绝大部分接受过高中程度以上的教育。与其他类型的顾客相比，偏好型顾客对此商场的满意度相对较高，但其往往更注重商场的便利性和整体购物环境。

第二类，习惯型顾客，是指对本商场具有很高的忠诚度，经常在本商场进行购物而平均客单价相对较低的顾客。在本例中，习惯型顾客约占商场整体顾客群的34.5%，他们对本商场具有很高的忠诚度，平均每周来商场消费一次，消费金额在300元左右。此商场的习惯型顾客在人口统计特征方面与偏好型顾客没有显著差别，但是在对商场各经营要素的期望与评价上，习惯型顾客表现得更为挑剔，尤其注重商场的感知价格和商店政策。

2. 以消费心理为变量的细分市场描述

这是某公司以消费者心理为变量对空调细分市场的描绘。[1]

---

[1] 王璞：《营销管理咨询实务》，中信出版社2003年版，第123~124页。

第一类:名牌向往型,占总体的 11.7%。其特征是对名牌的向往,不希望购买不知名的品牌,但现实经济状况难以满足他们对名牌的追求。他们期望打折,喜欢购买明星广告推荐的产品,对著名企业广告的信任度在七类人中最高。

第二类:消费实惠型,占总体的 14.5%。其核心特征是精打细算,讲究实惠。购物的计划性强,冲动性少。常对广告抱怀疑态度。

第三类:自我导向型,占总体的 13.1%。其核心特征是不在乎品牌,消费行为不受广告与他人的影响,购物的计划性较弱。

第四类:消费封闭性,占总体的 14.9%。其特征是在消费上较为封闭,少有尝新性消费行为,不会凭兴致购物,也不太相信名人广告。

第五类:价格敏感型,占总体的 14.8%。其特征是购物时精打细算,喜欢买打折产品,很少选择名牌。他们的购物计划性很强,较少受名人广告的影响。

第六类:消费随意型,占总体的 17.7%。其特征是不会精打细算,缺乏购物的计划性,往往凭兴致买东西。他们喜欢尝试新的牌子,不太看重名牌,较易受到名人广告的影响。

第七类:名牌消费型,占总体的 13.3%。其特征是购买名牌产品和时尚产品,较少凭兴致购物,不喜欢买打折产品,对著名企业的广告信赖度较高。

1985 年,美国 J. D. Power & Associates 公司对汽车产品进行了顾客态度变量的描述,可以为评估各个细分市场奠定基础[①](见表 4.12)。

表 4.12　　　　　　　　　　汽车产品细分市场的特征

细分类型	比例(%)	描　　述	适应品牌
汽车爱好者	24	了解汽车知识,喜欢自己改装汽车	道奇(Dodge),庞蒂克(Pontiac)
理性消费者	20	崇尚实用性	沃尔沃,AMC
舒适追求者	17	喜欢各种配件和豪华的样式	捷豹(Jaguar),奔驰,林肯
需求驱动者	13	喜欢不一般的驾驶体验	AMC
汽车恐惧者	12	最关心安全性	奥兹莫比尔(Oldsmobile),奔驰

3. 以顾客利益为变量的细分市场描述

在已有地理区域细分、人口统计特征细分和顾客购买量细分三个理论基础

---

① *New York Times*, J. D. Power & Associates, Jan. 21, 1986.

上,拉塞尔·L·黑利(Russell L. Haley)在1968年提出了利益细分理论。他认为:"人们在消费某一给定产品时寻求的利益是真实的细分市场存在的基本原因。"① 他根据顾客利益变量,将牙膏市场分为四个细分市场(见表4.13)。

表 4.13　　　　　　顾客利益变量的牙膏细分市场描述

市场类型	感觉型	社交型	焦虑型	独立型
关注利益	口味、外观	牙齿洁白	防蛀	价格
人口特征	儿童	青少年	大家庭	男性
行为特征	使用薄荷型	吸烟者	大量使用	大量使用
喜爱品牌	Colgate, Stripe	Macleans, Plus White	Crest	减价品牌
性格	自我中心	社会性	怀疑性	自主性
生活方式	享乐主义	活力	保守	价值导向

4.6　实施市场细分战略

市场细分就是客户细分,它已经不再是一个简单和静态的营销技术,而是一项营销战略和策略,对企业取得成功的贡献远远超过制订下一个促销方案。因此,企业不仅要在市场营销的范围内,而且应当在整个公司范围内对客户加以细分,使之成为制定公司战略和策略不可分割的部分。IBM基于多年为客户提供IT咨询服务的经验,总结出一个实施客户细分的路线图(见图4.5)②。

(1)制订细分市场策略。细分策略是实施客户细分的基础,它帮助企业了解细分的目的、细分如何支持公司总体战略以及实施细分的组织必须具备的能力。公司需要了解必须获得什么类型的客户数据,如何使用这些数据,快速评估公司当前拥有的数据及其与数据需求间存在的差距,从而制定数据收集策略。

公司可以从基于人口数据特征的细分入手。在获取了更多的关键客户信息后,公司可以改进它们的细分策略,运用更为复杂的模型和多个变量分析来确定

---

① Russell L. Haley, "Benefit Segmentation: A Decision-Oriented Research Tool", *Journal of Marketing*, Vol. 32 (July, 1968) pp. 30–35.
② 这一小节的图形和文字均来自IBM中国商业价值研究院:《IBM中国商业价值报告:战略与管理》,东方出版社2007年版,第307~309页。

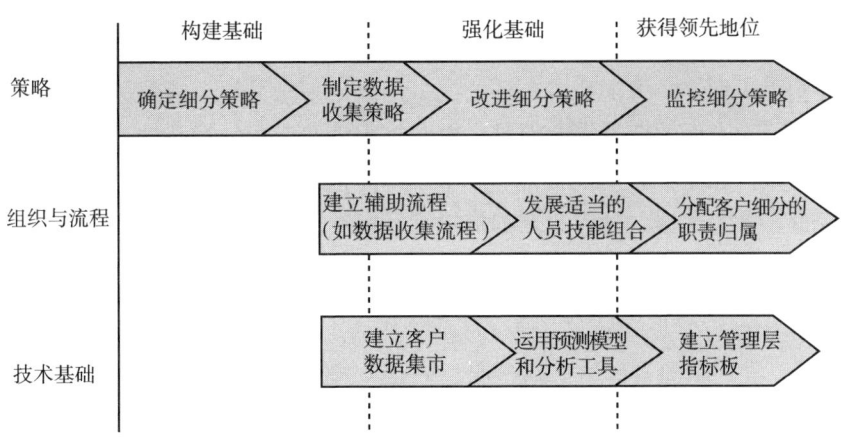

图 4.5 实施市场细分的路线

最有价值的细分客户群；同时也结合了赢利能力的细分变量。当公司更为成熟后，可以结合行为分析和不同时间点的客户变化形式，进行更复杂的客户细分。定期回顾和修订细分策略有利于公司不断根据自身能力的提高，将初步的细分策略提升为能够为公司带来高价值的细分策略。

（2）细分市场的组织和流程。制定了细分策略后，公司必须建立细分工作的支持部门和流程。流程包括发现和取得客户深入信息，分享该信息，并在公司范围维护这些信息。另一重要内容是在公司内部发展适合的技能组合，这不仅仅局限于市场和销售部门。成功的客户细分和管理要求公司的每一个员工都学会如何利用与客户的所有交互作用来增进对客户需求的理解，同时将这些客户信息在全公司范围进行分享。

当客户细分更深地融入公司运营时，公司应该改变组织结构，使高层管理人员"拥有"细分客户群并提供支持。

（3）构建细分市场的技术基础。为了支持详细的客户分析，公司应该构建客户分析数据集市（Customer Analytical Data Mart）。全面的客户数据最终将由数据仓库提供，公司可以利用所有可获得的客户信息，来推动对客户的了解以及设计适合个别客户需要的各种活动。

数据集市建成后，公司应该开始引入复杂的分析和预测模型工具，利用内部收集的数据和外部数据源，确定最有价值的目标客户，并积极测试和挖掘尚未得到周到服务的客户的潜在价值及数据关系。

总之，市场细分是目标市场选择和市场定位的基础。市场细分是指以一定的标志把市场分为几个有明显差别的消费者群体，他们有不同的需求特点和消费行为。细分个人消费市场的变量包括有地理变量、人文变量、心理变量和行为变量。有些用于细分个人消费者市场的变量可以用来细分组织消费市场，如地理变量和购买行为方面的变量等。但是，由于组织消费市场的特殊性，还需要补充一些变量，如行业变量和规模变量等。市场细分包括明确细分市场目的、确定细分市场变量、采集数据、分析数据和描绘细分市场五个阶段。有效细分市场应具有可测量性、可进入性、可盈利性、可区别性和可操作性五个特征。

第5章 选择目标顾客

选择目标顾客或市场,是指选择一个或几个细分市场作为营销活动的对象或目标。在营销管理理论中,很少看到细分目标顾客的概念,但是一对一营销、客户分类管理,就是细分目标顾客概念的同义语。因此,本章将讨论细分市场评估、目标顾客选择和细分目标顾客等问题。需要说明的是,无论是市场细分,还是目标顾客选择,考虑的都是公司所在行业或领域的顾客,不是抽象的顾客分析。选择目标顾客目的有两个:一是实现与竞争对手的目标顾客差异化;二是如果无法实现目标顾客的差异化,就对目标顾客进行细分,提供更加具有针对性的营销定位和要素组合。

5.1 评估细分市场

如何评估细分市场，不少学者提出做细分市场的吸引力和企业的适应性（竞争优势）两方面的评估[①]，这在本质上是通用评估矩阵的应用。通用评估矩阵，又被称行业吸引力矩阵、九象限评价法，是美国通用电气公司设计的一种投资组合分析方法。它运用加权评分方法分别对企业各种产品的行业引力（包括市场增长率、市场容量、市场价格、利润率、竞争强度等因素）和企业实力（包括生产能力、技术能力、管理能力、产品差别化、竞争能力等因素）进行评价，按加权平均的总分划分为大（强）、中、小（弱）三个层次，从而形成九种组合方格以及三个区域。核心是从企业从市场吸引力（外部）和竞争能力（内部）两个各方面评估每个战略经营单位的现状和前景。借用通用评估矩阵评估细分市场，核心也是市场吸引力和竞争优势的评估。

1. 市场吸引力评估

目标市场的规模不是越大越好，也不是越小越好，规模太大等于没有细分和选择，规模过小难以形成企业的发展产业。同时所选择的目标市场应该有良好的发展前景，而不是衰落型市场。对于市场吸引力的评估，加里·L·利连（Gary L. Lilien et al.）等人认为包括九个标准[②]（见表 5.1）。

表 5.1　　　　　　　　细分市场吸引力评价标准

标　准	举　例
规模和增长	1. 规模：市场潜力、目前的市场渗透程度 2. 增长：过去的增长对技术变化的预测
结构性特点	3. 竞争：进入壁垒、退出壁垒、竞争的地位和报复能力 4. 饱和：细分市场的空白 5. 保护性：产品受专利的保护、进入壁垒 6. 环境风险：经济、政治和技术变化

[①] Yoram Wind, Thoms Robertson, "Marketing Strategy: New Directions for Theory and Research", *Journal of Marketing*, (Spring, 1983), 12 – 25; G. J. Hooley, J. A. Saunders, *Competitive Positioning: the Key to Market Success*, London: Prentice Hall International (1993).

[②] Lilien, Rangaswnmy:《营销工程与应用》，中国人民大学出版社 2005 年版，第 91 页。

续表

标准	举例
产品与市场匹配	7. 匹配程度：与企业优势和形象相吻合 8. 与其他细分市场关系：协同作用、成本互动、形象转移、产品线内部竞争 9. 利润水平：进入成本和利润水平、投资收益率

一个比较简单的方法是通过销售额规模、复合成长率、利润前景、价格敏感顾客比例和竞争程度五个方面来评估。例如一家网络公司市场潜力的评价标准如表5.2所示。通过市场调查和研究的相关方法，分析每一个细分市场在五个方面的得分情况，然后加总得出每一个细分市场的市场吸引力分数，假设细分市场A、B、C、D、E、F六个细分市场的市场吸引力分数分别为：8分、7分、6分、5分、4分、3分。

表5.2　　　　　　　　　网络公司市场潜力的评价标准

衡量指标	0分	1分	2分
销售额规模	低于5000万元	5000万~10 000万元	10 000万元以上
复合成长率	低于0	0~5	高于5
利润前景	低于50万元	50万~200万元	200万元以上
价格敏感顾客比例（%）	高于70	30~70	低于30
竞争激烈程度	非常高	高	不高

2. 市场竞争优势评估

某个细分市场具有合适的规模和良好的发展前景，同时也具有一定的盈利优势，但是与公司的长期发展目标及自身资源不相适应，也不适合作为目标市场。例如，一家追求健康理念的儿童食品公司，就不应该向孩子们提供"可乐＋炸鸡＋汉堡"的快餐组合。因此，还要分析每一个细分市场的公司自身的适应性，具体方法是在营销能力（战略和战术）、流程能力（设计和供应链能力）、资源能力等五个方面进行评估（见表5.3），最后得出每一个细分市场的公司适应性（竞争优势）分数，假设细分市场A、B、C、D、E、F六个细分市场的公司适应性分数分别为：8分、7分、4分、6分、6分、9分。

表 5.3　　　　　　　　　　网络公司竞争优势的评价标准

衡量指标		0 分	1 分	2 分
营销优势	营销战略能力	难以获得	容易获得	已经具备
	营销战术能力	难以获得	容易获得	已经具备
流程优势	设计制造能力	难以获得	容易获得	已经具备
	供应链能力	难以获得	容易获得	已经具备
资源优势	资源整合能力	难以获得	容易获得	已经具备

5.2　选择目标顾客

目标市场是公司将要满足其需要的消费群体，也称为目标顾客，这个群体有相同或相似的消费和购买特征。目标市场是企业决定进入的市场。目标顾客或是目标市场的选择是市场定位的重要基础。

1. 确定备选的目标市场

具体方法是：综合已经完成的市场吸引力和竞争优势两方面的得分，建立一个坐标，处于坐标右上角的细分市场群意味着两方面都得到较高分数，可为备选的目标顾客或是目标市场。如图 5.1 所示，综合前例网络公司的市场吸引力和企业能力适应性得分，建立了一个目标市场选择的坐标，由图可见，处于右上角的细分市场 A、B 为这家网络公司的备选目标市场。

2. 协调吸引力和适应性的矛盾

尽管很多学者对这种评估方法表示认同，但是由于涉及两个维度，选择哪部分作为备选的目标市场也存在争议。从理论上讲，应该选择市场吸引力和企业竞争优势都强的细分市场。但是，在现实的营销活动中会面对一强一弱的细分市场。一项研究结论是：公司应该率先追求市场吸引力小但具有相对竞争优势的市场，后追求市场吸引力大但相对竞争优势处于平均水平的市场[①]（见表 5.4）。

---

① 迈克尔·J·贝克：《市场营销百科》，辽宁教育出版社 1998 年版，第 293～294 页。

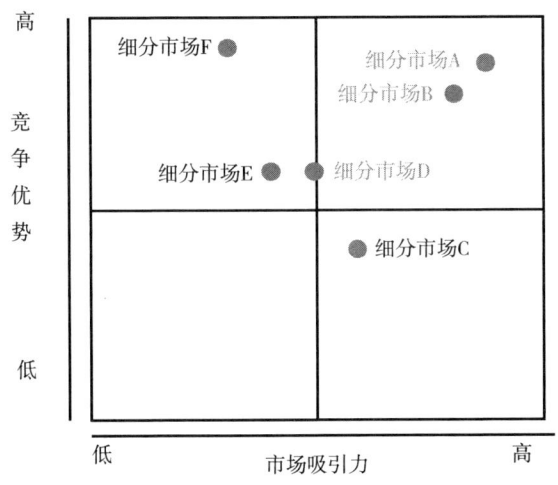

图 5.1 备选目标市场选择

表 5.4 目标市场选择

	无市场吸引力	中等市场吸引力	强市场吸引力
弱竞争优势	避免	避免	避免
中等竞争优势	避免	避免	三选目标
强竞争优势	避免	次选目标	首选目标

3. 考虑目标市场的选择策略

备选目标市场是否都作为目标市场？这与公司的发展战略有关，发展战略影响着公司的目标市场选择策略。公司在选择目标市场时，有五种策略可供选择：单一市场单一产品、单一市场多种产品、单一产品（专业化）、单一市场（集中化）、完全市场覆盖[①]。

（1）单一市场单一产品策略。是指在若干细分市场中，仅选择一个细分市场作为目标市场且提供单一产品的营销活动。图 5.2 显示某服装公司只满足青年顾客的衬衫产品需求。用单一产品满足单一市场需要的营销，优点是，在较小市场取得较高市场占有率，集中有限资源取得竞争优势；缺点是，一旦目标市场需求变化，企业将会遇到较大风险。此种选择一般适用于中小型企业。

---

① Derek F. Abell, *Defining the Business*: *The Starting Point of Strategic Planning*, Prentice Hall (1980), 192-196.

（2）单一市场多种产品策略。是指选择一个相同顾客组成的群体（单一市场），为他们提供多种产品的服务。图5.3显示某服装公司仅以中年顾客为目标市场，但以衬衫、西服、风衣等多种服装满足他们的需要。用多种产品满足单一市场需要的市场专业化营销，优点是，在较小的市场取得较高的市场占有率，集中有限资源取得竞争优势；缺点是，目标顾客的变化会给公司带来风险。

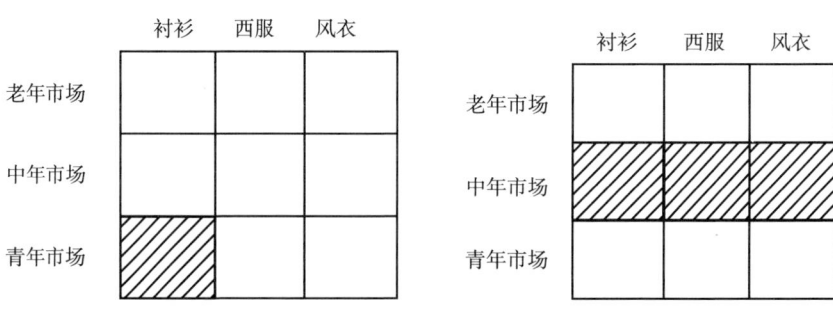

图5.2　单一市场单一产品策略　　　图5.3　单一市场多种产品策略

（3）多个市场单一产品策略。是指在若干细分市场中，选择几个细分市场作为目标市场且仅提供单一产品的营销活动。图5.4显示某服装公司选择老年、中年、青年顾客作为目标市场，并且仅提供风衣一种产品。这种产品专业化营销的优点是，可以在风衣领域树立自己的优势地位，同时比单一市场营销拥有更大的发展空间；缺点是，风衣一旦被淘汰，公司将面临危机。如同仅提供胶卷产品，不提供数码照相技术服务的公司，当数码技术取代胶卷照相时，胶卷公司就濒临破产和倒闭。

（4）多个市场多种产品策略。是指选择多个细分市场为目标市场，并提供多种产品服务。图5.5显示某服装公司选择了老年、中年、青年顾客作为目标市场，并为他们分别提供衬衫、西服和风衣产品。这种产品分散化营销的优点是可以分散风险；缺点是使公司资源分散，难以取得市场竞争的优势。

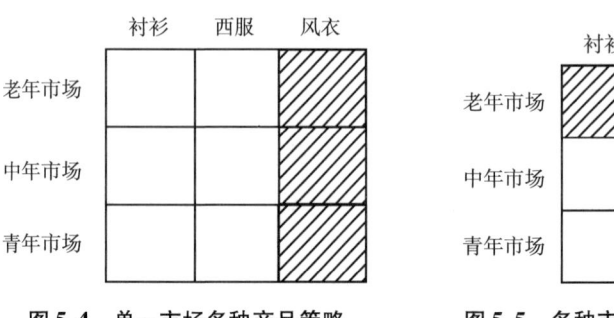

图5.4　单一市场多种产品策略　　　图5.5　多种市场多种产品策略

(5) 全部市场全部产品策略。是指把整体市场而非某个细分市场作为目标市场，同时向目标顾客提供某类产品的全部。一般而言，较大的集团公司适合采取此种策略，但是难以在每一个细分市场都形成竞争优势。

4. 重温细分市场的目标

细分市场目标不同，选择的目标市场随之不同。一家公司可能面临着三个细分市场目标：一是追求全部顾客的平均利润贡献；二是追求顾客贡献的利润率；三是追求顾客贡献的销售额。假设一家商场的固定成本、损耗等其他非直接销售成本分摊在每一个顾客身上的平均成本是200元，商场进行目标市场选择的办法有三种（见表5.5）。

表5.5　　　　　　　　　　　基于选择行为的市场细分

细分市场	A. 购买概率（%）	B. 年消费额（元）	C. 利润率	顾客利润 = A × B × C（元）
1	80	15 000	0.07	840.00
2	3	1800	0.17	9.18
3	2	350	0.19	1.33
4	10	2500	0.13	32.5
5	45	11 000	0.08	396
6	26	8800	0.11	251.68
7	5	1200	0.16	9.6
8	6	1850	0.15	16.65
9	40	13 000	0.07	364
		平均预期利润 = 213.5 元		

第一种方法，商场注重全部顾客的平均预期利润，把所有九个细分市场都当作目标市场，虽然包括了全部顾客，但是只会从每位顾客身上获取较低的利润 [9 × (213.5 − 200) = 121.5 元]。

第二种方法，商场注重顾客的利润贡献，将顾客1、顾客5、顾客6和顾客9作为目标顾客，商场获得的利润为 840 + 396 + 251.68 + 364 − (4 × 200) = 1051.68元。

第三种方法，商场注重销售额，采用基于平均年消费额的传统方法细分市场。这样，商场可以选择平均消费额最大的三位顾客（顾客1、顾客5和顾客9）作为目标顾客,结果商场可以获得的利润为 840 + 396 + 364 − (3 × 200) = 1000(元)。

5. 实现目标顾客的差异化

由前述可知,目标顾客选择的目的之一是尽可能地实现目标顾客与竞争对手的差异化,这样,营销组合与竞争对手相同也没有关系。诸多公司管理者认为,实现目标顾客的差异化非常困难,因为几乎所有公司都集中力量对准那些优质的顾客资源,甚至不惜任何代价。在大多数情况下,尽管实现目标顾客差异化很困难,但是还是具有诸多的可能性。以加拿大皇家银行为例进行说明。

加拿大皇家银行有多种细分市场的方法,其中有一种是根据顾客的生命周期来进行细分(见表 5.6)。

表 5.6　　　　　　　　以生命周期为标志的银行客户细分

细分阶段	细分市场特征
1. 未成年阶段	年龄在 18 岁以下的客户
2. 起步阶段	18～35 岁,经历许多第一次:信用卡、车、贷款、孩子
3. 稳固阶段	35～50 岁,收入顶峰期,稳定家庭和事业,借款超过投资
4. 积累阶段	50～60 岁,为退休进行储蓄,投资精打细算
5. 保持阶段	60 岁以上,用退休金维持喜欢的生活方式

35～60 岁的顾客,是各家银行争夺的目标市场,而其他年龄段相对受到忽视。加拿大皇家银行在关注 35～60 岁这个市场潜力巨大的市场之外,也关注了其他被其他银行忽视的市场,实现了目标顾客的部分差异化。

(1) 向年轻顾客延伸。加拿大皇家银行认识到,其他银行不关注 18～35 岁的年轻人,但是这些身无分文的年轻客户中的一部分很有可能最终成为有钱人。他们的分析表明,医学院和牙科学院的学生及实习医生是很有潜力的群体。于是,在 2004 年整合推出一项计划,包括在学生贷款、新从业时购置医疗设备、最初办公场所初次抵押贷款等方面提供帮助。一年内,加拿大皇家银行在年轻客户群体中的市场份额由 2% 跃升至 18%,银行的每客户收入是(行业)平均每客户收入的 3.7 倍。还有一个好处是,这部分顾客在苦难的时候得到了帮助,客户流失率较低。

(2) 向年老顾客延伸。在"保持阶段"(60 岁)顾客中,有一部分人会有不少时间都在国外,如雪鸟般"迁徙"至佛罗里达,以躲避难熬的加拿大寒冬。

加拿大皇家银行在美国有分公司,因而敏锐地意识到"雪鸟族"是未经开发的处女地。为满足这些客户的需要,银行整合后提供了"雪鸟套餐",包括提供旅行健康保险,申请加拿大基金的便利通道,在线综合账目查询,实时资金划拨服务;还可以利用加拿大信用记录在美国申请抵押贷款,通过免费电话咨询跨国银行业务。仅两年就新增了 21 000 份新退休收入计划,其账户盈余达到 10 亿美元净收入。

5.3 细分目标顾客

细分目标顾客是指以一定的标志、对确定的目标顾客再细分为几个群体,以便选择不同的定位点和营销组合策略。假如选择的目标顾客规模不大,或者是规模很大但是需求和购买行为相似,就可以进行下一步的营销定位了。在过去信息采集和分析技术不发达的情况下,即使是目标顾客规模很大且购买行为也存在着较大差异,仍然难以对目标顾客进行细分。今天,在大数据的情境下,复杂的数据采集和分析成为可能,为进行细分目标顾客提供了可能。细分目标顾客的方法,类似于前述市场细分的方法,这里不再赘述,仅举例说明。

1. 目标顾客细分的描述

TNS(Taylor Nelson Sofres)信息集团的研究结果表明,引导奢侈品需求发展有两个重要需求维度——标榜个性的需求和善待自我的体验需求。基于这两个维度,TNS 将中国具有独特需求与特征的消费者归纳为以下四类:鉴赏或收藏、引领时尚潮流、获取奢侈体验,以及通过奢侈品来标榜财富和象征自己非同一般的身份(见图 5.6),该部分相关内容来源于 TNS 公司的研究报告[①]。

这四类目标顾客有着各自不同的购买性行为和消费行为,要求有不同的市场定位和营销组合策略。

(1)鉴赏收藏者对文化非常敏感。对该类消费者而言,奢侈品不是单纯为赢得他人尊重的可视标志,而是可用心品赏、带来内心享受和愉悦的一种源泉。从内心里讲,他们渴望特别的体验———一种独特的回报和享受。外在的需求则表

---

① 肖实天、陈湛、李颐:《中国富人不再仅为"奢"而消费》,载于《中国经营报》2008 年 1 月 28 日。

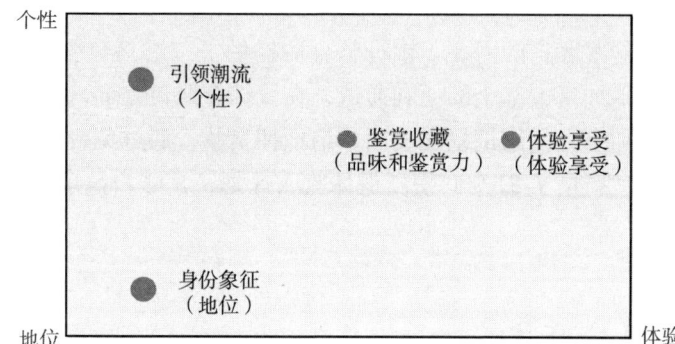

图 5.6　奢侈品中国目标顾客的细分

现为他们也希望被别人认可——不仅仅对于他们财富的认可,更在于对于他们的品位和鉴赏能力的认可。他们通常对文化非常敏感,希望因为自己的品位而赢得尊重,比如能够品赏昂贵的葡萄酒,能够鉴别古巴雪茄的优劣,能够优雅地打高尔夫。一般来说,这类消费者都愿意花大价钱进行消费或收藏。他们收藏手表、珠宝、刀具、香烟,对于奢侈品的来源却并不是特别重视。他们可能钟情一块瑞士手表,也有可能青睐一件稀有的中国古家具。这类消费者还有一个维度(虽然目前看来还比较弱),即希望他们的这些收藏品能够增值(见表 5.7)。

表 5.7　　　　　　　　鉴赏收藏者的个人特征和消费行为

个人特征	超级富豪;年龄较大(35岁以上);多为男性;非常钟爱并了解奢侈品;生活在一线城市
消费品类	男性:表、汽车、各种收藏品(家具、香烟、红酒、刀具) 女性:表、珠宝和包
行为特征	大量购买奢侈品;从杂志、互联网、社交网络和收藏贵宾俱乐部获取奢侈品信息;奢侈品话题的言论主导者;珍惜时间
情感获得	品位和鉴赏力的代表;收藏奢侈品带来的快乐

(2)引领潮流者希望自己特立独行。拥有奢侈品对于引领潮流者来说只是一张入场券,他们不仅仅希望奢侈品牌给他们带来尊重,更希望通过奢侈品表达自己的感受。此类消费者不是将奢侈品牌用做充实形象的道具或者支撑,而是作为表达个性的工具。奢侈品带给他们的终极意义旨在时尚——并非现有品位和潮流,而是与众不同的未来导向。因此这类消费者是未来时尚的引领者——他们代表的是将来而不是现在。该类消费者不满足于使用现有的奢侈品品牌,还会选择

那些独家的、比较少有或者很少做广告的品牌。制造商们应该通过与众不同的品牌价值来迎合此类消费者的需求（见表5.8）。

表5.8　　　　　　　　　　引领潮流者的个人特征和消费行为

个人特征	从上层中产阶级到超级富豪；相对年轻（25～30岁）；多为白领；西化；有海外经历或在外企工作；钟爱与时尚有关的奢侈品品牌；对时尚和奢侈品有渊博的知识
消费品类	时尚服饰和饰品
行为特征	阅读时尚杂志；购买大众梦想品牌，也购买窄众品牌；经常被名人时尚影响；在香港或国外购买更多的时尚品牌
情感获得	引导潮流；与众不同；个性

（3）体验享受者倾向拥有"特权"。对于这部分人来说，奢侈品是一种全新的体验，他们的满足感来自于超越平凡，可能终极的体验应该是太空旅行。这种消费者很少把奢侈品当做一种地位和成功的标志，而是不同的、特殊的、独有的一种享受过程。在一些大城市里，这类消费者更反映了自我，他们完全为了自己而消费，而不是为了在乎别人的感觉或者为他人而花钱。对于这些消费者来说，这种自我放纵应该扩展到奢侈品消费的不同产品和使用环境——商场里的特殊待遇、精美的包装、完善的售后服务。相比产品的完美，消费者更倾向于因为这种持续拥有的特权和纵容而成为某个特殊品牌的俱乐部会员（见表5.9）。

表5.9　　　　　　　　　　体验享受者的个人特征和消费行为

个人特征	从上层中产阶级到超级富豪；相对年轻（35岁以下）；钟爱体验式奢侈品和服务；多在一线城市
消费品类	旅游、休闲（宾馆、SPA、饭店、高尔夫等）、房地产、服装
行为特征	愿意为体验式消费支付高成本
情感获得	自我回报；纵容、放松、体验享受（最大限度地享受生活）

（4）身份象征者只为表达自己的身份。尽管奢侈品市场已变得越来越复杂，奢侈品的身份象征功能依然是个别消费者的核心驱动因素，特别是对新进入这一领域或居住在相对较小城市的消费者而言。这些人平时曝光较少，所以非常希望通过奢侈品来表达身份或财富。这部分消费者在整个奢侈品市场中的总体占比会略有下降，但仍然会有越来越多的消费者加入这个群体，所以它的总体数量仍会不断增长（表5.10）。

表 5.10　　　　　　　　身份象征者的个人特征和消费行为

个人特征	从上层中产阶级到超级富豪；年龄较大（35 岁以上）；购买较少；对奢侈品知之甚少；相比一线城市，他们在二线城市更多
消费品类	男性：表、汽车、服装 女性：包、表、珠宝、服装配饰、汽车
行为特征	只考虑哪些众所周知的品牌；钟爱那些具有可视性的产品；容易被销售人员所影响
情感获得	获得尊重；与众不同；符合"某个圈子"

2. 目标顾客细分后的策略选择

如第四章所述，雷纳茨和库玛（Reinartz and Kumar）根据顾客保持的长期性（时间维度）和利润贡献，将其分为过客（Strangers，偶尔路过购买以下）、藤壶（Barnacles，贝属动物，附着在水下船底，其过多会使船的运行速度减慢，因此需要定期清理，用此比喻单次花钱少但频繁购买的顾客）、蝴蝶（Butterflies，客单价高但具有随机性）和知己（True Friends，客单价高且频繁购买）（见图 5.7）①。

图 5.7　依顾客忠诚和利润贡献对顾客的细分

假如这四类顾客都作为公司的目标顾客，必须区别对待，即应该采取不同的营销战略和策略。实际上，这就是"客户关系管理"（见表 5.11）。

表 5.11　　　　　　　　顾客细分后的策略选择

顾客类型	特征	策略
1. 知己（True Friends）	长期顾客且购买量大	·长期沟通，但不必太经常； ·建立态度和行为忠诚； ·维护和留住他们

---

① W. Reinartz, V. Kumar, "The Mismanagement of Customer Loyalty", *Harvard Business Review*, 2002, July, 86~94.

续表

顾客类型	特征	策略
2. 藤壶（Barnacles）	长期顾客但购买量小或利润贡献低	·分析购买量小的原因 ·进行交叉销售和主题促销
3. 蝴蝶（Butterflies）	短期顾客但购买量大或利润贡献高	·关注单次交易的满意度 ·不追求态度忠诚
4. 过客（Strangers）	短期顾客且购买量小或利润贡献低	·关注单次交易的满意度 ·不进行关系投资

（1）知己，属于公司的长期顾客且购买量大，是潜在的忠诚性顾客。公司需要对这部分顾客进行营销、服务等方面的投资，与其发展成为忠诚性顾客关系，方法是健全顾客忠诚性计划并实施。

（2）藤壶，属于公司的长期顾客但购买量小，是待开发的顾客群体，主要措施是进行针对性的专题促销，刺激他们增加购买，方法为短期性的促销工具的使用，或者对他们进行交叉销售等。

（3）蝴蝶，属于公司的短期顾客且有一定的利润和销售额贡献，容易转换品牌。因此公司不必试图与其建立忠诚性关系，而是单次交易的满意度，以及短期性的促销手段。

（4）过客。由于他们贡献的利润少，同时不会长期购买，投资回报率不高，因此属于不进行营销和促销投资的顾客。

3. 技术对细分目标顾客策略的影响

在手工统计数据的时代，企业无法对顾客的复杂行为进行系统的观察和统计，因此也无法了解和分析每一位顾客的需求变化或差异，当然在商品短缺的情境下也没有这个必要。伴随着商品的极大丰富和市场竞争的激烈化，也迎来了大数据时代，这为企业研究每位顾客的行为提供了可能，从而带来了一对一营销的广阔空间。

（1）手工账本时代"履中备载"的故事（微数据时代）。内联升是赵廷于清朝咸丰三年（1853年）创办的，目标顾客不是抬轿子的人，而是坐轿子的富有人士。一般的小官小吏都要亲自来店铺定做购买；而那些上级的官员，一般都叫内联升去人为其量尺寸做朝靴。最初开业的几年，今年做朝靴，去人量尺寸，试样子，往返要跑好几趟；明年做朝靴，还要派人去，量尺寸，试样子。后来，赵廷想出既省事又可拉主顾的好办法,就是把清政府大小官员凡是在他店做过或是买过朝靴的人的姓名、年龄、住址、靴子尺寸、特殊爱好记入专门的账中,叫做"履中备载"。不仅方便了上级官员,而且下级官员为讨好上司也可悄悄去内联升参照《履中备载》定做朝靴,作为送给上司的礼物,上司一试非常合适,常常会有意外惊喜,因此内联升生产的朝靴身价倍增,一双可卖白银几十两。但是,那时是手工记账,不仅效率低,内容十分有限(仅仅是顾客信息及相应的脚的信息),而且保存也不方便。实际上,内联升原始早期的《履中备载》早已经失传了。

(2) POS机时代"啤酒和尿布"的故事(小数据时代)。这是1998年刊登在《哈佛商业评论》上的一个故事,后在20世纪末和21世纪初广为流传。沃尔玛通过建立的数据仓库,按周期统计产品的销售信息,经过科学建模后提炼决策层数据。结果发现,每逢周末,位于某地区的沃尔玛连锁超市的啤酒和尿布销量很大。进一步调查表明,在美国有婴儿的家庭中,一般是母亲在家中照看婴儿,年轻的父亲前去超市购买尿布,丈夫们在买完尿布以后又顺手带回了自己爱喝的啤酒,这表明,啤酒和尿布具有购买的相关性。之后该店打破常规,将啤酒和尿布的货架放在一起,使得啤酒和尿布的销量进一步增长。

沃尔玛运用的是数据挖掘技术中的购物篮分析。1993年美国学者艾格拉沃(Agrawal)提出,通过分析购物篮中的商品集合,从而找出商品之间关联关系的关联算法,并根据商品之间的关系,找出客户的购买行为。艾格拉沃从数学及计算机算法角度提出了商品关联关系的计算方法——Aprior算法。沃尔玛从20世纪90年代尝试将Aprior算法引入POS机数据分析中,并获得了成功。

啤酒和尿布的故事,强调了科学决策和数据挖掘的重要性,同时也表明信息技术的发展使手工记账式的顾客研究过时了。虽然可以对一定规模的数据进行自动采集和分析,但是数据来源主要单一地依赖POS机,分析本店内顾客群体购买行为所体现的商品的相关性,与后来的大数据分析相比,应该属于小数据时代。

(3) 互联网时代"孕妇"的故事(中数据时代)。《纽约时报(New York Times)》的记者查尔斯·杜希格(Charles Duhigg)在他的著作《习惯的力量(The Power of Habit)》中,讲了这个有趣的故事:

"一名男子径直走进了明尼阿波利斯市郊的一家塔吉特,并要求面见经理。据一位参与这次会面的雇员说,该男子手里攥着一大把他女儿收到的优惠券,面露愠色。'这些都是我女儿通过邮件收到的!'他怒声道。'她还是个高中生,你们就寄给她婴儿衣服和婴儿床的优惠券?你们是不是巴不得她赶紧怀孕啊?'起初,经理对此人所说之事摸不着头脑,他翻看了邮件。证据确凿,那封邮件的确发给了他的女儿,并且邮件中有许多推销婴儿服装、幼儿家居家具的广告和婴儿面带微笑的图片。经理向男子赔礼道歉,并在几天之后再次打电话致歉。然而,这位父亲反而有些惭愧。他说:'我和我女儿谈了谈。结果发现,我对家里发生的一些事完全不知情。她的预产期在8月。我要向你们道歉。'"

"塔吉特"是美国的一家零售商,成立于1961年。1962年,第一家"塔吉特"商店在明尼苏达州成立,该商店是美国第一家提出"打折"概念的商店。目前,"塔吉特"已经成长为美国第二大零售商,在美国拥有了超过1300家的商店。那么,"塔吉特"是如何比那位父亲更早知道他女儿怀孕呢?

"塔吉特"的统计师们通过对孕妇的消费习惯进行一次次的测试和数据分析得出一些非常有用的结论:孕妇在怀孕前3个月过后会购买大量无味的润肤露;有时在前20周,孕妇会补充如钙、镁、锌等营养素;许多顾客都会购买肥皂和棉球,但当有人除了购买洗手液和毛巾以外,还突然开始大量采购无味肥皂和特大包装的棉球时,说明她们的预产期要来了。在"塔吉特"的数据库资料里,统计师们根据顾客内在需求数据,精准地选出其中的25种商品,对这25种商品进行同步分析,基本上可以判断出哪些顾客是孕妇,甚至还可以进一步估算出她们的预产期,在最恰当的时候给她们寄去最符合她们需要的优惠券,满足她们最实际的需求。

虽然这个故事的数据采集量大大增加了,数据分析结果也由"啤酒和尿布"故事中的商品相关性发展至独特需求顾客身份的认定,但是数据采集还是静态的数据库数据,以及基于顾客购买了什么。因此,称其为中数据时代。

(4)社交网络和移动网络的新故事(大数据时代)。顾客逛街临近中午,肚子有些饿了,忽然收到一个短信或语音提示:"在你的右侧前行30米有一家你非常喜欢的火锅店,你有一个熟悉的同事也在那里就餐,欢迎你光临,并附赠一张10元的优惠券"。你会怀疑被人跟踪了,会担心没有隐私了,但是,十有八九会走进这家火锅店。这不是天方夜谭,今天的社交网络和移动网络技术使这些变为现实,这就是集聚多方数据的大数据时代。即使在一家商店内部,也早已不局限于商品相关性分析。目前的某些零售商店,从顾客走进商店那一刻起,其行走路线、视觉移动、选择、相互交谈、对减价的反应、停留时间,已经被密切监控。商店及其供应商在不停地分析各种各样的文字、图像、声音、情境及购买数量等方面的数据,并与顾客的会员卡相关联。采用云计算的方法,可以快速地发现每一位顾客的购买行为特征,从而可以提供一对一的营销组合策略。如果没有大数据,或者有大数据而没有搜集和分析大数据的工具和方法,或者是这些工具和方法的使用成本过于高昂,掌握技术的难度太大,都不可能真正迎来大数据时代的到来。然而这一切在技术上都得到了解决。

由于数据大了,商场决策者不必担心其准确性,数据越大越准确,分析方法选择变得次要了,正像《大数据时代》的作者迈尔-舍恩伯格所言:"大数据的简单算法比小数据的复杂算法更有效",样本不是抽样的代表,而是全体。也不必太关心数据分析结果的因果性,关心相关性就可以了(当然学者研究还是需要关注因果性),相关性影响商场的具体决策走向。例如,2004年,沃尔玛曾经对顾客购物数据以及天气变化数据进行大规模的数据分析,发现蛋挞销售会在季节性飓风来临时大大增加,蛋挞销售量与飓风没有因果关系,但是有相关关系,随后每当季节性飓风来临之前,沃尔玛会把蛋挞放到飓风用品的位置,从而使销售量增加。

总之,选择目标市场或顾客,是指通过评估各细分市场的吸引力,选择一个或几个细分市场作为营销活动的对象或目标。选择目标顾客的目的有两个:一是实现与竞争对手的目标顾客差异化;二是如果无法实现目标顾客的差异化,就对目标顾客进行细分,提供更加具有针对性的营销定位和要素组合。公司在选择目标市场时,有5种策略可供选择:单一性市场单一产品策略、单一市场多种产品策略、多种市场单一产品策略、多种市场多种产品策略、整体市场全部产品策略。在市场吸引力和竞争优势矛盾时,公司应该率先追求市场吸引力小但具有相对竞争优势的市场,后追求市场吸引力大但相对竞争优势处于平均水平的市场。同时,公司的营销目标也会影响目标市场的选择。在选择目标顾客之后,通常还需要对目标顾客再进行细分,方法类似于细分市场的方法,目的是为提供针对性营销组合策略奠定基础。最后,互联网这一信息技术的飞快发展,迎来了大数据时代,使一对一营销成为可能。

第四篇 选位：营销定位点（下）

第6章 营销定位点选择

由第2章可知,定位点是指企业选择、确定并提供给目标顾客的营销要素的某一特征,这一特征是目标顾客较为关注、具有比较竞争优势且具有可信性的属性点、利益点或价值点。营销定位在本质上就是选择一个定位点并实现这个定位点。本章的目的是回答如何选择定位点,路径是提出一个定位点选择模型,并详解这个模型的应用步骤。这部分内容在传统营销著作中很少涉及,但它是营销管理的核心内容之一(另一个核心内容是营销定位点的实现,在本书后面的章节中将详述)。

6.1 营销定位点选择的要素[①]

营销定位点选择的要素包括五个方面：第一，有几种营销定位点可供选择？第二，在什么范围内选择营销定位点？第三，用什么标准评价和选择定位点？第四，选择几个营销定位点？第五，营销定位点的选择过程是怎样的？在回答上述五个问题的基础上，才能建立营销定位点选择的模型。

1. 定位点选择的类型

营销定位点类型表明，企业在决策过程中必须考虑"定位于哪一个层次的问题"。在诸多经典定位文献中，很少提及这个问题，只是笼统地提出定位是什么（如第一定位、领先定位等），而没有做相应的归类，这样就使定位差异化大多局限于属性层面，属性层面无法实现差异化，就只有打价格战了。例如，有专家建议选择第一定位（第一个进入一个产品领域，或是市场占有率达到第一），这是属性定位，但是第一仅有一个，而且第一并非就是最佳，对于企业来说，或是不能成为第一，或是不愿意成为第一，那么它可能陷入定位的困境。又如，有专家建议定位就是不断地对产品进行分类，就像苹果率先推出 iPod（MP3）、iPad（平板电脑）、iPhone（手机）等[②]，但当竞争对手也推出类似产品时，就出现了产品雷同化问题，而这个问题并非可以通过对产品继续分类的方法得以解决。尽管可以理解为这种创新式分类不仅是指产品类型，而且也是指消费者心智中的品类。但是，消费者心智如何认知"品类"，也需要回答营销定位点的大类或曰层次问题。

如前所述，手段目的链理论将顾客购买的内容分为属性、利益和价值，因此，营销定位也有三个层面：属性、利益和价值。由此产生营销定位点的三大类型：属性定位点、利益定位点和价值定位点。这三个定位点，都是指企业期望顾客在心里对于自身品牌形象的感知和认知，也是企业选择品牌定位点首先要考虑的内容。

[①] 该节内容改编自李飞：《品牌定位点的选择模型研究》，载于《商业经济与管理》2009年第11期；以及李飞：《奢侈品营销》，经济科学出版社2010年版，第61～70页。

[②] 张云、王刚：《品类战略 定位理论的最新发展》，山西人民出版社2011年版，推荐序，第2页。

属性定位点是指营销组合要素的某一属性特征，这一特征是利益定位点形成的原因，例如含氟是防止蛀牙的原因，含氟就是属性地位点；低价是省钱的原因，低价就是属性定位点。利益定位点是指品牌为顾客带来的心理上感觉到的好处，这些好处是与营销组合直接相关的，人们的感受通常没有争论和差异，例如，佳洁士儿童牙膏防止蛀牙，沃尔玛商场为顾客节省每一分钱等。价值定位是指为顾客带来的精神上的享受，通常是指人们活着的目的，一般包括工具价值和最终价值，这些价值感受通常是与属性和利益部分相关，因此对于相同的属性和利益，人们的价值感受也可能是不同的，例如开心、自尊、成功、自信等。图 6.1 表明了三个定位点之间的关系。

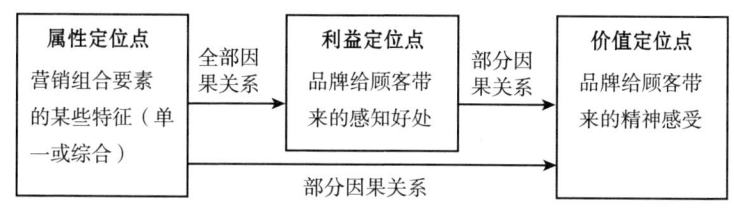

图 6.1　三种定位点之间的关系

2. 定位点选择的范围

定位点选择的范围包括两个方面的问题：横向范围和纵向范围。前者是指三种定位点选择范围的宽度，即辐射营销组合几个要素；后者是指三种定位点选择范围的深度，即每个营销组合要素自身包括的属性内容以及延伸出的利益和价值内容。

（1）定位点选择范围的宽度。从一般意义上说，定位点选择范围可以是产品（包括服务）、价格、分销和沟通等全部营销组合要素中的任何一个①。比如，一家超级市场的定位点可以是产品优质，可以是价格低廉，也可以是服务优质，还可以是店址便利，等等。但是对于有些产品和服务，定位点并不覆盖营销组合的每一个要素。比如，对于奢侈品来说，其选择范围具有一定的局限性。从案例分析来看，其利益定位点大多集中在产品、体验和服务要素上（见表 6.1）②。价格、渠道一般不适合成为奢侈品定位点的备选要素。

---

① 李飞、刘茜：《市场定位战略的综合模型研究》，载于《南开管理评论》2004 年第 5 期。
② 弗雷德·克劳福德、瑞安·马修斯：《卓越的神话》，中信出版社 2002 年版，第 41 页。

表 6.1　　　　　　　　　　奢侈品定位点选择的范围

品牌	主定位点	次定位点	平均水平点
Gucci	产品	服务	价格、体验、便利
Rolex	体验	产品	价格、服务、便利
Tumi	产品	体验	价格、服务、便利

（2）定位点选择范围的深度。属性定位范围的深度表现为营销组合四个要素的各个维度，利益定位范围的深度表现为四个营销组合要素带来的利益，而价值定位范围的深度则表现为营销要素组合及产生利益为顾客带来的精神价值。

第一，属性方面。属性定位点选择的范围可以是营销组合要素的各个维度，只要能产生利益的方面都可以成为属性定位点的备选对象。产品属性包括原材料、工艺和形态等内部属性，以及服务、品牌、包装等外部属性[①]。价格属性包括价格高低、价格调整和促销等。渠道属性包括渠道长度、宽度、广度、系统等；沟通属性包括信息内容、沟通形式、沟通时间和沟通媒体等（见表6.2）。

表 6.2　　　　　　　　　四个营销组合要素的属性内容

产品属性	价格属性	渠道属性	沟通属性
1. 材料；2. 工艺；3. 形态；4. 品牌；5. 包装；6. 服务等	1. 水平高低；2. 高低调整；3. 促销酬宾等	1. 长度；2. 宽度；3. 广度；4. 系统等	1. 信息内容；2. 信息形式；3. 沟通时间；4. 沟通媒体等

第二，利益方面。利益定位点选择的内容可以是营销组合要素各个维度带来的个体利益和组合利益。这里的利益不仅在产品方面，而且应该是营销组合各个要素带来的效用，也包括价格、渠道和沟通等方面，主要表现为两个层面：一是营销组合要素增加的利益，二是营销组合要素减少的成本（见表6.3）。但是，有的是一个营销组合要素带来的利益，有的是综合几个营销组合要素带来的利益，例如星巴克咖啡店的独特体验定位点，源于独特咖啡香味、艺术化的店铺环境设计、温馨的人员服务等多种组合要素属性来实现。但是定位点诉求的是其中一种主要的或者说是核心的利益。

---

① 马克·E·佩里：《战略营销管理》，中国财政经济出版社2003年版，第74页。

表6.3　　　　　　　　　四个营销组合要素的利益内容

组合要素	增加顾客获得利益	减少顾客支出的成本
产品	提供功能利益：便利、止疼（止痛药）、时尚、舒适、解渴、保暖等	减少货币、时间、体力和精力成本
价格	高价和促销感受更多的利益	低价省钱
渠道	提供便利利益：便利、舒适、美感等	减少货币、时间、体力和精力成本
沟通	提供形象利益：便利、心情好、有面子、有身份等	减少货币、时间、体力和精力成本

第三，价值方面。心理学家米尔顿·罗克奇（Milton Rokeach）认为，个人价值分为终极价值和工具价值。终极价值是指人们渴望实现的最终状态，工具价值是指人们为实现最终价值的理想行为规范。二者分别包括18项内容（见表6.4）[①]，这些都可以是品牌价值定位点的备选内容。

表6.4　　　　　　　　　最终价值和工具价值

最终价值	工具价值
1. 舒适的生活；2. 刺激的生活；3. 成就感；4. 和平的世界；5. 美丽的世界 6. 平等；7. 家庭安全；8. 自由；9. 幸福；10. 无内心冲突；11. 成熟的爱；12. 国家安全；13. 快乐；14. 互相帮助；15. 自尊；16. 社会认同；17. 真正的友谊；18. 智慧	1. 雄心勃勃；2. 心胸开阔；3. 有能力；4. 愉快的；5. 整洁的；6. 努力的；7. 宽恕的；8. 乐于助人；9. 诚实的；10. 创造力、想象力；11. 独立的；12. 理智的；13. 逻辑性；14. 有感情；15. 孝顺；16. 懂礼节；17. 责任感；18. 自制力

3. 定位点选择的数量

这里至少有两个问题需要讨论：第一，一个品牌的属性、利益和价值三种定位点需要同时存在吗？第二，这三种定位点各自只需要一个吗？

（1）三种定位点都是不可缺少的吗？要回答这个问题，首先需要弄清楚属性、利益和价值三者之间的关系，以及它们在营销活动中是否承担着不同的角色。

价值是由品牌各要素功能带来的利益组合实现的，而利益是由品牌各要素属性实现的。例如，佳洁士儿童牙膏的防止蛀牙利益定位，来源于含氟这一属性定

---

① Milton Rokeach, *The Nature of Human Values*, New York: The Free Press, 1973, 28.

位，而"做个好妈妈"的价值定位来源于防治蛀牙的利益定位。属性、利益和价值的区分意义重大，雷诺兹、科克利和罗尚（Reynolds，Cockle，Rochon）的研究显示，三者的作用不同，价值对于人们偏好所起的推动作用大于使用产品带来的功能利益，而功能利益的推动作用大于产品的属性[①]。

在很多情况下，定位被视为广告策略。因此，更多的学者探讨了属性、利益和价值在广告活动中起着不同的作用，即通过属性的相关宣传使顾客相信产品和服务带来的利益，通过相关利益的宣传使顾客相信产品服务利益带来的价值。广告创作人员可以根据属性、利益和价值的信息联系纽带设计广告，在广告中向受众传达定位要素与他们的相关性[②]。从企业营销方面看，利益定位是提供利益，属性定位是形成利益，价值定位是拓展利益。因此，在理论上，属性定位点、利益定位点和价值定位点都是不可缺少的。

但在实践中发现，三种定位点可以不同时存在。因为定位的目的是实现差异化优势，假如在属性定位点或（和）利益定位点已经实现了差异化，价值定位点就变为可有可无；假如品牌在属性定位或（和）利益定位没能实现差异化，就必须通过价值定位来实现差异化。例如，一些强调"市场占有率第一"属性的品牌，如果具有可信性的话，明显表明是一个优势品牌，没有利益和价值定位点，也有增加销售的效果。又如沃尔玛公司品牌的利益定位点是省钱，属性定位点是天天低价，竞争对手很难模仿（因为是建立在低成本的供应链基础上的），即利益定位点和属性定位点已经实现了差异化，因此沃尔玛没有价值定位点；家乐福公司品牌的利益定位点是更多价值，属性定位是高低价格（促销时价格较低，不促销时价格较高），竞争对手很容易模仿，因此还必须有独特的价值定位，家乐福的品牌宣传语就是价值定位点——"开心购物家乐福"[③]。但是，对于奢侈品来说，价值定位在任何时候都是不可缺少的，因为这类商品不容易实现利益定位的差异化，同时，顾客非常看重价值定位带来的精神体验。可见，那种认为奢侈品没有定位的观点是不符合实际的（见表6.5）。

有趣的是，一方面，相同的利益定位点可以有不同的价值定位点，例如可口可乐和百事可乐的利益定位点都是解渴提神，但前者的价值定位是保守正统，后者的价值定位是青春活力，都取得了成功，因为价值定位是营销者赋予的满足目标顾客的精神感受，灵活性很大。另一方面，不同的利益定位点，也可以有相同

[①②] 詹姆斯·H·迈尔斯：《市场细分与定位》，电子工业出版社2005年版，第198页，第206页。
[③] 李飞、刘明葳、吴俊杰：《沃尔玛和家乐福在华市场定位的比较研究》，载于《南开管理评论》2005年第3期。

表6.5　　　　　　　　　　部分奢侈品品牌的价值定位

品牌	广告语	定位点
万宝龙	重新发现书写的乐趣	乐趣
百达翡丽	你没有权利拥有百达翡丽，只不过是为下一代保管它而已	关爱后代
人头马酒	人头马一打开，好事自然来	好运气
皇家礼炮	为极致成就喝彩	喜庆
轩尼诗	活得潇洒	潇洒
马爹利 xo	挥洒灵感　塑造世界	成就
戴比尔斯	钻石恒久远，一颗永流传	钻石和爱到永远
尊尼获加	Keep Walking	永远向前的追求
Tiffany 戒指	让每个动人时刻在指间停住　直至永远	永久美好的记忆
爱玛仕	美丽的逃逸	自由
Chaumet 珠宝	网着我……若你爱我	爱

的价值定位点。例如中国移动服务和李宁运动鞋的利益定位不同，但是广告都诉求了价值定位"我能"，各自取得了好的效果。这说明，即使利益和属性定位点实现了差异化，有一个合适的价值定位点会起到锦上添花的神奇作用。

通过对 2008 年《服饰与美容》杂志奢侈品广告的统计和分析发现：不同类别的品牌所要求的三种定位点组合会有一定的差异。护肤品强调功能，因此利益定位和属性定位更加重要；但是彩妆和香水强调个性价值，因此价值定位更加重要（见表6.6）[①]。

表6.6　　　　　　　　　　部分奢侈品品牌的定位点组合

产品类别	利益定位	价值定位	属性定位+利益定位	利益定位+价值定位	属性定位+利益定位+价值定位	样本容量
护肤品	4	1	12	7	225	249
百分比（%）	2	0	5	3	90	100
彩妆	0	0	5	32	59	96
百分比（%）	0	0	5	33	61	100
香水	0	1	0	33	4	38
百分比（%）	0	3	0	87	10	100

（2）每种定位点仅仅需要 1 个吗？已有的文献大多是针对营销组合要素差异化的数量来讨论，以说明定位差异化。例如"1P+3P"组合模式，主张将 4P

[①] 曹雯斐：《高档化妆品平面广告定位点的沟通模式——基于 <VOGUE 服饰与美容> 杂志化妆品广告的研究》，载于《中国零售研究》2010 年第 2 卷第 1 辑。

中的一个 P 提升为战略核心,其他三个 P 围绕着这个 P 核心来安排①。还有 1P 理论,本质上还是以价格为战略核心,其他三个 P 围绕着价格这个核心来安排,方法是让第三方在获得收益的同时为顾客支付价格②。迈克尔·特里西(Michael Treacy)和弗雷德·威斯玛(Fred Wiersema)提出产品领先、经营出色(运营效率高)和服务亲和(提供解决方案)三个定位差异化,企业只需要在一个方面成为市场领袖,在其他两个方面表现恰当即可③。2001 年弗雷德·克劳福德和瑞安·马修斯通过实证分析证明各个营销要素差异化的可行性。其结论是:世界上最为成功的公司不过是在五个方面做出努力,包括价格诚实、服务兑现承诺、距离便利、独特体验和产品稳定,而这些公司仅仅把其中一个方面做出色,另一个方面做优秀,其他三个方面不过达到行业平均水平④。2004 年,安德和斯特恩提出零售商店成功的规律,在品种丰富、价格低廉、产品时尚、服务便利和速度快捷五个方面,一个方面做得最好,其他四个方面达到行业一般水平即可⑤。由此看出,已有文献认为定位点可以在一至两个营销组合要素的利益或属性点上。

本书认为,定位点的选择视角包括属性、利益和价值三个层次,因此在选择定位点数量时就需要分层次考虑各自的数量。如果仅选择属性层次进行定位,没有利益和价值定位点,通常有一两个属性定位点就可以了,例如"中国领先的品牌"、"省优、部优、国优"、"市场占有率第一的品牌"等。如果选择利益和属性两个层次的定位,属性定位点的数量取决于利益定位点的选择。利益定位点,一般为 1 个,最多不超过 3 个。例如佳洁士儿童牙膏一上市,选择的利益定位点为防止蛀牙 1 个定位点,形成该利益的属性就是含氟,因此选择含氟一个属性定位点就可以了。但是,当竞争对手模仿后,可以增加清新口气和洁齿两个新的利益定位点,那么就需要相应地增加 2 个属性定位点,使利益定位点和属性定位点都达到 3 个。但是,最好不超过 3 个。这是人们不特意记忆的一般容量,否则人们很难记得住。比如,欧莱雅深层修复清爽洗发露、润发乳和护发膜系列产品,代言人的广告强调"五大受损,一个对策——巴黎欧莱雅值得信赖"。但是,几乎无人说全"五大受损"是什么。它们是干枯、分叉、毛糙、黯哑(没有光泽和发黄)和脆弱。价值定位点一般则为 1~2 个。

可见,定位点数量的选择包括选择几个层次和每个层次有几个定位点,定位

---

① 程绍珊、张博:《营销模式》,中国档案出版社 2007 年版,第 32 页。
② 王建国:《1P 理论》,北京大学出版社 2007 年版,第 7~13 页。
③ Micheal Treacy and Fred Wiersema, *The Discipline of Market Leader*, Perseus Books: 1995, 45.
④ 弗雷德·克劳福德、瑞安·马修斯:《卓越的神话》,中信出版社 2002 年版,第 40 页。
⑤ 维拉德·N·安德、尼尔·Z·斯特恩:《零售商的定位策略》,电子工业出版社 2005 年版,第 7 页。

点数量选择的一般逻辑可归纳为表6.7。

表6.7　　　　　　　　　定位点数量选择方法

选择层次	属性定位数量	利益定位数量	价值定位数量
仅为属性层次	1~2	0	0
属性和利益层次	1~3	1~3	0
仅为价值层次	0	0	1~2
利益和价值层次	0	1~3	1~2
涉及三个层次	1~3	1~3	1~2

4. 定位点选择的标准

有学者认为："品牌定位点的核心要素主要包括顾客通过使用该品牌预期所要达到的目标（参照系），以及实现这一目标过程中为什么该品牌是最优秀的（不同点）"[1]。这意味着定位点应该是满足顾客需求目标且为最优秀的点。不过，按着"参照系方法"提出者的观点，差异点可以有很多个，虽然建议浓缩为一句品牌真言，但是由于没有定位点的概念，仍然无法得出定位点数量多少的结论[2]。

流行的木桶理论认为，一个木桶装多少水，取决于最短的那块木板。因此，一些管理者主张提升短板。但是，也有学者认为，"企业要想从嘈杂混乱中脱颖而出，赢得消费者的忠诚，不应在不足的方面追赶其他品牌，而要做相反的事情——加强优势，以此拉开与竞争者的距离。有所取舍，不仅是差异化的标志，更是优秀的标志"[3]。

也有文献提出了定位选择更为清晰的三个标准：独特性、必要性和可信性[4]。由于定位被定义为"在目标顾客心目中占有独特位置的行动"[5]，因此大家都把是否与竞争对手形成差异化即独特性，作为选择定位点的第一标准。同时，这个独特性之所以有意义，必须是顾客比较关注的属性点、利益点和价值点，即具有必要性，或许我们更需要关心顾客需要什么，而不是过分追求与竞争对手的区别。最后，这个具有独特性和必要性的点，还必须具有可信性，不仅仅是一种宣传和一句口号，而应赢得顾客的相信。

实际上，定位点所具有的独特性就是具有比较竞争优势（独特并优于竞争

---

[1] 泰伯特、卡尔金斯：《凯洛格品牌论》，人民邮电出版2006年版，第14页。
[2] 科特勒、凯勒：《营销管理》（第14版），格致出版社、上海人民出版社2012年版，第278页。
[3] 穆恩：《哈佛最受欢迎的营销课》，中信出版社2012年版，内容提要。
[4] 詹姆斯·H·迈尔斯：《市场细分与定位》，电子工业出版社2005年版，第131~133页。
[5] 里斯和特劳特：《广告攻心战略——品牌定位》，中国友谊出版公司1991年版，第2页。

对手），必要性就是目标顾客关注点，至于可信性可以融合在其他两个特性之中。顾客购买的属性、利益和价值有很多，但不是所有的属性、利益和价值点都是定位点，谁有资格成为定位点，需要按着前述的三个标准（目标顾客关注、优于竞争对手和真实可信）来评判。三者缺一不可。

5. 定位点选择的过程

（1）定位点选择的过程。这里不是指定位的过程，而是定位点选择的过程。由前可知，属性定位点和利益定位点有着密切的因果关系，因此确定了利益定位点也就产生了属性定位点。例如佳洁士儿童牙膏的防止蛀牙的利益定位，得出了"含氟牙膏"的属性定位；沃尔玛的省钱利益定位，自然会得出"天天低价"的属性定位；海尔的"放心购买和使用"的利益定位，得出"24小时守候服务"的属性定位；等等。但事实是：一个原因属性可能产生几个结果利益；一个结果利益可能由几个原因属性带来。因此找到主要的属性—利益链就成为利益定位和属性定位的核心。由于利益定位点是指给目标顾客带来的效用好处，也是属性定位的结果，因此在定位点选择过程中，利益定位点应该在属性定位之前。

利益定位和价值定位不是直接的因果关系，但有着一定的逻辑关联，即通过利益定位点的实现可以让顾客感受到相应的价值定位点。同样，利益定位点带来的价值也可以有很多选择，价值定位点也可以由若干利益来体现。这样，找到主要的利益—价值链就成为利益定位和价值定位的核心。由于价值定位是满足目标顾客的精神感受，这个感受也必须通过利益来体现，因此在定位点的选择过程中，利益定位点也应在价值定位之前。

由于价值定位点是满足顾客的精神感受，除了通过利益定位点来体现外，表现营销组合各要素的属性定位点也起着必不可少的作用。例如产品材质、工艺、价格高与低、零售终端档次、广告代言人等都会直接影响顾客对感受的评价。因此，定位点的选择过程中，价值定位应该在属性定位之前。

这样，得出定位点的选择过程是：第一阶段是利益定位，第二阶段是价值定位，第三阶段是属性定位。

（2）定位点选择的特殊影响因素。在消费者行为分析中，学者们通常会将消费者分为使用者、付款者和购买者三种角色，使用者关注商品本身的设计和功能，付款者关注价格水平的高低，购买者关注是否能便利地购买到商品[①]。但

[①] 谢斯、米托：《消费者行为学 管理视角》，机械工业出版社2004年版，第10页。

是，在目标顾客和市场定位的分析中却很少进行这样的划分。

在定位点选择过程中，把目标顾客分为三种角色或者至少两种角色是非常必要的，因为三个定位点有时不需要都对准使用者。例如，对于儿童商品来说，目标使用者是孩子们，目标购买者大多是妈妈们，这就导致利益定位和价值定位发生分离的情况。例如佳洁士儿童牙膏利益定位是防止蛀牙，为使用者——孩子们定位；价值定位为做个好妈妈，为购买者——妈妈们定位；属性定位为含氟牙膏，又是定位给购买者——妈妈们，为了让他们相信牙膏防蛀。舒肤佳儿童香皂也是如此，利益定位于杀菌灭菌，关注的是使用者——孩子，价值定位却是给购买者——妈妈的，内容为"爱心妈妈，呵护全家"。

在中国，消费者对奢侈品的一个重要购买动机就是礼品，而礼品天生具有使用者和购买者分离的特征，三个定位点选择大多针对目标购买者，较少针对目标使用者，如脑白金就是针对购买者进行系统定位："今年过节不收礼，收礼就收脑白金"，诉求的是保健礼品的属性定位，给亲人送健康是针对购买者设定的利益定位，自然会实现购买者（假设购买者就是送礼者）"有面子"的价值定位。

总之，有时目标顾客分离为目标购买顾客和目标使用顾客，这是定位点选择的特殊影响因素，属性定位、利益定位和价值定位有时需要分别定位给购买者和使用者，才会取得理想的效果。

6.2 营销定位点选择的模型

通过前述讨论，可以得出五个方面的结论，这些结论是构建品牌定位点选择模型的重要基础。

第一，关于定位点选择的类型，包括属性、利益和价值三个层次，换句话说，定位点首先要确定是在这三个层次的哪一个或哪几个层次上。利益是满足顾客的效用需求，属性是利益产生的原因，价值是给顾客带来的精神感受。

第二，关于定位点选择的范围，属性定位点可以选择在产品（包括服务）、价格、分销和沟通手段的各个维度上，利益定位则可以选择在四个营销组合要素的单个要素或综合要素带来的利益上，价值定位点可以选择由利益定位点所体现的某一精神价值方面，具体范围即罗科奇提出的最终价值和工具价值表。

第三，关于定位点选择的数量，可以得出如下结论：（1）在一般情况下，属性定位、利益定位和价值定位三者都是不可缺少的。利益和价值定位用于满足顾客需求，为企业营销的目的，体现独特性（优于竞争对手）和必要性（满足顾客关注的利益点）；属性定位提供利益定位实现的依据，体现的是可信性，用于营销组合策略制订。（2）在利益定位或属性定位点已经实现了差异化，价值定位点就可有可无；如品牌在利益定位或属性定位没能实现差异化，就必须通过价值定位来实现差异化。（3）一个利益定位点，可能由几个属性来支撑；同理，一个价值定位点可能由几个利益来体现，但是在与目标顾客沟通时，不一定全部提及，有时仅强调一个主要定位点即可。

第四，关于定位点选择的标准，包括目标顾客关注、具有比较竞争优势和真实可信等三个方面。每一个方面都是不可缺少的。

第五，关于定位点选择的过程，包括三个阶段：首先确定利益定位点，然后确定价值定位点，最后确定属性定位点。在选择定位点的过程中，还要考虑目标使用者和购买者是否分离。如果分离就要考虑三个定位点的对象可能分别是使用者和购买者，但是沟通大多是针对购买者的，因此针对购买者的定位点常常成为传播的重点内容；有时为了使顾客相信利益定位点，还要在沟通中强调属性定位点。

基于这些结论，就可以建立一个相对完整的定位点选择模型（图6.2）。

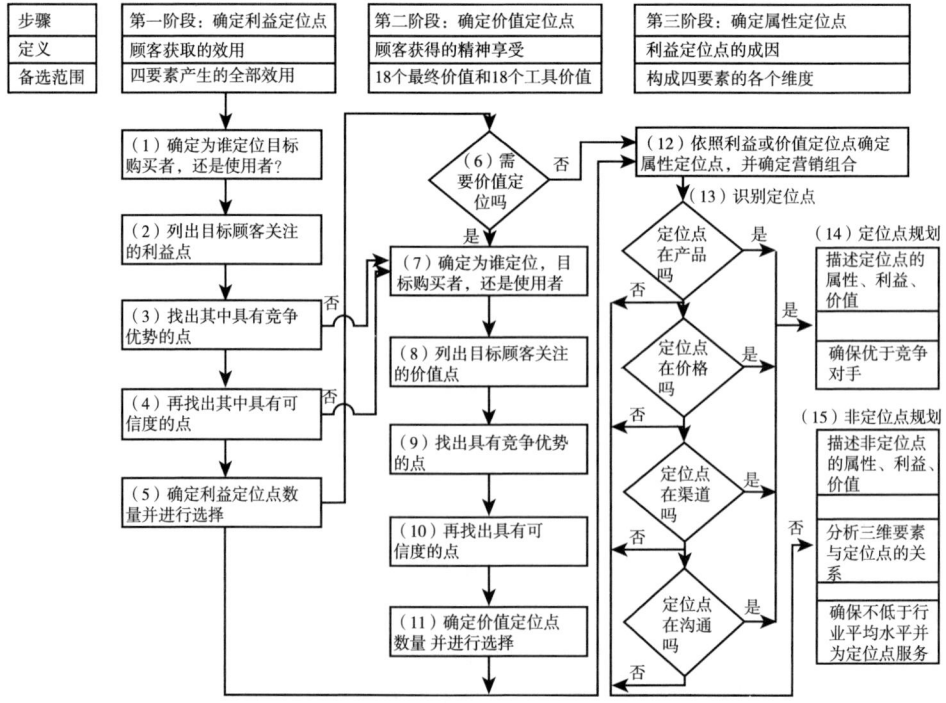

图6.2　品牌定位点的选择模型

6.3 营销定位点选择模型的应用

假设一个运动鞋品牌要在中国进行定位点规划,其目标顾客已经确定为喜欢运动的青少年。根据前面建立的品牌定位点选择模型,通过模拟调查数据的方法,分阶段进行应用说明与讨论。

1. 确定利益定位点

依据已建立的模型,这一阶段包括五个步骤。根据各个步骤的相应方法,可以得出利益定位点的具体内容(见表6.8)。

表6.8　　　　　　　　某品牌运动鞋的利益定位点选择

步骤	内　　容
第一步,确定为谁定位	运动鞋品牌的目标使用者是青少年,购买者为青少年或是家长,调查结果显示:买什么品牌,主要由青少年自己做主。因此,主要是为使用者进行利益定位
第二步,列出顾客关注的利益点	调查结果显示:运动鞋目标顾客最为关注的利益是舒适(舒适、耐穿不变形、有缓冲垫、合脚、轻便)和独特的款式(品牌标志独特、款式新颖)(匹赞姆等,2005)
第三步,找出有竞争优势利益点	通过分析发现,耐克、阿迪达斯、锐步在舒适方面具有竞争优势,而我们规划的品牌在款式方面具有一定的竞争优势,表现时尚感方面
第四步,判断竞争优势点是可信的	事实证明样本品牌款式时尚是真实可信的
第五步,确定利益定位点的数量和进行选择	虽然目标顾客最关注舒适性,但是竞争对手在这一点做得非常好,竞争优势明显,我们规划的品牌必须退而求其次,将时尚感作为主要利益定位点

2. 确定价值定位点

虽然确定了时尚性为该品牌的利益定位点,但是这一点竞争对手也比较容易模仿,因此还必须进行价值定位点的规划。依据已建立的模型,这一阶段包括六个步骤(见表6.9)。

表 6.9　　　　　　　　某品牌运动鞋的价值定位点选择

步骤	内　　容
第六步，判断价值定位必要性	在利益定位点方面，我们规划的品牌在时尚感方面有一些优势，但也不是很大，舒适性与竞争对手有一定差距。因此，在利益定位点难以与对手形成明显的差异化，加之青少年在购买运动鞋品牌时有价值诉求，有必要通过价值定位点突出差异化
第七步，确定为谁定位	由前面分析可知，价值定位适合直接为目标使用者——青少年进行选择
第八步，列出顾客关注价值点	青少年比较关注的价值追求有：梦想、自由、自信、个性、爽、酷、成功等
第九步，找出有竞争优势价值点	竞争对手大多诉求梦想，如耐克的"尽管去做吧"，阿迪达斯的"没有什么是不可能的"，李宁的"一切皆有可能"，安踏的"永不止步"
第十步，判断竞争优势点是可信的	由款式时尚带来的"酷"是真实可信的，并与竞争对手不同
第十一步，确定价值定位点数量并选择	规划的品牌可以选择差异化的"个性"，广告语可以是"酷不酷，由自己"

3. 确定属性定位点

在利益定位和价值定位确定之后，必须进行属性定位的规划，属性定位是为了实现利益定位和价值定位的。依据已建立的模型，这一阶段包括四个步骤（见表6.10）。

表 6.10　　　　　　　某品牌运动鞋的属性定位点选择

步骤	内　　容
第十二步，依利益和价值定位确定属性定位	根据时尚的利益定位和个性化的价值定位，确定该品牌的运动鞋属性定位为款式新颖、标志独特
第十三步，识别定位点	定位点在产品要素的款式和标志上，其他产品要素、价格、渠道和沟通都是非定位点
第十四步，定位点规划	把款式新颖的属性定位、时尚的利益定位和个性化的价值定位，做到优于对手
第十五步，非定位点规划	把定位点之外的营销组合要素做成不低于行业平均水平，并为定位点做出贡献

6.4 营销定位点选择的工具

定位点选择的工具,常用的是定位感知图。三十多年来,营销研究对于营销战略理论做出的一个非常重要的贡献就是定位图的发明[①],即把顾客对企业自身和竞争者品牌的认知情况通过平面图的方式表现出来,可以一目了然地发现目标顾客最为关注的营销组合要素和自身品牌的竞争优势。这项心理学家使用的技术在营销定位中的应用,随着信息技术的发展得到了认可,也使制定定位战略有了科学、简便的工具和方法,计算机软件可以进行数据分析和绘图操作。

1. 定位感知图类型

定位图分为感知定位图、偏好定位图和综合定位图三种类型,各自包括不同的方法,其中三种主要的方法是:基于属性数据绘制的感知定位图,基于相似性数据绘制的感知定位图,以及由顾客感知和偏好组成的综合定位图(见表6.11)[②]。

表 6.11　　三种主要定位图技术的比较

特征说明	基于属性数据绘制的感知定位图	基于相似性数据绘制的感知定位图	顾客感知和偏好组成的综合定位图
优点	表明各种产品位置和属性向量的空间图,展示产品在竞争中的各个属性的位置,可以清楚地识别基本维度,品牌少也可以绘图	表明各种产品位置的相关图,展示谁是或不是竞争替代品	表明各种产品位置、属性向量和顾客理想点和偏好点的空间图,可以将顾客感知和偏好结合在一起
缺点	要求一定的数据规模,没有与顾客偏好联系起来	缺乏解释基本维度的机制,要求评价的品牌需超过8个,没有与顾客偏好联系起来	工作量大而相对复杂

[①②] 加里·L·利连,阿温德·朗格斯瓦米:《营销工程与应用》,中国人民大学出版社2005年版,第147~148页、第162~163页。

续表

特征说明	基于属性数据绘制的感知定位图	基于相似性数据绘制的感知定位图	顾客感知和偏好组成的综合定位图
适用性	市场结构主要由无形属性（如产品外观、性能、服务特点）决定时	市场结构主要由无形属性（如形象、审美观、气味）决定时	市场结构由综合属性决定时，有着广泛的适用性
绘制步骤	1. 确定1组产品及评价产品的属性（耐用、时尚、服务等） 2. 从目标顾客那里取得对自我和竞争品牌各属性的打分数据 3. 选择一种感知绘图方法，常用因子分析法 4. 解释因子分析法的输出结果	1. 找出研究的产品对象，要为顾客熟悉的产品。8个品牌以上 2. 建立一个相似性矩阵，让顾客判断自我和竞争品牌的相似性 3. 根据调查数据绘制感知图 4. 确定感知图的维数 5. 解释感知图的维度	1. 一种方法是在基于属性的感知图中，加入一个理想品牌，将顾客对理想品牌的属性评价视为偏好，然后进行顾客偏好和产品属性评价的比较，绘制成图 2. 另一种方法是直接在基于属性的感知图中，加入一个偏好属性，让顾客对每一个属性打分，确定相应的偏好，再与属性进行比较，绘制成图

在20世纪70年代、80年代和90年代，库珀（Cooper）[①]，格林、卡蒙恩、史密斯（Green, Carmone & Smith）[②]，迈尔斯（Myers）[③]，利连和朗格斯瓦米（Lilien & Rangaswamy）[④] 等人都曾经对这些方法进行研究。利连和朗格斯瓦米认为，这些方法一方面可以帮助企业从顾客角度观察市场的竞争变化和品牌定位，另一方面也可以帮助企业分析竞争变化和品牌定位形成的原因，以及进行恰当的定位。但是，这些方法同样存在局限性，它在简化复杂的市场结构的同时，也会限制企业的决策思维，每种方法在使用过程也有诸多的缺陷，如基于属性方法的数据规模限制，基于相似性方法的最少数目要求，基于综合方法产生的复杂性工作等。

---

① Lee G. Cooper, "A Review of Multidimensional Scaling in Marketing Research", *Applied Psychological Measurement*, 1983, Vol. 7, No. 4 (Fall), 427–450.

② Paul E. Green, Frank J. Carmone, Scott M. Smith, *Multidimensional Scaling: Concepts and Application*, Allyn and Bacon, Boston, 1989.

③ 詹姆斯·H·迈尔斯：《市场细分与定位》，电子工业出版社2005年版，第131~132页。

④ 加里·L·利连、阿温德·朗格斯瓦米：《营销工程与应用》，中国人民大学出版社2005年版，第147~148页、第162~163页。

2. 定位感知图应用

为了简化应用的复杂性，按着定位感知图的维度特征进行应用说明。一般可以分为二维定位感知图和多维定位感知图。本书列举的例子为属性特征，其实也可以根据利益特征和价值特征进行绘制，当然有时也可以是属性、利益和价值不分层次的混合分析。

（1）酒店的二维属性的定位感知图分析。在两个属性维度上，将本品牌和竞争对手品牌进行位置比较，并形成平面图，即是二维属性定位感知图。选择哪两个维度，取决于其在消费者选择品牌时关注的程度，较为普遍的是"价值和价格"两个维度。下面以某酒店为例，进行二维定位地图的应用说明①。

皇家（Palace）酒店，位于贝尔维尔市，四星级，古老而雅致，几年前刚刚进行翻修改造，竞争对手包括 8 家四星级酒店和 1 家名为豪华酒店的五星级酒店。目前效益良好。但是有 4 家新的酒店将要建设，豪华酒店也将大规模翻修和扩张，增加配楼。这样皇家酒店的地位和绩效都会受到威胁。因此需要进行定位分析，根据顾客和行业研究，研究者选择了四个属性进行比较，包括价格、服务、设施和位置。这四个要素是顾客选择酒店时要着重考虑的。由于采用二维定位图分析，因此将价格和服务、设施和位置一并考虑。又由于研究分为现状和未来分析，因此将展现四个定位感知图。

① 现状的定位感知图分析。首先，取得自身和竞争者各属性的顾客感知数据，价格按着各家酒店商务间的平均价格计算，服务水平依据房间数量与服务人员的比率来确定，有形设施评价带有主观性，位置以自身所在的金融区为核心，辐射半径为 4 公里。通过调查和二手数据搜集得到相应数据。其次，将这些数据按着价格和服务、设施和位置两两组合的方式，各自画在一个坐标系中，就形成图 6.3（价格与服务水平定位图）和图 6.4（设施与位置定位图）。

由图 6.3 可以看出：一是价格和服务质量有正向相关性；二是酒店分为三个竞争组，超高质超高价、高质高价和中质中价；皇家酒店位于高质高价组群，但是在相同服务水平条件下，它的价格相对最高，且市场占有率较高。

由图 6.4 可以看出：一是设施和位置没有体现出相关性；二是皇家酒店位置处在没有竞争的金融区，所以可以实施高价策略，尽管设施不是非常豪华；三是

---

① 洛夫洛克、沃茨和周：《服务营销精要》，中国人民大学出版社 2011 年版，第 55~60 页。本书作者在引用时做了文字改编和简化，图形则翻译于该书。

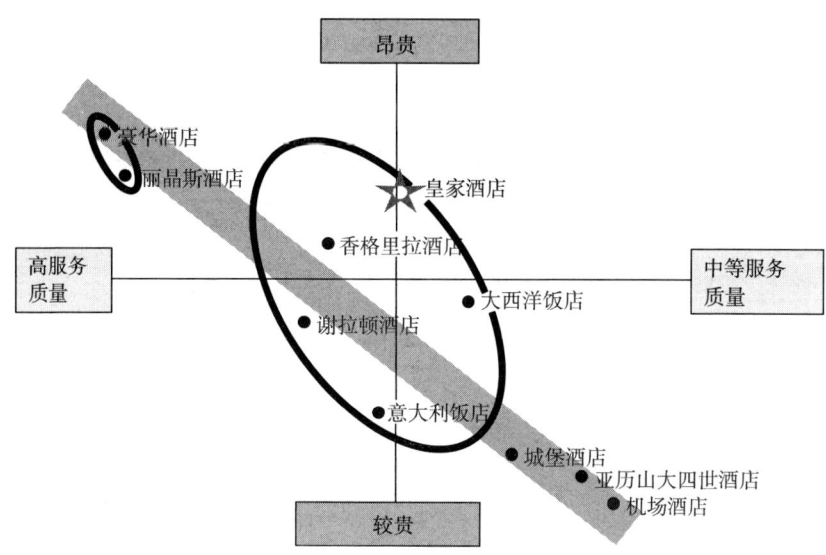

图 6.3 价格与服务水平现状的二维定位

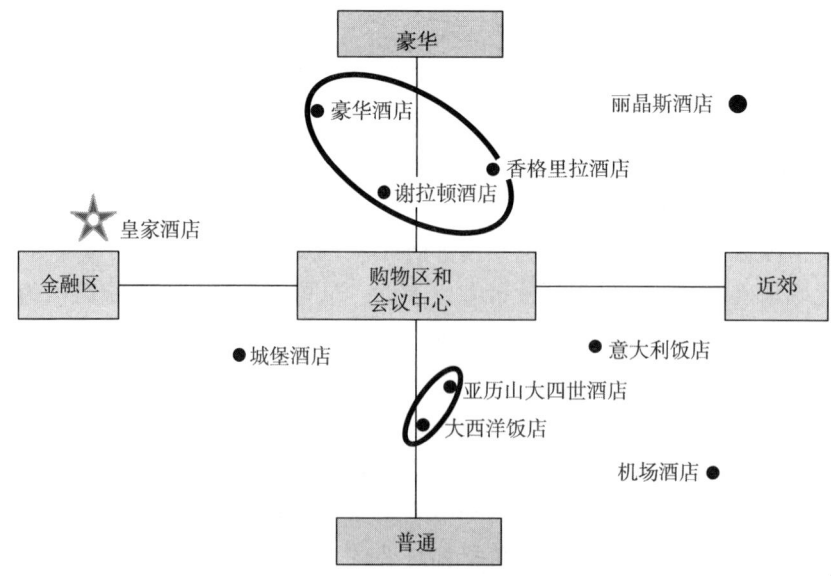

图 6.4 设施与位置现状的二维定位

在购物区和会议中心区酒店较多,分为设施豪华组和中等水平组。

② 未来的定位感知图分析。由于有蒙特利、传统、马里奥特和大陆等四家正在建和计划建的新酒店,以及原有的豪华酒店建新的配楼,会使未来竞争格局

发生变化。为了做好应对未来竞争的准备，需要进行未来定位格局的分析。

从价格方面看，酒店房间每天价格是该房间建筑成本的 1/1000，由此得出新建酒店价格，例如每间建筑成本 40 万美元，每间客房每晚价格为 400 美元，进而推论新建酒店的价格将超过所有现有酒店。从服务方面看，与价格有着正相关的关系，因此新建酒店的服务水平会更高，设施也会更加豪华。对各家酒店进行评估后，可以得出图 6.5（价格和服务的二维定位图）。由图 6.5 可以看出，新建酒店价格和服务质量都会处于较高水平，竞争在同一层次，似乎对皇家酒店影响不大。

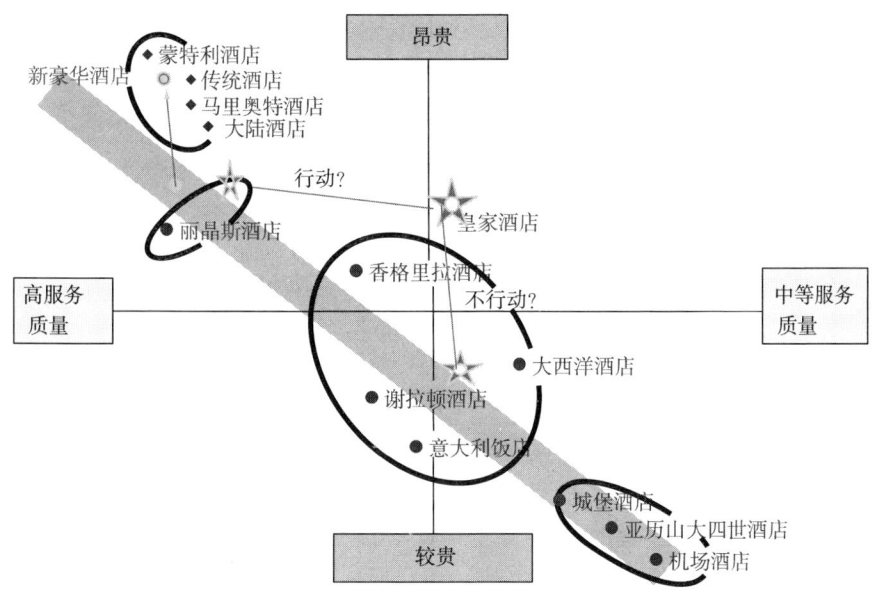

图 6.5　价格与服务水平未来的二维定位

通过调查得知，新建的四家酒店，蒙特利和大陆两家位于金融区，传统和马里奥特两家靠近会议中心，而由于四家酒店价格较高，因此为了吸引顾客必须装备豪华的硬件设施，这会使皇家酒店陷入激烈竞争的情境：原有的位置优势消失了，设施、服务又不及新建的酒店（见图 6.6）。因此必须进行新的定位调整。

（2）零售店多维属性的定位感知图分析。多维属性的定位图，关注超过 2 个以上的属性，一般有 5～10 个属性。首先，根据目标顾客光顾商店的关键影响因素来排序，对各属性重要性进行排序。假设通过调查得出结论：顾客光顾零售店的影响因素，依重要程度排列为：产品质量、价格诚实、商品丰富、店铺环境、服务水平、到达便利等。接下来，对自己（A）和竞争店铺（B、C、D）各

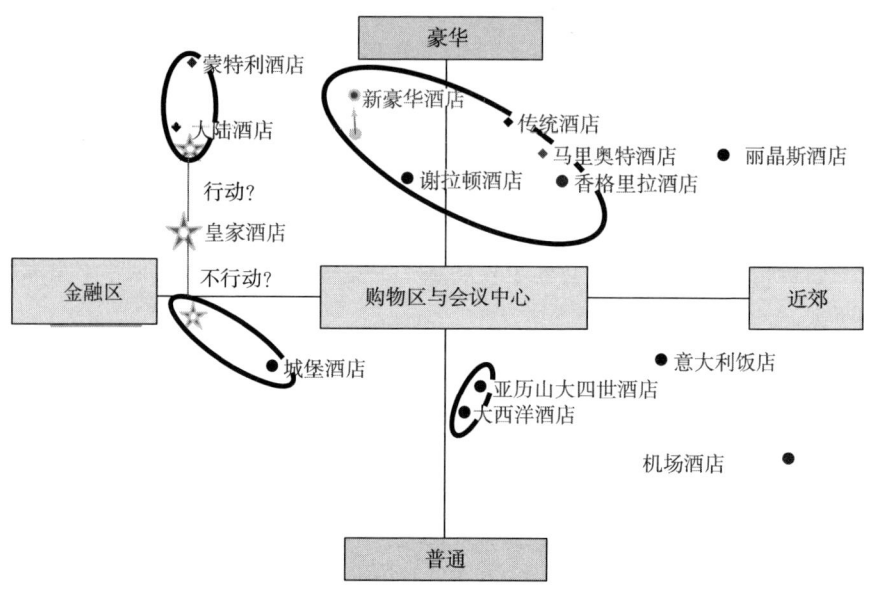

图6.6 设施与位置未来的二维定位

属性进行评级,绘制现有情况的感知定位图(见图6.7)①。第三步,画出自己店铺再定位或定位调整的感知图。由图6.7可知,A店铺的竞争优势在价格诚实方面,而这一点也是顾客十分重视的,可以作为定位点保持;在顾客最重视的产品质量属性方面,A店铺处于竞争劣势地位,需要右移,提高产品质量至B店铺的位置;在顾客比较重视的商品丰富方面,也处于劣势,应该适当增加品种D的位置(如图6.7箭头所指)。店铺环境、服务水平、到达便利可以保持原有水平。

多维感知定位图可以全面地反映顾客选择产品或服务的主要影响因素,从多个方面清楚地描绘与竞争对手的优劣势相比较的情况,采用这个方法是非常有益的。

在公司推出一种新的产品和服务时,可以使用定位感知图,判断消费者最为关注的利益点和竞争对手的定位点,为选择本公司产品和服务的定位奠定基础。在公司准备调整老产品的定位点时,也可以应用定位感知图,以发现自我品牌定位是否到位,竞争品牌聚集的方向和位置,为品牌的再定位提供依据。当然,定

---

① 多维感知定位图的形式有多种,本图参考了 Roman G. Hiebing 等人的研究成果,参见他们所著《营销计划手册》(第3版),中国财政经济出版社2005年版,第160~166页。

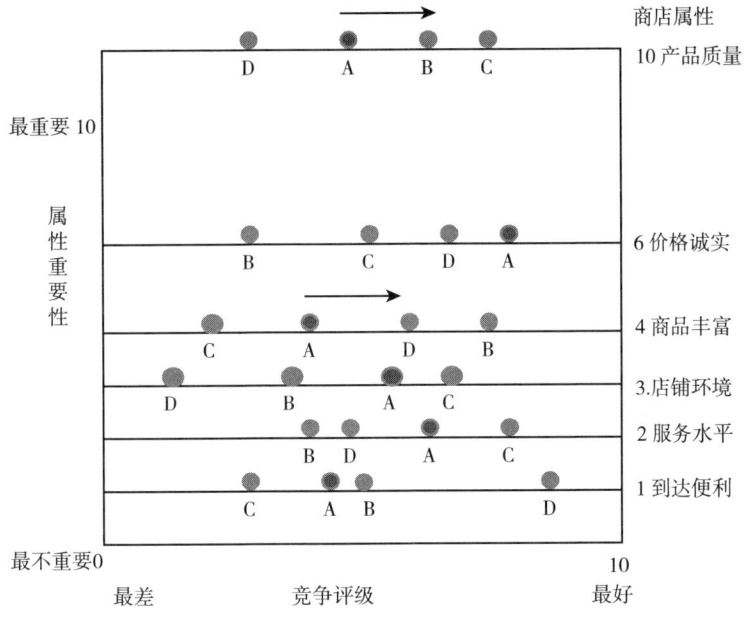

图 6.7 零售店的感知定位图

位图反映的是一个时点的竞争品牌和自己品牌的关系,而市场竞争是动态的,因此需要跟踪此类信息。另外,定位图提供的是一个定位决策的方向,既不能提供定位决策的全部信息,也不能代替营销决策者的洞察力和行业经验。因此,有时需要和其他定位技术配合使用。

总之,市场定位是将公司产品、服务或是公司本身在目标顾客心目中树立一个能满足他们价值或利益需求的差异化形象。定位的结果是找到目标顾客关注,比竞争对手具有更大优势且具有可信性的属性、利益或价值点,此点称为定位点。定位的核心是在满足顾客利益时实现与竞争者的差别化,因此营销定位又称为差异化定位。在目标市场或目标顾客确定后,差异化定位的步骤包括:细分目标市场、分析竞争对手状况、进行定位选择。对目标市场的再细分过程,包括价值细分、利益细分和属性细分三个方面。分析竞争对手包括三方面的内容:确认竞争对手是谁?而分析其优劣势在哪些方面?本方可能的定位空间在哪里?定位点包括价值定位、利益定位和属性定位。定位点的选择范围可以是营销组合的任何一个要素。定位点和再定位点的选择,可以应用品牌定位点选择模型。

第五篇 到位：营销组合（4P）

第7章 依定位进行营销组合

> 在选择定位点之后,营销成功的关键就在于是否能够实现到位。实现到位的关键在于营销组合的要素能否有机组合,有机组合的判断标准是营销组合各要素能否为定位的实现发挥独特的作用、做出独特的贡献。本章在界定营销组合要素内容的基础上,提出营销组合的具体方法,并建立一个营销组合的选择模型。

7.1 营销组合要素的内容

自从 20 世纪 60 年代起,营销学术界占统治地位的是管理学派,管理学派观点的核心是对营销组合的要素进行分析、规划、实施和控制,可见营销管理是与营销组合要素的概念紧密相关的[①]。因此,关于营销组合要素内容的讨论和确定就成为营销理论界的重大问题。

1. 4P's 营销组合要素的提出

1953 年尼尔·博登(Neil Borden)在美国市场营销协会就职演说中最早提出了"营销组合"的概念[②],它是指为了寻求一定的市场反应而进行的一系列直接影响需求的可控制要素的组合,这个组合可以有不同的方式,不同方式可以带来不同的结果。博登在讲述营销组合概念来源时,自称是受詹姆斯·卡林顿(James Culliton)观点的启发。他说,1948 年,他的同事卡琳顿教授出版了一本关于"营销成本"的小册子[③],将营销经理比喻为"不同要素的组合者"(mixer of ingredients),意为营销管理者的主要职能就是进行营销要素的组合,博登喜欢这个说法,进而提出并使用了营销组合(Marketing Mix)概念[④]。

在营销组合概念被提出的几年里,关于营销组合要素内容的讨论成为热点,重点是如何简单明了地概括出营销组合的基本要素。弗里(Frey)[⑤]和博登(Borden)[④]等学者采取列表的方式,霍华德(Howard)[⑥]、麦卡锡(McCarthy)[⑦]、

[①] Michael J. Baker:《营销是哲学还是职能》,参见迈克尔·J·贝克:《市场营销百科》,辽宁教育出版社 1998 年版,第 9 页。

[②] Waterschoot, Walter van and Van Den Bulte, Christophe, "The 4P Classification of The Marketing Mix Revisited", *Journal of Marketing*, Vol. 56 (4), 1992, 83 – 93.

[③] J. Culliton, The management of marketing costs, Graduate School of Business Administration, Research Division, Harvard University, Boston, 1948.

[④] Neil Borden, "The Concept of the Marketing Mix", *Journal of Advertising Research* 4, 1964, June: 2 – 7.

[⑤] A. W. Frey, *The Effective Marketing Mix*: *Programming for Optimum Result*, Hanover, NH: The Amos Tuck School of Business Administration, Dartmouth College, 1956.

[⑥] J. A. Howard, *Marketing Management*: *Analysis and Decisions*, Homewood, IL: Richard D. Irwin. inc, 1957.

[⑦] E. J. McCarthy, *Basic Marketing*: *A Managerial Approach*, Homewood, IJ: Richard D. Irwin, Inc, 1960.

莱则（Lazer）和凯利（Kelly）①等学者则采取更为简洁的分类方式，归纳的组合要素数量有十二要素、四要素和三要素等，其中最具代表性的是麦卡锡在1960年出版的《基础市场营销：管理方法》一书中，率先提出的营销组合4P's因素：Product（产品）、Price（价格）、Place（分销）和Promotion（促销）。他认为，市场营销是为了满足顾客需要和实现企业的各种目标，因此不是生产，而是市场决定应该生产什么产品，制定怎样的价格，在什么地方以及为何出售产品或做广告。4P's这一概括简单明了，容易理解和记忆，被视为对营销理论的重要贡献。菲利普·科特勒在1967年出版的《营销管理：分析、规划和控制》（第1版）中，进一步确认了4P's营销组合要素②。从而4P's营销组合理论得到广泛的传播和引用，很快成为几乎所有营销课程的理论基础。

"Marketing Mix"概念，伴随着营销学在20世纪六七十年代传到中国台湾和中国香港，就有了中文"营销组合"的概念③。同时还并存着"营销因素组合"和"营销因数组合"等概念④。1978年，营销学第二次传入中国大陆后，一般都使用"营销组合"一词。

2. 4P's营销组合要素的讨论

4P's营销组合理论自1960年提出，便逐渐成为营销管理学科范式的基本内容，一直受到营销学者的广泛关注，也引发了持久性讨论。除了对营销组合概念的批评声音之外，还有补充论、取代论和修正论三种观点⑤。

（1）补充论。很多营销学者在接受麦卡锡4P's营销组合要素的基础上，对其进行了若干补充。有人增加了代表员工或人员推销的第五个P（People, Personnel or Personal selling），零售营销研究学者加了代表商品展示和布局的P；服务营销学者增加了更多的P，包括参与者（Participants）、物质环境（Physical Evidence）和过程（Process）⑥。营销学者沃尔特·范·沃特斯乔特（Walter van

---

① W. Lazer, and E. J. Kelley, *Managerial Marketing: Perspective and Viewpoints*, rev. edn, Homewood, IJ: Richard D. Irwin, Inc, 1962.
② Phillip Kotler, *Marketing Management Analysis, Planning, and Control*, Prentice-Hall, INC., Englewood Cliffs, New Jersey, 1967.
③ 李飞、贾思雪、米卜：《谁把营销带进了中国——营销学在中国早期传播的史实考证》，载于《营销科学学报》2012年第8卷第4期。
④ 闵建蜀、李金汉、游汉明、谢贵枝：《市场管理》，商务印书馆（香港）1982年版，序言。
⑤ 李飞、王高：《4P's营销组合模型的改进研究》，载于《管理世界》2006年第9期。
⑥ B. H. Booms and M. J. Bitner, *Marketing Strategies and Organization Structures for Service Firm*, in J. H. Donnelly and W. R. Geoge (eds), *Marketing of Services*, Chicago: American Marketing Association proceedings, 1981.

Waterschoot）对上述建议提出了不同看法①，他认为，推销中的人员可以在产品或促销要素中包含；零售营销中的商品展示和布局，也已包含于 4P's 中；服务营销中的参与者如果指服务人员应包括在产品之中，如果指顾客违背了营销组合要素的定义；可控制的物质环境也包含在产品之中，不可控的物质环境不是营销组合要素。

菲利普·科特勒建议增加公共关系（Public Relation）和政治权利（Power）内容，提出大营销的概念②，后来还提出过 10P 的观点，但是已经突破了营销组合要素的边界，本质上是营销管理的要素。有些学者突破了"P's"的局限，补充了更多的营销组和要素。尼尔·博登认为，营销组合包括 12 个要素：产品、价格、品牌、分销、人员销售、广告、营业推广、包装、售点展示、售后服务、物流管理、调研和分析③。

（2）取代论。1990 年，美国广告学教授劳特朋（Robert F. Lauterborn）在《广告时代》发表了《4P 退休，4C 登场》一文，4C's 是指 Consumer（消费者）、Cost（消费者满足需求的成本）、Convenience（便利）和 Communication（沟通）④。之后，他与舒尔茨等人合著《整合营销传播》，书中又强化了"4C 取代 4P"的观点⑤。该书中文版在中国出版后，不少营销界人士宣扬这种主张。实际上，4P's 和 4C's 的关系是手段和目的的关系，产品策略就是满足顾客（消费者）效用需求的手段，价格策略就是降低顾客购买成本，分销是为了实现顾客购买的便利，促销的本质就是信息沟通⑥。

还有人主张用 IMC 取代 4P 理论。IMC 是指 Integrated Marketing Communications，意为整合营销传播。这一理论最早由美国西北大学舒尔茨教授等人提出，其主要内容反映在他们的著作《整合营销传播》中，核心是组合运用各种信息传播手段，以获得明确的、连续一致的和最大的传播影响。但是，主流营销学者认为，传播即沟通，传播手段即沟通手段，因此整合营销传播仅是 4P's 中的一个 P 的内容——促销组合，甚至直接用整合营销传播或沟通取代了第 4 个 P。科

---

① Walter van Waterschoot：《市场营销组合》，参见迈克尔·J·贝克：《市场营销百科》，辽宁教育出版社 1998 年版，第 299~307 页。
② Philip Kotler, "Megamarketing", *Harvard Business Review* 64, 1986, March-April: 117–124.
③ Neil Borden, "The Concept of the Marketing Mix", *Journal of Advertising Research* 4, 1964, June: 2–7.
④ Robert Lauterborn, *New Marketing Litany*: 4P's Pass; C-words take over, Advertising Age, 1990, (Oct): 26.
⑤ Don E. Schultz, Stanley I. Tannenbaum, and Robert F. Lauterborn, *Integrated Marketing Communications: Putting it Together and Making it Work*, Lincolnwood, IL: NTC Business Books, 1992.
⑥ 李飞：《营销 4P 理论真的过时了吗》，载于《北京工商大学学报》2001 年第 1 期。

特勒在《市场营销原理》(第7版)"营销过程"一节中吸纳了4C's的内容,但并没有否定4P's,而是强调从消费者4C's的角度来看待4P's。在《营销管理》(第9版)一书的促销组合部分,使用了整合营销传播概念,作为对促销组合理论的补充和完善。麦卡锡在《基础市场营销:管理营销》(第14版)中,也把促销组合和整合营销沟通作为同义语使用。1996年,舒尔茨提出4R's概念完善整合营销传播理论,即顾客关联(Relativity)、市场反应(Reaction)、关系营销(Relationship)和利益回报(Retribution)①。本书归纳了若干具有影响的观点,详见表7.1所示。

表7.1 营销的"4P's"、"6P's"、"7P's"、"10P's"、"4C's"和"4R's"模型

缩写	内容	评价
4P's	Product(产品)、Price(价格)、Place(分销)、Promotion(促销)——麦卡锡(1960)	营销组合基本要素
6P's	在4P's基础上,增加了Public relation(公共关系)和Power(政治权利)——科特勒(1986)	大营销组合要素
7P's	在4P's基础上,增加了Participants(参与者)、Physical Evidence(物质环境)和Process(过程)——布姆(1981)	服务营销组合要素
10P's	Product(产品)、Price(价格)、Place(分销)、Promotion(促销)、Probing(探查)、Partitioning(细分)、Prioritizing(优先)和Positioning(定位)、Public relation(公共关系)和Power(政治权利)——科特勒(1986)	不是营销组合要素,而是营销管理要素
4C's	Consumer solution(消费者需求)、Consumer Cost(消费者支出成本)、Convenience(便利)、Communication(沟通)——劳特朋、舒尔茨等(1990)	不是营销组合要素,而是营销组合要素关注的目的
4R's	Relativity(顾客关联)、Reaction(市场反应)、Relationship(关系营销)、Retribution(利益回报)——舒尔茨等(2004)	不是营销组合要素,而是营销管理过程要素

资料来源:作者根据相关营销文献料整理。

(3)修正论。有学者认为,4P's的促销组合中包含了销售促进和沟通两个不同的要素,沟通主要是提供信息,加强了解和赢得信任,销售促进主要是克服"行动障碍",加速购买决策。因此,沟通是营销组合的基本要素,而销售促进是营销组合的补充要素,由此得到一个改进的营销组合要素表(见表7.2)②。

---

① 唐·E·舒尔茨、海蒂·舒尔茨:《整合营销传播》,中国财政经济出版社2005年版,第93~95页。
② Walter van Waterschoot:《市场营销组合》,参见迈克尔·J·贝克:《市场营销百科》,辽宁教育出版社1998年版,第299~307页。

表 7.2　　　　　　　　　　一个改进的营销组合要素

营销组合	产品组合	价格组合	分销组合	沟通组合 大众沟通	沟通组合 个人沟通	沟通组合 公关宣传
基本组合	产品基本组合：满足目标顾客需要的要素	价格基本组合：确定产品和服务的价格水平	分销基本组合：确定分销长度和密度	基本大众沟通组合：直接对大众进行信息传播	基本个人沟通组合：人与人直接进行信息沟通	基本公关宣传组合：使第三方进行有力地宣传
促销组合	产品促销组合：买一送一等	价格促销组合：优惠价格等	分销促销组合：临时增加售卖点等	大众沟通促销组合：促销广告、抽奖等	个人沟通促销组合：销售人员竞赛	公关宣传促销组合：由促销活动的有利报道

中国诸多营销学者参与了关于营销组合要素的争论，但是大多是西方已有观点的介绍、复述和评析，即使有些提出了相应的改进方案，也难以令人信服。

3. 3P's + C 营销组合要素

学者们从不同的角度提出了对麦卡锡 4P's 理论的质疑和补充，新的观点越来越多，分歧似乎也越来越大。如何解决分歧？事实证明，仅论述概念已经远远不够，必须在确定营销组合要素选择方法的基础上，进行适当的实证研究。但是，在实证研究之前，需要在理论上重温营销组合要素的定义，列出代表学者的详细营销组合要素表，并删除那些混杂其中的非营销组合要素，最后进行同类项合并，进而建立一个新的营销组合要素内容框架。

（1）列出西方代表学者的营销组合要素表。选择三种具有一定影响的代表性观点进行说明。一是最早提出营销组合概念的尼尔·博登的观点，他较早地通过列表的方法描述了营销组合的基本要素和影响因素。二是最早提出 4P's 概念的麦卡锡的观点，他的观点至今还被广泛沿用。三是具有广泛影响的科特勒的观点。本书没有选择劳特朋的 4C's 理论作为代表观点，因为在西方营销文献中，很少有营销学者将劳特朋和舒尔茨的观点作为调整 4P's 营销组合要素的论据，因为二位学者参与的不是营销组合要素内容的讨论，而是强调营销理念的变革和传播策略向战略的调整，他们不仅不否认产品、定价、分销和传播等四个基本的营销工具，而且还将其作为整合营销传播中信息传达的重要手段[①]。显然，中国

---

① 唐·E·舒尔茨、菲利普·L·凯奇：《全球整合营销传播》，中国财政经济出版社 2004 年版，第 65 页、第 89 页。

学者或是营销咨询人员误解了他们"4P 退休，4C' 登场"的原有意思①。因此，本书仅将前三种观点列表说明（见表 7.3）。

表 7.3   西方代表性学者的营销组合要素

学者名称	博登	麦卡锡	科特勒
代表作品	论文：市场营销组合	著作：基础营销（第 14 版）	著作：营销管理（第 10 版）
出版单位	Journal of Advertising Research 4, 1964, June: 2-7	McGraw-Hill Irwin Inc, 2002	中国人民大学出版社, 2001
营销组合要素内容	1. 产品质量、设计 2. 产品顾客、购买量 3. 新产品研发 4. 商标选择 5. 品牌名称策略 6. 价格水平 7. 价格策略 8. 利润水平 9. 直销渠道 10. 间接渠道 11. 合作关系 12. 人员销售 13. 物流管理 14. 广告创意与组合 15. 营业推广 16. 包装和标签 17. 售点展示 18. 售后服务 19. 调研与分析	1. 产品创意 2. 产品品牌 3. 产品包装 4. 产品保证 5. 产品组合 6. 新产品开发 7. 灵活定价 8. 产品生命周期定价 9. 折扣定价 10. 地理定价 11. 建立分销系统 12. 顾客服务和物流 13. 批发零售策略规划 14. 人员销售 15. 广告和公关 16. 营业推广	1. 产品组合 2. 产品线决策 3. 品牌名称决策 4. 包装和标签 5. 服务策略 6. 新产品开发 7. 制定价格 8. 修订价格 9. 调整价格 10. 渠道设计 11. 渠道管理 12. 渠道动态 13. 批发、零售和物流 14. 广告 15. 营业推广 16. 公共关系 17. 人员推销 18. 直效营销 19. 政治权力

（2）删除非营销组合的主要要素。由前面的文献回顾可知，人们对营销组合要素的定义似乎没有异议，但是在讨论营销组合要素内容时，各自理解发生了一定的偏差。因此，消除分歧的第一件工作应该是重温营销组合要素的定义，并根据定义删除那些不属于营销组合要素范畴的内容。

公认的营销组合要素的定义是：为了获得目标市场的一定反应而组合的一系列与需求紧密联系的可控制要素。定义中明确了营销组合要素必备的两个基本特征：一是直接影响需求，二是可控制。市场研究影响需求但是间接的影响，天气

---

① 2004 年舒尔次先生来清华讲学时，作者曾经与他讨论过这个问题，他没有表示"用 4C's 取代 4P's"作为营销组合的基本要素，而是强调整合营销传播是以顾客为核心，传统 4P's 营销理论是以销售为中心。

直接影响需求但不可控，因此二者属于营销要素，但不属于营销组合要素①。以此为依据进行判断，尼尔·博登提出的"调研与分析"（不直接影响需求）自然不属于营销组合要素。

（3）合并相似的营销组合要素。如果不进行归类，可以永无止息地罗列无穷无尽的营销组合要素，但是为了便于记忆、理解和管理，需要对已有的营销组合要素进行合并同类项的工作。这不仅有理论意义，也有实践意义。营销管理理论的广为流传，不能否认"4P's"的凝练概括、便于传播的作用，可见简洁化的重要意义。

通过归类已有的代表性观点，发现大约有十二个方面的内容：产品、包装、品牌、服务、价格、分销、环境（可控制部分，下同）、广告、公共关系、促销（具体工具）、直效营销和人员推销等。对这些内容进行二次合并，就会得到基本的营销组合要素：产品（产品实体、包装、品牌名称和标志、服务）、价格、分销（渠道和服务环境）、广告、公共关系、促销、直效营销和人员推销等。这八个要素如何合并存在着不同观点和看法，主要分歧集中于促销和沟通内容的理解方面。

（4）3P's＋C营销组合要素框架的提出。目前的主流观点是用沟通组合取代促销组合。科特勒和麦卡锡认为，促销的本质是信息沟通，促销组合内容没有必要改变，他们借用舒尔茨整合营销沟通的概念，取代了原有促销组合的概念，在著作中把促销组合的篇章更名为整合营销沟通（或传播），这在本质上还是麦卡锡的4P's中的Promotion。因此主流营销学者认为，整合营销沟通包括过去促销组合的全部内容，有五项：广告、公共关系、人员推销、直效营销和销售促进。实际上，是用整合营销沟通这个"新瓶"装了"促销组合"的旧酒。

沃尔特·范·沃特斯乔特（Walter van Waterschoot）认为，促销与沟通不能等同。虽然他的观点不及科特勒的观点流传广泛和影响深远，但是似乎更有道理。他认为，销售促进和信息沟通手段没有共性，并非属于同一类型的要素，销售促进是促进短期销售增加，而广告和公共关系才是真正的信息沟通手段。那么，销售促进究竟是什么？早有学者对其有明确的定性：实际上，任何一种销售促进手段不是直接的降价，就是间接的降价，因此本质上销售促进是价格策略的运用，"大部分促销都可以被视为暂时的、广而告之的降价行动"，并将价格策略和促销策略在一章中进行讨论②。长期以来，为了区别具体促销策略与促销组合（Promotion Mix）概念，西方学者发明了"Sales Promotion"的概念，我国学

---

① Walter van Waterschoot：《市场营销组合》，载迈克尔·J·贝克：《市场营销百科》，辽宁教育出版社1998年版，第299~307页。

② 加里·L·利连、阿温德·朗格斯瓦米：《营销工程与应用》，中国人民大学出版社2005年版，第531页。

者发明了"销售促进"和"营业推广"等中文译法，但是在许多文献中和实际工作中，绝大多数人都是用促销来表示销售促进和营业推广。因此仅仅用沟通组合取代促销组合的概念还不够，还必须将不属于沟通内容的促销策略剥离至价格策略中，促销组合概念也应还原为"短期性促销工具的组合"。

同时，人员推销和直效营销两种手段也不是独立的信息传播的工具。当二者与目前销售直接发生联系时，就不是信息传播的工具了，而成为分销渠道的一种形式，理应在分销策略部分讨论；当二者不与销售直接联系起来时，就是广告和公关策略了，理应在相应策略部分讨论。从人员推销（Personal Selling）和直效营销（Direct Marketing）的概念原始含义来讲，更多的是分销渠道策略，即如何将产品和服务送达到目标顾客的手中。前者强调的是人与人面对面的销售（Selling），后者强调的是一个整体营销策略，将沟通策略和渠道策略合为一体。① 因此，人员销售和直效营销理应回到其应该在的分销策略部分。

由此可知，营销组合的基本要素已经不是传统的4P's模型了，而是产品、价格、分销和传播或沟通，即3P's+C模型。这个模型虽然不如4P's模型容易记忆，但是更为科学和合理。同时，价格、分销和传播三个组合要素包括的内容进行了重新调整，让它们各归其位，名副其实。由此可以得出一个改进的营销组合要素的内容框架（见图7.1）。

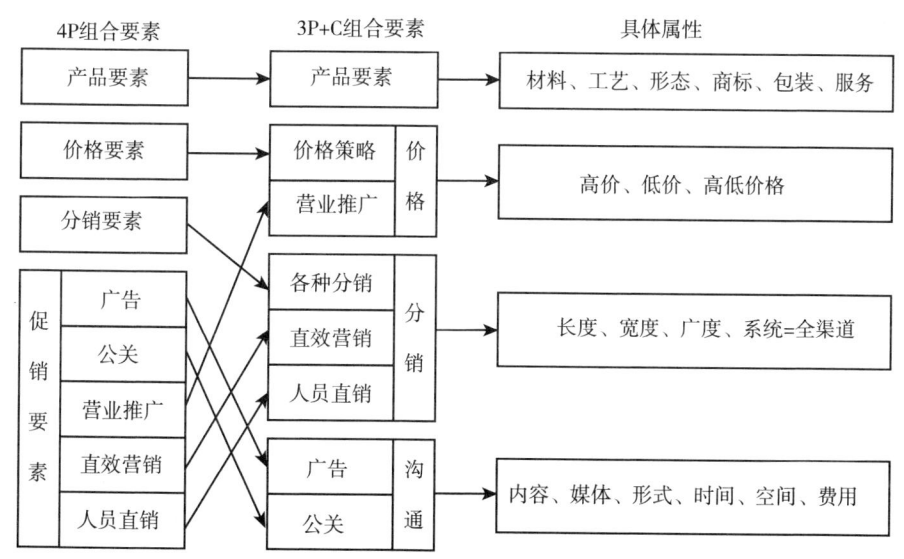

图7.1 一个改进的营销组合要素内容框架

---

① 阿姆斯特朗、科特勒：《市场营销教程（第6版）》，华夏出版社2004年版，第569页。

7.2 营销要素组合的方法

如果说对于营销组合要素内容大体形成了"4P"共识的话,那么对于如何进行这些要素的组合,还不十分清晰,"一直没有找到一个让人信服的答案"[①]。已有营销学文献几乎都涉及四个要素组合的内容,但是多为各要素内部的组合,很少涉及四个要素之间的组合,显然这是令人遗憾的事情。在此,介绍两种组合方法:依目标顾客进行组合和依营销定位进行组合。

1. 依目标市场进行组合

尽管依目标市场进行营销要素组合的话题,不是一个新的话题,但是提供具体方法者还是寥寥无几。庄贵军将这一问题转化为操作性方法,根据目标市场对五个 W(Who, What, Why, When, Where)的需求,进行营销组合要素这五个方面的对应性组合,从而形成了确定营销要素组合方案的逻辑框架(见表7.4)[②]。

表 7.4　　　　　　　　确定营销要素组合方案的逻辑框架

目标市场	营销组合要素					
	产品	价格	分销	促销	关系	其他
Who						
What						
Why						
When						
Where						

运用这个框架的具体方法是,第一,将目标市场在五个 W 方面的需求填写在表格当中;第二,思考在五个 W 的哪一个方面可以为顾客带来价值和减少顾客成本;第三,分析企业在每一个要素上对应可以做的事情;第四,看各项内容是否具有相容性,将相容的部分整合;第五,把选择与整合的结果用文字描述出来。该框架提出人认为,用这个框架讲授营销管理课程,"感觉效果不错"。

[①][②] 庄贵军:《营销管理》,中国人民大学出版社 2011 年版,第 212 页;第 212~213 页。

2. 依营销定位进行组合

顾客在购买一项产品和服务时，常常购买的是一组利益的组合，其中各种利益在消费者心目中的重要性是不同的，企业自身优势也有所不同，这就形成了以定位点为主要诉求点和以非定位点为次要诉求点的营销组合模式，即在把定位点做到优于竞争对手，把非定位点做到行业平均水平的同时，为定位点做出贡献。因此，在实施营销组合策略时，要根据定位点和非定位点画出营销组合的路线图。

（1）营销组合规划流程。依定位进行营销组合规划，包括三个阶段：首先确定四个基本要素（产品、价格、分销和沟通）的利益、属性和价值特征；接着识别谁是定位点，谁是为定位点服务的非定位点；最后将定位点规划为优于竞争对手，将非定位点规划为达到行业平均水平，同时考虑为定位点的实现做出贡献，明确各个要素如何发挥与其位置相匹配的作用（见图 7.2）。

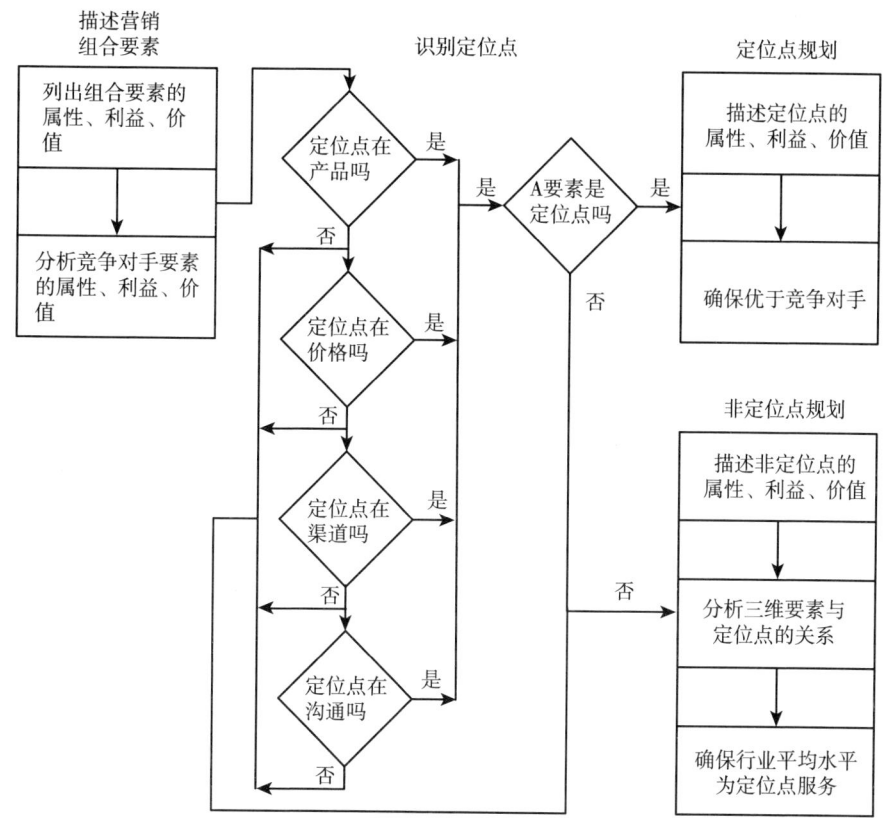

图 7.2 营销组合规划流程

(2) 四要素之间的组合。定位点确定之后，整体营销组合框架随之确定。这就是说，在营销组合中，哪个要素在什么位置，发挥什么作用都受目标顾客和定位点的制约和影响。同时顾客购买的是一组利益，包括主要利益、次要利益和补充利益，营销组合要素要实行与之相匹配的组合（见表7.5）。

表7.5　　　　　　　　依利益和价值为基础的营销要素组合

定位点级别	主要	次要	非定位点
顾客购买的	主要利益	次要利益	基本利益
要素的组合（3P+C）	突出实现主要利益要素	强调实现次要利益要素	补充实现基本利益要素

例如，沃尔玛的利益定位为"为顾客节省每一分钱"，属性定位为"天天低价"，价值定位可以理解为"做个好主妇"。这个定位首先表明价格成为定位点，是营销组合基本要素中最为重要的方面，产品、分销和沟通都要围绕着价格要素进行营销组合，为价格要素服务。其次表明是以低价为竞争优势，那么就意味着产品不能太昂贵，分销必须低成本，沟通必须选择省钱的媒体和方式，沟通内容必须强调便宜而不是奢华和时尚。同时，沃尔玛公司在营销组合四个要素中，除了将价格确定为核心定位点之外，产品方面也实现了优秀，而其他分销便利和信息沟通两个方面仅达到行业平均水平，即价格是最重要组合要素，产品次之，分销和沟通则属于一般组合要素。

(3) 四要素内部的组合。在确定了营销组合基本要素的大体位置和作用之后，每一个基本要素内部也要进行相应的组合，以保证这些作用的实现。这些要素如何组合，会受到目标顾客、市场定位点和整体营销组合情况的制约和影响。

例如，沃尔玛在定位点的价格策略上，倡导天天低价、全部商品低价、每一个店铺都低价，但是最重要的是推出诚实的价格，诚实比更低的价格更重要。在美国的一项调查结果显示：沃尔玛的商品仅有1/3的高于竞争对手，那些低于竞争对手的商品价格，平均每件仅便宜0.37美元，其中有1/3的商品仅节省0.02美元。而且，沃尔玛每家店铺同样商品的价格极有可能是不同的[①]。在产品组合方面，沃尔玛提供人们日常生活需要的丰富商品，但是这些产品有一个共同的特征，即使顾客感到可靠，可以信赖，并将其落实到每一项采购活动之中；同时，尽量降低采购和运营成本。在分销方面，地点的选择使顾客实现购买的便利，但是这一点并没有追求超过竞争对手的水平。在沟通方面，基本不在电视、报纸等

[①] 弗雷德·克劳福德等：《卓越的神话》，中信出版社2002年版，第58页。

昂贵媒体做广告宣传，用直达信函的方式进行商品、服务和价格等方面的沟通，通过一些公益活动树立公司的良好社会形象。

7.3 营销组合选择模型

营销组合无非是产品、价格、分销和沟通四个基本要素的组合，每个基本要素又包含若干属性维度，这些属性维度的不同组合带来顾客利益和价值的组合。如果把这些维度、利益和价值等罗列出来，就会形成一个营销组合选择模型。

1. 营销组合要素属性、利益和价值之间的静态关系

属性是指四个营销组合要素特性维度，而非结果。利益是指为顾客带来的好处，是属性组合的结果，价值是指为顾客带来的精神感受，是利益和属性双重作用的结果。根据前面的讨论，可以大体归纳出相关的属性维度、利益和价值之间的静态关系（见图7.3）。

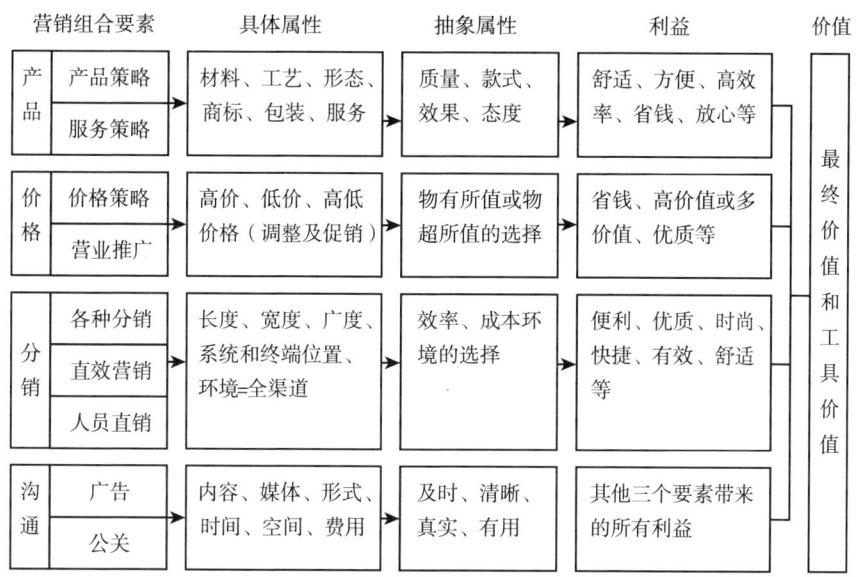

图7.3 营销组合要素属性、利益和价值之间的静态关系

2. 营销组合要素属性、利益和价值之间的动态关系

具体营销要素的组合远远没有举例说明那么简单，而是需要根据目标顾客和定位的要求，比照营销组合静态关系图，进行逐项的研究，最终确定有效的营销组合方案——以佳洁士儿童牙膏的营销组合选择模型为例进行说明（见图7.4）。

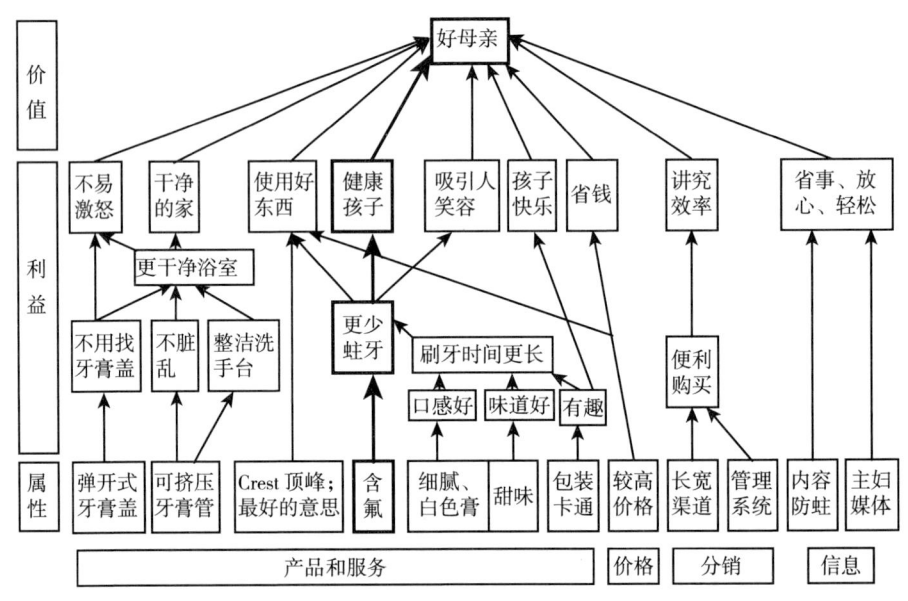

图7.4　营销组合选择模型

佳洁士儿童牙膏的利益定位是"没有蛀牙"，属性定位是"含氟牙膏"，价值定位是"做个好妈妈"。这个定位首先表明，产品成为定位点是营销组合基本要素中最为重要的方面，价格、分销和沟通都要围绕着产品要素来进行营销组合，为产品要素服务。其次表明，以防止蛀牙为竞争优势，产品就必须具有高效的防止蛀牙功能，价格要保证实现这一功能所需的成本，分销必须到达主妇们购买儿童牙膏的终端，沟通必须宣传"防止蛀牙"和"做个好妈妈"，而不是强调便宜或其他。同时，佳洁士公司在营销组合四个要素中，除了将产品确定为核心定位点之外，分销方面也实现了优秀，而其他价格和信息沟通两个方面仅达到行业平均水平，即产品是最重要的组合要素，分销次之，价格和沟通则属于一般组合要素。

总之，营销组合无非是产品、价格、分销和沟通四个基本要素的组合，服务

业需要增加服务和店铺环境两个内容。它们如何组合，取决于已经确定的定位点及非定位点。如果是定位点，就应该把它做到行业的优秀水平；如果是非定位点，就应该把它做到不低于行业平均水平，同时为定位点做出贡献。实际上，有专家和学者提出的"1P+3P"营销模式[1]和"1P"理论[2]都是上述营销组合思想的应用，但又有两点区别：一是前述的两种理论强调的组合要素还是4P，而本书所指的组合要素是3P+C，营销组合要素的重新分类更有利于到位的管理；二是前述的两种理论基本停留在强调4P中一个核心组合要素上，而本书强调的是定位点，这个点不是营销组合要素，而是这个要素带来的属性、利益和价值的链条，每一个营销组合要素带来的利益和价值都有很多，定位点只是其中之一。例如，一台彩电的产品要素带来的利益可能有画面清晰、立体声音、耐用、时尚等，如果定位点是画面清晰，产品要素带来的其他利益不低于行业平均水平即可。

---

[1] 程绍珊、张博：《营销模式》，中国档案出版社2007年版，第32页。
[2] 王建国：《1P理论》，北京大学出版社2007年版，第7~13页。

第8章 依定位进行产品规划

营销组合最基本的要素是产品,因此定位战略的实施常常从产品要素开始。具体思路是:首先明确产品包括哪些内容,接下来依定位进行产品策略的规划,如果产品是定位点所在的地方,就要分析它在产品的哪个维度上,把这个维度做成行业出色或优秀的水平;如果定位点不在产品上,那么产品的各种维度不低于行业平均水平即可。在此基础上,可以建立一个产品规划的选择模型。

8.1 产品规划的内容

企业生产产品是为了销售,但是卖给顾客的产品究竟是什么?很多人会回答是衣服、鞋子、苹果、电视机或电脑等,基本是对产品外在形式的描述,学者们也不断地丰富产品的类别以供企业进行选择。但是,从定位战略角度分析,产品类型或是容易确定或是已经确定,而最为关键的工作是内在特征的规划,即卖给顾客什么样的衣服、什么样的鞋子、什么样的苹果、什么样的电视机或电脑等。可见,了解产品内在的构成要素,是制定产品策略的基础。在回顾已有文献的基础上,需要对此进行相应的归纳和总结。

1. 赛尔多·莱维特对产品概念的贡献

产品是指能够满足人们欲望和需要,并可在市场上获得的一切东西。从形式上看,产品包括物质、服务、活动、人物、地点、组织、经验和创意等。从本质上看,顾客需要和购买的东西不仅是产品实体,而且包含着更为广泛的内容。

赛尔多·莱维特(Theodore Levitt)在1980年出版的《哈佛商业评论》上提出了产品五个层次的观点,即核心产品、基础(形式)产品、期望产品、附加产品和潜在产品[①]。这一观点全面表述了产品的内在构成要素(见表8.1)。

表8.1 产品的五个层次

核心产品	核心利益或服务
形式产品	质量、特色、品牌、包装、式样
期望产品	客户期望获得的属性和条件
附加产品	交货方式、安装、售后服务、保修
潜在产品	未来能对产品做什么

(1) 核心产品是指顾客购买的基本利益和效用。它是整体产品概念的核心,是消费者购买产品时所追求的核心利益和服务。例如,宾馆的核心产品是休息和睡

---

① Theodore Levitt, "Marketing Success through Differentiation-of Anything", *Harvard Business Reveiew*, January-February 1980, 83-91.

眠，影院的核心产品是娱乐，医院的核心产品是健康，化妆品的核心产品是美丽。

实际上，核心产品反映的是产品的有用性，即使用价值，它是营销的重要对象。正像美国莱弗龙化妆品公司查理·莱森（Charles Revson）所言："在工厂，我们制造化妆品；在商店，我们销售希望。"① 也如赛尔多·莱维特所言：购买者不是买四分之一英寸的钻头，而是买四分之一英寸的洞。

（2）形式产品是指核心产品的表现形式，包括产品的质量、性能、样式、品牌、包装和其他属性。如宾馆的形式产品是店牌、建筑物、设备等；影院的形式产品是电影厅、放映机、影片等；医院的形式产品是名称、仪器、治疗等；化妆品的形式产品是品牌、质量、包装等。

形式产品决定或影响核心产品的实现程度，自然也影响消费者对核心产品的判断。可口可乐之所以成为可乐市场的领导者，不是因为它的核心产品优于竞争对手，而是它的形式产品优于对手。

（3）期望产品是指消费者购买产品时希望得到的与产品密切相关的一组基本属性和条件。例如，宾馆的期望产品是干净的床、新的毛巾、台灯和安静的环境，影院的期望产品是画面清晰、没有杂音和环境整洁等，医院的期望产品是干净的房间、准确地诊断和常用药房等，化妆品的期望产品是卫生、没有副作用、效果稳定，等等。

期望产品一般是指顾客对产品的最低要求，因此是顾客购买的基础。对于那些追求低价定位的厂商来说，保持在期望产品层次上也会具有一定的竞争优势。例如仓储商店、经济旅馆等。

（4）附加产品是指产品包含的附加利益和服务，包括送货、安装、咨询、维修、培训等。例如，宾馆的附加产品是宾馆配备的电视、香波、鲜花、免费美餐等，影院的附加产品是送票上门、提供免费小吃等，医院的附加产品是提供保健和上门服务等，化妆品的附加产品是送货、使用指导、无条件退换货等。

附加产品已成为产品营销成败的重要影响因素。但是，附加产品也并非越多越好。因为附加产品会使成本上升，从而要求顾客支付更高的价格。所以，提供附加产品的高级宾馆和提供期望产品的经济旅店都有各自的市场空间，差异就在于价格。

（5）潜在产品是指包括附加产品在内的现有产品可能产生的新用途或新产品。例如，宾馆有可能提供包括家庭式服务的套间，影院可能成为培训的课堂，医院可能成为健康旅馆，化妆品可能成为食品，电视机可能成为网络终端等。

---

① 菲利普·科特勒等：《市场营销导论》，华夏出版社2001年版，第204页。

在进行产品规划时,必须考虑上述五个层次,因为消费者购买某一产品时会考虑到其中的若干内容,而不仅是产品实体本身。退一步说,企业至少需要考虑核心产品、形式产品和附加产品三个层次。假如竞争对手销售的是产品的三个层次,而你的公司销售的产品仅一个层次,就会处于竞争的被动地位,甚至以降低产品价格为代价。

2. 马克·佩里对产品概念的贡献

马克·佩里在回顾已有文献的基础上,提出了一个新的产品概念。他认为,产品包括内在属性、外在属性、表现属性和抽象属性等四个方面,这四个方面有着内在的有机联系,由此建立了一个 IEPA(Intrinsic-Extrinsic-Performance-Abstract)模型(见图 8.1)[①]。

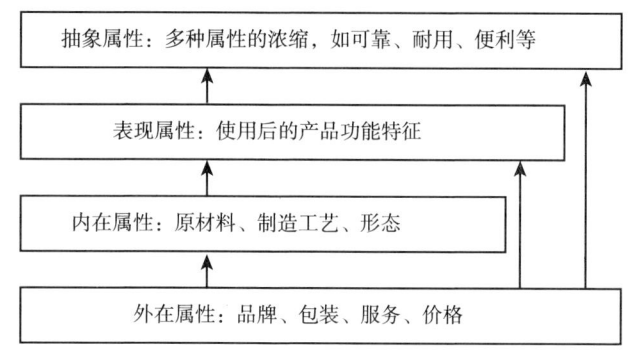

图 8.1　IEPA 模型

产品外在属性包括品牌、包装、服务和价格等(原材料价格),这些是能看到的产品有形外观和无形服务。它直接或通过内在属性(原材料、制造工艺和形态)和表现属性(使用后的产品功能特征)三个路径影响抽象属性,抽象属性是多种属性的浓缩,包括可靠性、耐用性、便利性等方面,抽象属性直接影响目标顾客利益和价值(也就是定位点)的实现。所以产品规划就是在选择这些属性。

3. 菲利普·科特勒对产品概念的贡献

菲利普·科特勒认为,公司常常销售的是一组产品,而不是单一种类的产

---

① 马克·E·佩里:《战略营销管理》,中国财政经济出版社 2003 年版,第 69~104 页。

品。如何选择这组产品的种类和规格就是产品组合管理。它包括四个衡量尺度，即产品组合宽度、长度、深度和关联度（黏度），产品组合决策就是确定这四个维度（见表8.2）①。

表8.2　　　　　　　　　　宝洁公司产品组合的四个维度

清洁剂	牙膏	香皂	纸尿布	纸巾
象牙雪	格利	象牙	帮宝适	媚人
德来夫特	佳洁士	柯克斯	露肤	粉扑
汰渍		洗污		旗帜
快乐		佳美		绝顶
奥科雪多		爵士		
德希		保洁净		
波尔德		海岸		
圭尼		玉兰油		
伊拉				

产品组合宽度是指公司经营的产品线数目。例如，宝洁公司生产5个产品线的产品，即洗衣粉、牙膏、香皂、纸尿布和纸巾等。

产品组合长度是指公司全部产品线包含的全部产品品种数。例如，宝洁洗衣粉有碧浪、汰渍等9种产品，表明其洗衣粉组合长度为9种；另外，牙膏有2种，香皂有8种，纸尿布2种，纸巾4种，因此宝洁公司产品组合长度为25种。

产品组合深度是指某种产品的款式和规格数。例如，佳洁士牙膏有3种规格，2种形式（普通膏和透明膏），佳洁士的组合深度为6种。

关联度是指各条产品线在最终用途、生产条件、分销渠道或其他方面相互关联度的程度。例如，宝洁公司经营的都是清洁用品、生产条件相似、分销渠道可以互相利用，因此宝洁公司的产品组合具有较强的关联度。

4. 卖给顾客的是一组利益和价值

产品规划的目的是为了让顾客获得利益和价值，顾客利益和价值的实现在于产品构成要素的设计。赛尔多·莱维特将其归纳为产品的五个层次，马克·佩里将其归纳为产品的四个属性，菲利浦·科特勒提出多种产品组合的概念。本书的

---

① 菲利普·科特勒：《营销管理》（第十版），中国人民大学出版社2001年版，第479页。

观点是，顾客期望的产品价值来源于利益，利益包括节省时间、节约金钱、节约空间和某种效用等具体功能，这些功能来自于产品的抽象属性，抽象属性包括可靠性、耐用性和便利性等项内容；抽象属性源自于产品内在属性的材料、工艺、形态等方面和外在属性的品牌、包装、服务等方面，以及产品组合的宽度、深度、长度等方面。因此，在前人研究的基础上，本书提出一个产品基本构成要素图，它是产品规划的内容（见图 8.2）。

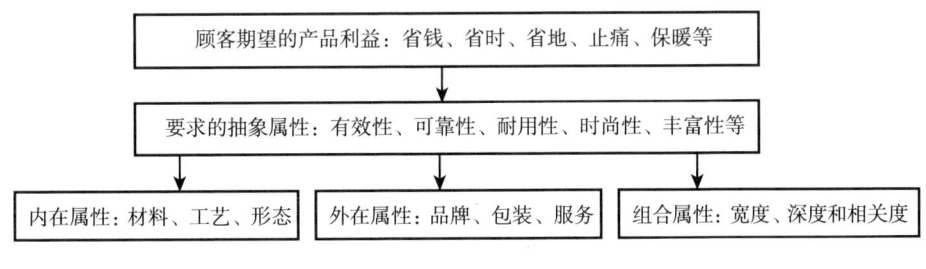

图 8.2　产品的基本构成要素

8.2　产品规划的方法

产品规划的基础是目标市场和市场定位，因此强调依定位进行产品规划。换句话说，产品如何规划取决于市场定位要求产品组合要素所提供的利益是什么。在讨论了产品规划过程后，具体讨论每一个产品属性方面的规划内容和方法。

1. 依定位进行产品规划的过程

每一个定位都要求产品对其做出相应的利益贡献，公司据此做出体现定位利益的产品利益，然后，再根据产品利益确定内在、外在和组合属性。图 8.3 说明了以定位进行产品规划的过程。

第一步，描述产品组合的要素，列出所经营产品的属性、利益和价值，同时列出竞争对手产品的属性、利益和价值。第二步，识别定位点和非定位点，先确定定位点是否在产品方面，如果不在产品而在价格或渠道等方面，对产品就进行非定位点规划；如果在产品方面，产品方面有若干属性，就需要进一步分析在产品哪个属性上，或是款式新颖，或是疗效显著，或是经久耐用等。第三步，进行

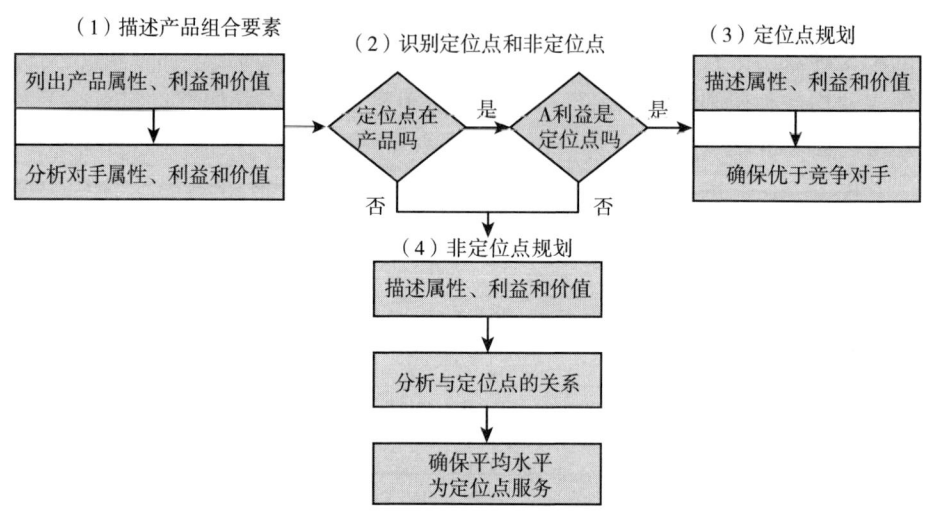

图8.3 依定位进行产品规划过程

定位点规划，如时尚性是某品牌服装的定位点，就要描述在时尚方面的价值、利益和属性是什么，就要保证该款服装款式好，这与设计、面料和品牌都息息相关。所以，即使定位点在产品上，也不必将产品的每个点都做得很好，而是重点做好定位的那一个点。第四步，进行非定位点规划，如果产品是非定位点所在要素，也需要描述这个产品的属性、利益和价值是什么，分析它与定位点的关系，如沃尔玛公司的定位点是价格要素的天天低价，产品不是定位点，但是规划产品时也应当考虑为定位点做出贡献，提供低成本的产品，同时产品质量也要达到行业平均水平。

以零售商店的产品定位为例（见图8.4）。假如一家商店的定位点是产品要素，但是既不是产品质量，也不是时尚性，而是在体现产品组合的产品线上（产品大类多少和花色品种的丰富程度）。定位产品线有两种选择，一种选择是宽而深，即经营许许多多的产品大类，吃穿用住行都包括，但是每个大类中的每种产品的花色品种很少，重点经营全国性知名品牌，仓储商店就有这种定位特征，因为它的目标顾客是机关团体，常常批量购买，不会因为品种少而不购买，这样对某一品牌形成购买批量，从而降低进货价格。另一种选择是，如果产品线的定位点是窄而深，即仅仅经营一或两大类商品，但是这类商品的品牌和花色品种非常丰富，专业商店就有这种定位特征。假如这家商店不是定位在产品线上，那其商品类别和品牌、花色品种达到行业平均水平即可。

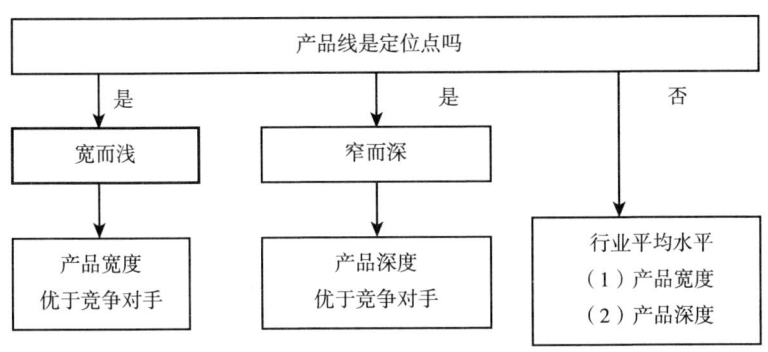

图 8.4　零售商店产品线规划选择过程

2. 规划产品的核心利益

产品的核心利益是指产品功能的有用性，它主要通过产品内在属性和外在属性来实现。公司卖的不是产品本身，而是产品的功能，这个功能即需要规划的产品核心利益。随着科学和技术进步，新的产品会更好地实现原有产品的利益，它就会取代旧产品。如果我们卖的是产品本身，就会因为旧产品的消失而使企业面临困境；如果我们卖的是产品的利益和功能，就会追随新技术开发新产品，企业就可以永续发展。

柯达公司卖的是胶卷的功能——美丽的照片，乐凯公司卖的是产品本身——廉价的胶卷，最终导致两种不同的结果。乐凯只注重销售廉价的胶卷，不关心是否能洗出美丽的照片，放弃了洗出美丽照片的保证——特许洗相店的发展，因此顾客使用乐凯胶卷无法得到美丽的照片。柯达公司致力于让使用柯达胶卷的顾客得到美丽的照片，集中精力发展柯达洗相店，结果表明，柯达、富士、乐凯三家洗相店的市场占有率与三个品牌胶卷市场的市场占有率大体一致。同时由于数码技术可以照出更加美丽的照片，胶卷消费量越来越少，乐凯公司因为卖的是廉价的胶卷而面临困难。相反柯达公司因为卖的是美丽的照片，所以当数码技术可照出更加美丽的照片时，公司就开发数码洗相技术，不断地取得成功。虽然由于数码技术发展过快致使柯达公司申请破产保护，但是仍然有机会利用其领先的数码技术东山再起。

核心利益规划即功能的设计，通过功能的设计满足目标顾客的需求。例如，可口可乐最早是作为头痛药，所以顾客是患头痛的病人，公司为了扩大市场，将可口可乐的功能由止痛药品改为解渴提神的饮料，顾客范围一下子扩大了。

口香糖就是适应顾客需求的产物。早年,美国人里格力的父亲开办了一间肥皂作坊,他帮忙销售,买一块肥皂送一包发酵粉,有顾客说不买肥皂,也别送发酵粉了,"我直接买发酵粉好不好?"里格力转而开始卖发酵粉,谁买一包发酵粉他送谁一块口香糖,后来有顾客说不买发酵粉了,直接买他的口香糖,他转而联系工厂生产口香糖并销售,这就是箭牌口香糖的起源。可见,产品功能的设计必须跟着需求走,而非跟着老板的感觉走。箭牌口香糖公司根据消费需求的变化推出多种口味的口香糖,即绿箭枣薄荷香型、白箭枣兰花香型、黄箭枣鲜果香型、红箭枣玉桂香型。绿箭是"清新之箭",以清雅的口味,令人全身爽快,清新舒畅;红箭是"热情之箭",以独特的口味,使你热情似火,暗喻爱神丘比特的爱之箭;黄箭是"友谊之箭",可以使你与他人迅速缩短距离,打开双方的心扉;白箭则是"健康之箭",广告词说:"运动有益身心健康,但是我们如何帮助脸部运动?请每天嚼白箭口香糖,运动你的脸!"。另外还有箭牌咖啡口香糖、益达无糖口香糖、劲浪超凉口香糖、大大泡泡糖和"真知棒"棒棒糖等。

芭比娃娃,是在满足顾客需求的同时,又创造了一种新的需求,具备这种特征的产品会取得丰厚的利润。如果不考虑法律和道德的约束,毒品是最具有这种特征的产品。如果仅考虑法律的约束,不考虑道德的约束,卷烟和白酒是最具有这种特征的产品。而芭比娃娃,是既符合法律又符合道德的这种产品的代表,她以少女而不是婴儿为原型,孩子们把她视为一个活化的伙伴,竞相购买芭比娃娃。随后公司又相继适时地推出芭比娃娃穿的服装,比如婚纱,以及各种类型的芭比,如小芭比、各国的芭比和芭比娃娃的男朋友等,在满足一种需求等同时,又创造了一种新的需求。

产品核心利益规划的基础还是马斯洛的需求层次理论:第一层次,生理需要;第二层次,安全需要;第三层次,社会需要;第四层次,自尊需要;第五层次,自我实现需要。每一种需要都会衍生出各种各样的产品功能(见图8.5)[1]。

3. 规划产品的内在属性

在产品利益确定之后,就应开始按着产品利益规划产品的内在属性,包括材料、工艺和形态等三个方面。

(1)材料规划。材料规划的目的是让产品的利益功效更明显,或是提高产品的实际使用效果,或是提高顾客的感知使用效果,或是二者兼而有之。例如,

---

[1] A·H·马斯洛:《动机与人格》(第三版),中国人民大学出版社2007年版,第18~30页。

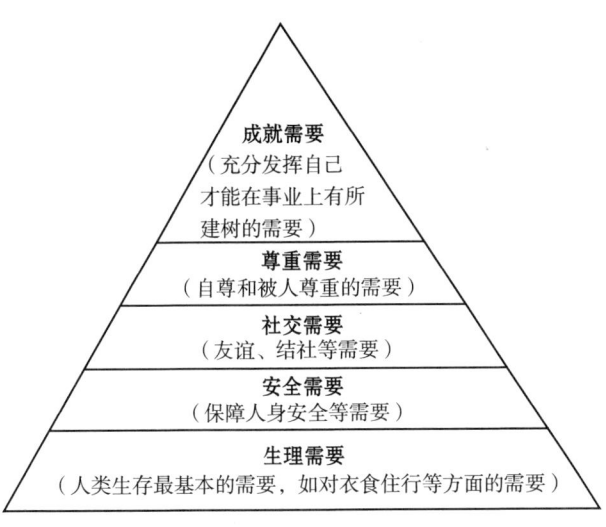

图 8.5 马斯洛的需求层次论

佳洁士儿童牙膏的利益定位是防止蛀牙，属性定位是含氟牙膏，那么在牙膏材料方面就要添加氟，直接提高产品的实际使用效果；天河骨通膏药的利益定位是止痛，顾客评价止痛的感觉是凉爽感和热辣感，那么就应该在膏药原料中加入冰片或是辣椒面，让顾客感受到膏药的直接效果。洗衣粉的利益定位和属性定位不同，也需要添加不同的原料，提高洗净效果的，有酶制剂（蛋白酶、脂肪酶、淀粉酶等）、漂白剂、漂白促进剂等；改善白度保持的，有抗再沉积剂、污垢分散剂、酶制剂（纤维素酶）、荧光增白剂、防染剂；保护织物改善织物手感的，有柔软剂、纤维素酶、抗静电剂、护色剂等。如果顾客根据泡沫的多少来判断洗衣粉的功效，那么还需要在洗衣粉中添加化学成分硬脂酸钠。

（2）工艺规划。工艺规划的目的，是让商品更精致，质量得到充分的保障。例如，登喜路服装的定制过程是与登喜路服装的高品质定位相吻合的（见表 8.3）。

表 8.3　　　　　　　　　　登喜路服装的定制过程

过程	内　　容
1. 预约	顾客到店铺预约，店员协助顾客填写一个定制的表格，包括想要的领型和袖口；与顾客交流，了解其穿着场合、习惯；观察顾客站立和行走姿势。这可能需要一两个小时
2. 量体	为顾客量体，需要 20 分钟左右。衣袖要让衬衫露出 1～2 厘米；肩型非常重要，人们第一眼观察的地方
3. 制作	定制周期为 5～8 周，165 道工序；因面料不同，一套两件西服的起价在 17 000～43 000 元人民币之间，多一条西裤起价为 4200 元人民币，多一件衬衫起价为 2150 元人民币

（3）形态规划。形态规划的目的，是使产品使用更加便利和外形更加漂亮。例如，美国弗吉尼亚州的两个邮递员汤姆·科尔曼和比尔·施洛特突发奇想，用电池驱动一个小马达，再通过减速齿轮使棒棒糖旋转起来，孩子们吃糖时腮帮子不酸了，而且好玩。在1993—1999年6年中，卖出6000万个，每个售价2.99美元。电动牙刷一上市，价格高达50多美元。约翰·奥舍受旋转棒棒糖技术的启发，制造出5美元一支的电动牙刷。2000年一年就卖出1000万支。宝洁于2001年元月收购了奥舍的公司，首次预付1.65亿美元，3个创始人在3年内留在宝洁公司，以后根据销售额再向他们支付提成。但是，产品卖疯了，宝洁担心付给他们的钱超过预期，提前结束了合同，又一次性付给他们3人3.1亿美元，共计4.75亿美元[①]。可见让静的东西动起来，产品就发生了很大的改变。同理，让产品外形更加漂亮，也会增加产品的附加价值，特别是形象性品牌更是如此。

4. 规划产品的外在属性

产品的外在属性包括商标、包装和服务，外在属性应该反映产品的核心利益和内在属性，也必须以市场定位进行规划。

（1）商标设计。商品设计即品牌设计。在产品策略中，品牌是一种名称，术语，符号，或其他与同类商品和服务相区别的特征。它包括名称、标志和标识语三个内容。

品牌名称是可以发出声音的部分。品牌名称应当具备如下特征：第一，目标顾客喜欢。正例如百事可乐；反例如天津一家娱乐城名为"塔玛地"。第二，符合市场定位。正例如内联升鞋，市场定位于坐轿子的宫廷人，"内"意为宫廷；"联升"意为连升三级，官运亨通；反例为广东一家纸尿布厂，为了借用小布什的谐音，将产品品牌名称定位"小布湿"，意思是反向的了。第三，简单凝练。正例如耐克，简单明了；反例如一家牧场主将自家牧场起名为杰瑞斯吉莲娜快乐梦想牧场，牛等牲畜禁不住在身上烙这么多字纷纷死去。第四，容易传播。正例如家乐福、宜家、百安居等；反例如章太炎给三个女儿起了非常晦涩难懂的名字；大女儿章㠭（音掌），是展字的古写；二女儿章叕（音力），是窗格的意思；三女儿章㗊（音儿），是众口的意思。由于没有几个人能叫出她们的名字，到了谈婚论嫁的年龄也没能嫁出去[②]。第五，与产品有关。正例如飘柔洗发水；反例

[①] 粒子：《奇迹，与一个简单的发明》，载于《羊城晚报》2006年3月7日。
[②] 周护猫：《章黄二飒》，载于《格言》2004年第7期。

如广东一位家长将双胞胎儿子起名为"中共中央"。第六，与众不同。正例如柯达、松下、Sony 等；反例如张伟，据 2007 年公安部全国公民身份号码查询服务中心提供数据显示，全国已有超过 29 万人的重名。第七，正向联想。正例如清朝人朱彭寿的字号诗，许多老字号的名称来源于该诗："顺裕兴隆瑞永康，元亨万利复丰祥。泰和茂盛同乾德，谦吉公仁协鼎光。聚义中通全信义，久恒大美庆安康。新春正合生成广，润发洪源厚福长"；反例如一家餐馆将炒豆芽命名为"勾勾搭搭"。

品牌名称可以采取四种策略①。一是个别品牌名称，即一种产品一个品牌名称，如宝洁的洗衣粉有汰渍、碧浪等品牌名称；二是通用家庭品牌名称，即公司的全部产品用一个品牌名称，如亨氏、佳能和通用电气公司等；三是个别家族品牌名称，不同类别产品使用不同的品牌名称，如西尔斯公司器具类产品用"肯摩尔"，女性服装用"瑞溪"，家用设备用"家艺"。四是公司名称与个别产品名称相结合，如凯洛格公司的凯洛格克利比大米、凯洛格麦皮葡萄干等。

品牌标志是表现产品的符号和图案设计，一般应该具有九个方面的特征（见表 8.4）②。品牌标志大多与名称有一定的关联，一是直接用名称作为标志，如柯达的 K 和麦当劳的 M；二是用符号或图形解释名称，如三菱与欧米茄的符号标志，骆驼香烟的图形标志。当然也有一些标志与名称关系不大，如可口可乐的飘带和耐克的"对钩"，万宝路则是两匹马护卫的皇冠。成功品牌标志的共同的特征：一是简洁凝练，如宝马标志是由蓝白两色分成四色的园，耐克的标志仅仅是一个勾；二是独特新颖，如麦当劳叔叔、肯德基上校、米奇林轮胎等。

表 8.4　　　　　　　　　品牌标志的九个特征

评估指标	含　义
a. 远见	预见未来
b. 意义	凝练价值
c. 真实	与品牌相符
d. 差异	与众不同
e. 持续	相对稳定
f. 一致	发出一种声音
g. 灵活	有助于品牌延伸
h. 承诺	对质量的承诺
i. 价值	创造价值

---

① 菲利普·科特勒：《营销管理》（第十一版），上海人民出版社 2003 年版，第 478 页。
② 艾丽娜·惠勒：《商业标识创意与设计》，电子工业出版社 2005 年版，第 13 页。

品牌标识语是表现品牌文化和内涵的一句口号，应该具有句子短、差异化、易定位、易传播、正向性和受保护等特征。品牌标识语按语气可以分为祈使句，如耐克的"Just do it"；陈述句，如诺基亚的"科技与人为本"，戴比尔斯的"钻石恒久远，一颗永流传"；还可以是感叹句等。

（2）包装设计。在自选的购物方式不断增多的条件下，包装成为无声的"推销员"，包装本身需要说话，甚至成为一个诉求自己利益定位点的5秒钟的广告。产品的包装设计，必须依定位进行相应的规划设计。具体包括十个步骤：明确目标和定位、开展调查和成立专业团队、进行研究、了解法律要求、研究性能要求、确定印刷规格、确定结构设计、确定文字内容、制作样品和评估选择（见图8.6）①。

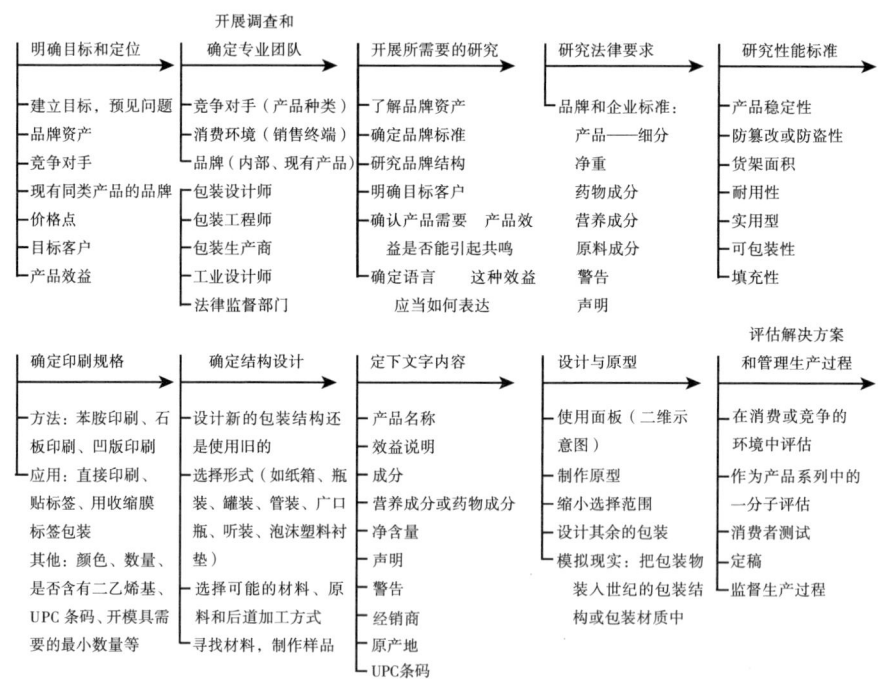

图8.6 包装的制作过程

强势品牌的包装有三个特点：一是大多经历了从便利化到标志化到人格化的转变过程，例如可口可乐，最初是散装的，只能到店里去喝，后来装进瓶子里，可以随时随地地喝，再后来开发出独特的瓶形，称为品牌的一部分，现在补充了

---

① 艾丽娜·惠勒：《商业标识创意与设计》，电子工业出版社2005年版，第104页。

人格化因素，将目标顾客喜欢的明星印在包装上。二是其包装图案具备简化、突出产品和注意忌讳等特征。三是包装色彩围绕着红、黄、绿、蓝进行组合，例如，柯达、富士、IBM、可口可乐、百事可乐等，因为这些颜色的穿透力最强，在很远的地方就可以看清。

包装设计还需要讲求商业伦理。被很多人津津乐道的"开大牙膏管口"是违反商业伦理的。2005年2月14日《新民晚报》发表了张弘的文章《儿童牙膏管口太大》印证了这个观点。文章说，日本儿童牙膏管口细如针孔，法国牙膏管口也不过细如毛线针，而中国儿童牙膏管口粗如铅笔。因此，一支40克的牙膏，日本孩子可以用一个半月，中国孩子用不到一个月。中国牙膏不仅管口太大，电视广告还告诉孩子们要挤用长长的一条。齿科专家认为，6岁以下儿童仅用豌豆大小的牙膏即足够刷牙一次，过多会产生毒性，如出现色斑牙或引起腹痛。

（3）服务设计。产品策略中的服务设计主要是指产品的售后服务设计，核心是服务质量管理。服务质量是指公司提供的服务产品满足目标顾客需求的程度。人们常常用顾客满意度来确定服务质量的高低。服务质量管理是指公司为了实现一定的目标，对服务质量进行计划、组织、执行和控制的过程。关于服务设计的内容将在第9章详述。

5. 规划产品的组合属性

在现实公司营销活动中，随着企业规模的不断扩大，拓展的产品领域越来越宽，但仔细分析会发现，有不少产品是顾客不需要的，或是与自身定位不相符的，没有带来利润，它是靠其他盈利产品来养活的。改变这种产品结构对于公司的长远发展至关重要，方法是实行科学的产品组合决策。具体内容包括：对现有产品线进行分析和选择，执行适当的产品组合策略，最终实现产品组合的合理化和效益化。

（1）分析产品组合状况。公司要使各种产品线和各种产品品种之间的组合合理化，既能适应市场需要，又能使企业盈利最大，需要采用一定的方法，分析现有产品组合状态。常用的方法有效益分析法和竞争分析法。

效益分析法，是对每一个产品线和产品品种进行利润贡献分析，分别列出它们的销售额贡献和利润贡献，然后确定各自在公司整体发展和竞争中的地位和重要性。这是进行产品组合决策的基础。例如，一家百货商店对产品线分析后发现，各类产品销售额占总销售额的比例分别是：服装产品50%，化妆品30%，家电品 10%，家具 8%，其他 2%。但是，家电品的利润额占公司总利润额的比例为零。最终这家百货商店消减了家电产品线，增加了体育用品产品线经营。

竞争分析法，是对每一个产品线和产品品种进行竞争分析，分别列出它们在与竞争对手比较中的优势和劣势，同时结合企业发展战略进行产品线的调整，这里需要结合定位策略进行分析。对于中小公司来说，常采用躲避竞争者的策略。大公司则常常采用扩展产品线的策略包抄市场。例如，百事可乐的产品线与竞争对手可口可乐有着某些相同之处，就是竞争分析的结果，可口可乐公司有可口可乐碳酸饮料，百事可乐公司有百事可乐碳酸饮料；可口可乐有柑橘味的芬达，百事可乐有类似的美能达。又如箭牌口香糖公司，将口香糖产品线的品种扩大，全面占领市场，绿箭属于绿色薄荷香型，定位于清新，产品利益是令人全身爽快，清新舒畅；红箭属于红色玉桂香型，定位于热情，产品利益是令人热情似火，爱情久远；黄箭属于黄色鲜果香型，定位于友谊，产品利益是令人缩短距离，打开心扉；白箭属于白色兰花香型，定位于健康，产品利益是令人健康，运动你的脸。

（2）选择产品组合策略。在进行产品线现状分析之后，依据分析的结果可以对产品组合进行相应的调整。这种调整的内容主要是改变产品线，一般有两种选择：调整产品线的长度和调整产品线数量。

第一，调整产品线长度。它有两个含义：增加产品线的品种或品牌，被称为产品线延长，反之则称为产品线缩短。产品线延长，包括向下延长、向上延长和双向延长。向下延长，一般是指将产品线由高档扩展至中档、由中档扩展至低档。向上延长，一般是指将产品线由中档扩展至高档、由低档扩展至中档。双向延长，一般是指将产品线由中档向高档和低档两方面扩展。它们各自的特征和使用条件见表 8.5。

表 8.5　　　　　　　　　产品线延长的类型和适用性

延长类型	优缺点	适用条件
向下延长	优点是增加市场空间，缺点是可能影响形象	用高档品牌声誉吸引大众消费者；高档品牌市场扩展缓慢；目标市场为大众消费者；填补空白
向上延长	优点是增加利润空间，缺点是被认可较难	高档市场的确利润丰厚；企业营销资源条件许可；产品线需要重新定位
双向延长	优点是增加市场和利润空间，缺点是定位模糊	有实力进行市场扩张；成为市场领导者或是挑战者；填补市场空白等

产品线缩短,包括向下缩短、向上缩短和双向缩短。向下缩短,一般是指将产品线高中档缩短至中档或低档。向上缩短,一般是指将产品线由中高档缩短至高档、由低中档缩短至中档。双向缩短,一般是指将产品线从高档和低档两方面向中档缩短。产品线缩短策略一般是在裁减目标消费群体、实施集中化定位时使用,目的是集中企业资源更好地为目标顾客服务,取得竞争优势。

第二,调整产品线数量。增加产品线的数量被称为产品线拓宽;反之则称为产品线消减。前者将导致产品的多元化发展,后者将导致产品的专业化发展。

在产品线数量增加时,增加的产品线与原有产品线之间要有良好的相关性,使原来的营销资源可以共享,否则很难取得理想的效果。麦当劳公司成功的一个重要原因是进行合理的产品线拓宽,在经营麦当劳店铺的同时,开始了房地产的经营,否则麦当劳早已经销声匿迹了。中国有一家著名的洗衣粉公司,盲目向纯净水领域拓展,并沿用洗衣粉品牌至纯净水产品,结果以失败而告终。

在产品线数量减少时,减少的产品线应该是没有发展前景,或是公司对其没有竞争优势的部分。保留下来的产品线应该是公司的核心业务,公司对其拥有明显的核心竞争力。在实施减少产品线数量策略时,常常是公司的发展战略发生了变化,或是市场定位需要进行调整。根本原因是产品线隐含着不赢利的内容或是蕴含着风险。

百事公司的成功发展史,实际上就是产品线数量调整的历史。1965—1980年,为了适应全球化的需要,百事公司进行大规模的产品线扩充,涉及的产品线有:饮料、食品、快餐、运动用品、货物运输和建筑工程等。从1984年开始,百事公司进行了大刀阔斧的产品线缩减,卖掉了与核心业务关系不大的产品线,仅保留了软饮料、小食品和餐馆三大核心业务,取得了明显的竞争优势。但进入20世纪90年代之后,可口可乐对百事可乐、麦当劳对肯德基展开了更为激烈的竞争,百事公司无力同时与两个世界顶级公司对抗,竞争处于不利地位。1997年百事公司再次消减产品线,将由必胜客、肯德基和泰科·贝尔组成的百盛全球餐饮公司分离出去,集中软饮料和小食品两个产品线,最终成为世界第五大饮料和食品公司。

产品线长短宽窄组合策略各有优劣势,必须依据消费者需求、市场竞争和企业资源状况进行评估选择。表8.6列出了联合利华(中国)公司的产品组合情况①。它表明,产品线既不是越长越好,也不是越短越好;既不是越宽越好,也

---

① 王先东:《现代营销人员常用词典》,机械工业出版社2004年版,第24页。

不是越窄越好，而是适合为最好。

表 8.6　　　　　　　　　联合利华（中国）公司的产品组合情况

产品组合宽度	产品组合长度
1. 洗发护发产品	夏士莲系列产品、力士系列产品
2. 美容护肤产品	夏士莲系列产品、旁氏系列产品、多芬系列产品、阳光系列产品
3. 个人洁肤产品	夏士莲系列产品、力士系列产品、多芬系列产品、阳光系列产品
4. 口腔护理产品	中华系列产品、洁诺系列产品
5. 家用洗涤产品	奥妙系列产品、金纺系列产品、芳草系列产品、阳光系列产品
6. 茶类饮料产品	立顿系列产品、京华系列产品
7. 美食拌酱产品	以百仕福为企业背书品牌，下有四季宝和好乐门品牌
8. 调味品产品	以百仕福为企业背书品牌，下有家乐和老蔡品牌
9. 冰淇淋产品	以和露雪为企业背书品牌，下有百乐宝、梦龙和可爱多等品牌

8.3　产品规划选择模型

依定位进行产品规划的核心，是看产品是不是定位点所在的要素，如果不是的话，就要围绕着定位使其达到行业平均水平；如果是的话，就要分析定位在产品的哪个利益点上，通过产品利益定位点—抽象属性—内在属性—外在属性—组合属性，进行相应规划，使定位点达到优秀和出色的水平。

1. 产品规划的一般模型

顾客在购买一个产品时，不是仅仅购买一个利益定位点，而是购买一个利益组合，因此产品规划需要使利益定位点优于竞争对手；非利益定位点的产品，各方面也需要不低于行业平均水平。结合前述的分析和讨论，可以建立一个产品规划的一般模型（见图 8.7）。

2. 舒适性纸尿布的案例分析

舒适性纸尿布，价值定位点是做个好妈妈，利益定位点是快乐的宝宝和健康的宝宝，属性定位点是含有舒适功能的材料，包括内部衬垫、凝胶技术和芦荟

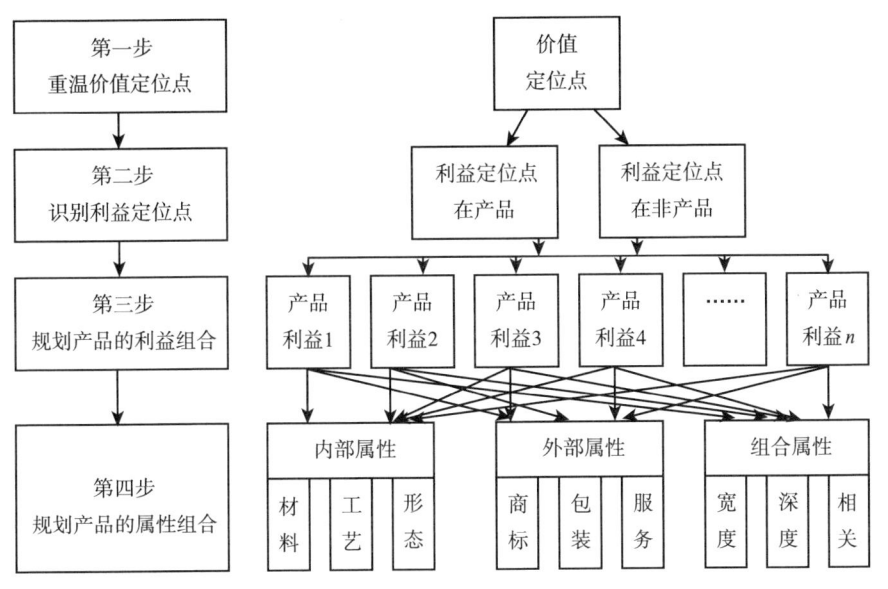

图 8.7 产品规划的一般模型

等。同时还有一些非定位点,或是直接为定位点服务,或是作为定位点的补充。例如为了孩子舒适,需要预防尿布湿疹,这就需要在尿布中加入矿脂、乳化剂,应用湿疹预防带技术等。这些同样说明,以定位点为中心,价值—利益—属性系列化地进行产品规划,才能最终实现以定位进行产品规划的目的。图 8.8 表明舒适性纸尿布依定位进行产品规划的思路①。不过,该案例仅仅表明了依定位进行产品规划的内部属性(材料、工艺和形态),没有涉及外部属性和组合属性,在实际产品规划过程中,也应该包括外部属性和组合属性。

本章主要讨论了依定位进行产品规划的问题,具体包括三个方面的内容:一是明确了产品规划的内容,分为内部属性的材料、工艺和形态,外部属性的商标、包装和服务,以及组合属性的宽度、深度和相关度;二是讨论依定位进行产品规划的方法,简单地说,把定位点方面做成优于竞争对手,把非定位点方面做成不低于行业平均水平,同时为定位点做出献;三是建立了一个产品规划的选择模型,由价值点规划产品的利益定位点和利益非定位点,再根据产品的利益组合进行产品的属性组合。

---

① 马克·佩里,弗吉尼亚大学高露洁达顿工商管理研究生院讲义:《好奇小小游泳者》(Huggies Little Swimmers),案例号:UVA-M-0643TN,2001。参见马克·E·佩里:《战略营销管理》,中国财政经济出版社 2003 年版,第 146 页。

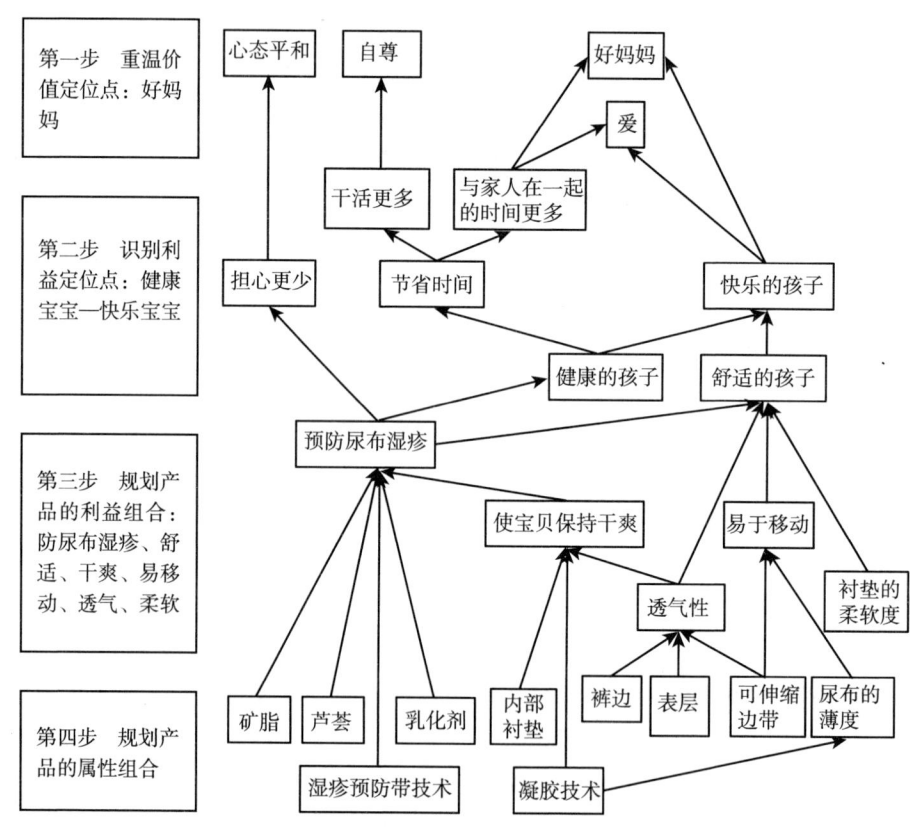

图8.8 舒适性纸尿布依定位进行产品规划

第9章 依定位进行服务规划

> 无论是制造业,还是服务业,服务都变得越来越重要,因此本章将专门讨论服务要素从产品要素中剥离问题。具体思路是:首先明确服务包括哪些内容,之后依定位进行服务策略的规划,如果服务是定位点所在,就要分析它在服务的哪个维度上,把这个维度做成行业出色或优秀的水平;如果定位点不在服务上,那么服务的各种维度不低于行业平均水平,同时争取为定位点做出相应的贡献。在此基础上,可以建立一个服务规划的选择模型。

9.1 服务规划的内容

在界定服务概念、种类的基础上,本节探讨服务规划的基本内容或曰基本要素,这些要素是进行服务规划时必须考虑的内容。

1. 服务的定义

服务是指向消费者提供某种物品供使用(不转移所有权)、出借某种劳动力或专业技能,使顾客获得收益并向服务提供者支付费用的行为,服务与物品的最大区别是具有无形性。顾客获得的收益,通常是某种体验和问题的解决方案。

有学者认为,服务实际上就是一种租借。其包括五种租借形式:商品的租借,如租车、租建筑机械等;空间的租借,如房屋租赁、交通工具等;劳动力的租借,如房屋清洗、家电维修、管理咨询等;物质环境的租借,如公园、展销会和公路等;系统网络的租借,如通信、银行、天然气等[①]。

2. 服务的种类

根据不同的标志,可以将服务分为不同的类别(见表 9.1)。对于不同类别的服务,顾客关注的要素有所不同,自然会导致不同的服务组合策略的形成。

表 9.1   服务类型

服务分类与维度		分类矩阵举例		
1. 服务行动的本质维度:服务行动属性和什么或谁是服务接受者	服务行动属性	服务接受对象		
			人	物
		有形活动	健康保健、美容、娱乐等	货运、干洗、兽医等
		无形活动	教育、信息服务、娱乐等	银行、法律、保险等
2. 与顾客的关系维度:交付服务属性和关系的类型	交付服务属性	关系的类型		
			会员关系	非正式关系
		连续交付	保险、银行等	警察、电台、灯塔等
		非连续	月票、剧院预约、长途电话等	租车、邮政服务、电影院等

---

① 洛夫洛克、沃茨和周:《服务营销精要》,中国人民大学 2011 年版,第 10~11 页。

续表

服务分类与维度		分类矩阵举例		
3. 服务交付程式化和判断主体	接触顾客人员判断程度	服务的程式化程度		
			高	低
		高	法律、建筑设计、教育等	大规模教育、保健制度等
		低	酒店服务、零售银行交易、高档餐馆等	公共运输、器具修理、电影院等
4. 服务需求和供给的状况	高峰需求经常	需求波动		
			宽	窄
		没太拖延就满足	电力、电话、消防服务等	保险、银行、法律服务
		经常超出能力	饭店、剧院、旅客运输等	没有充分容量的直接服务
5. 交付服务的方法维度：谁移动和地点	谁找谁	服务地点		
			单一地点	多地点
		顾客去机构	剧院、美发店等	公共汽车、冷餐连锁店等
		机构找顾客	保护草坪、出租等	邮政、应急处理
		随时	信用卡、电视台	广播网、电话公司

3. 服务的要素

关于服务的要素，学者们有诸多的讨论，列出的项目也相当繁杂。比较有影响的观点可以归纳为两种思路：一种思路是基于产品层次的观点，一种思路是基于服务功能的观点。

（1）基于产品层次的观点。在有形产品规划中，曾经讨论了核心产品、有形产品和附加产品等，根据这种思路，有学者提出了服务包括核心服务、附加服务和传递过程。在服务营销组合要素中，就有学者认为包括服务、人员及服务传递过程等内容。这些观点一脉相承。核心服务，是指向顾客提供核心利益和解决方案的服务活动；附加服务，是指与核心服务获得相关的服务活动，诸如提升获得的便利性、增加附加价值等；传递过程，是指那些用于传递核心服务和附加服务的服务活动。

例如，一家酒店的核心服务是提供住宿，核心服务的传递过程包括：①对人体（非物体）进行处理；②铺床、提供浴室毛巾和清洁房间等服务；③安排入住时间的效率；④服务水平。相应的附加服务包括预定、停车、入住/退房、行李搬运、用餐、电视、客房服务、电话等，附加服务的传递过程，就是相应的服务流程（见图9.1）①。

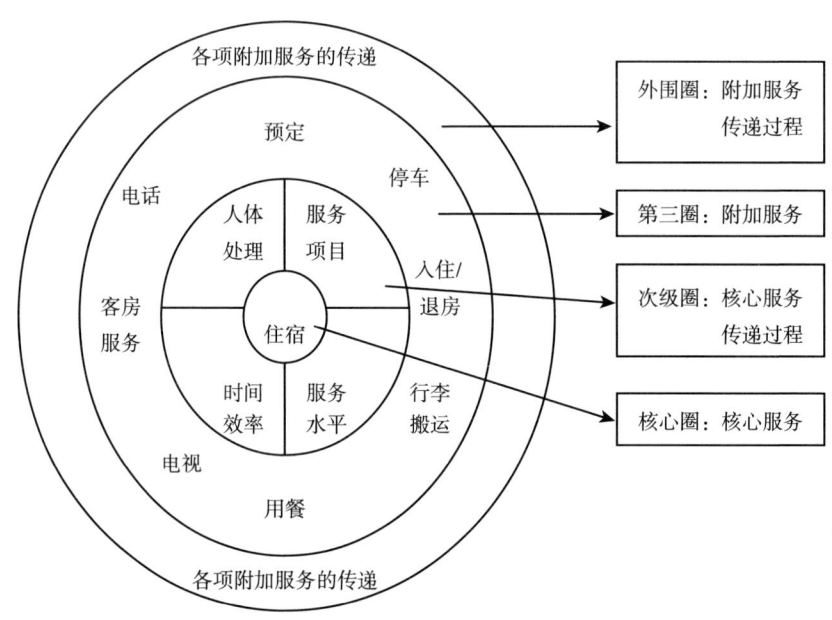

图 9.1　一家酒店基于产品层次的服务内容

（2）基于功能层次的观点。洛夫洛克根据服务的功能，在1992年提出了服务之花的概念②。这朵服务之花，包括花蕊和八个花瓣，花蕊为核心服务，八个花瓣包括四个促进型服务，四个强化型服务。促进型服务是服务传递过程必备的要素，也可以为核心服务使用提供帮助，包括信息、订单处理、结算和付款等内容；强化型服务是为顾客提供额外价值的服务，包括咨询、接待、保管和例外服务等。这些要素构成了一朵服务之花（见图9.2）。服务之花提出者洛夫洛克等人认为："在一个设计精良、管理到位的服务企业中，花瓣和花蕊都是新鲜且发育良好的。设计拙劣或传递粗糙的服务，就如同一朵花瓣残缺或干枯的花，即使

---

① 该图修改自洛夫洛克、沃茨和周：《服务营销精要》，中国人民大学2011年版，第67页。
② C. H. Lovelock, *Cultivating the Flower of Service: New Ways of Looking at Core and Supplementary Services*, 1992, In P. Eiglier. & E. Langeard (Eds), *Marketing, Operations, and Human Resources: Insights into Services*, 296–316. Aix-en-Provence, France: IAE, Université d'Aix-Marseille Ⅲ.

花蕊是完美的，花朵看起来也毫无美感"①。

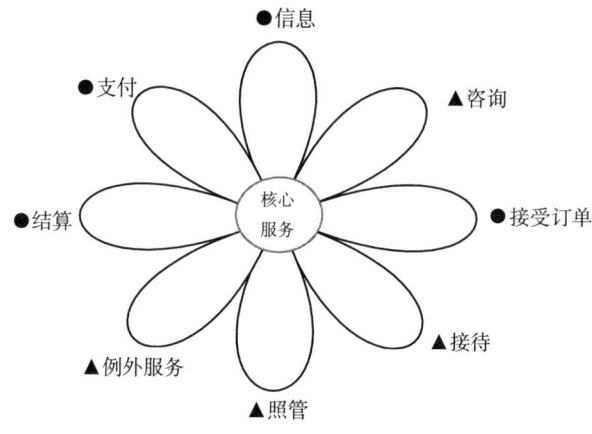

图 9.2　服务之花

4. 服务规划的内容

在前人已有研究成果的基础上，本章归纳出服务规划的基本内容，大体包括四个方面的内容：核心服务、附加服务（包括促进型服务和强化型服务）、服务组合和服务传递（本质上是服务流程问题）。

（1）核心服务是指实现顾客核心利益的服务，例如宾馆提供住宿、餐馆提供饮食、学校提供教育、医院提供健康等。核心服务规划一般包括服务商标和服务内容的决策。

（2）附加服务是指保证核心服务实现并增值的一系列服务行为，包括促进型和强化型两个类型，具体内容如前所述。

（3）服务流程是指服务传递的具体过程，一般包括编制服务蓝图和管理服务行为。实际上，服务流程应属于流程规划的范畴，但是为了体现服务规划的完整性，在这里一并讨论。

（4）服务组合是指一个单位提供服务的类别和品牌数，以及相应的关系。类别是指服务产品的宽度和深度，品牌数是指采用的商标数量。

将前三项内容整合在一张图上，就会清晰地呈现服务规划的具体内容（见图9.3）。其基本逻辑是：①率先确定核心服务；②接着规划附加服务，附加服务本质上就是核心服务的传递过程；③第三步规划服务流程，实际上是附加服务

---

① 洛夫洛克、沃茨和周：《服务营销精要》，中国人民大学2011年版，第68~69页。

的传递过程。图中的●表示促进型服务，▲表示强化型服务。

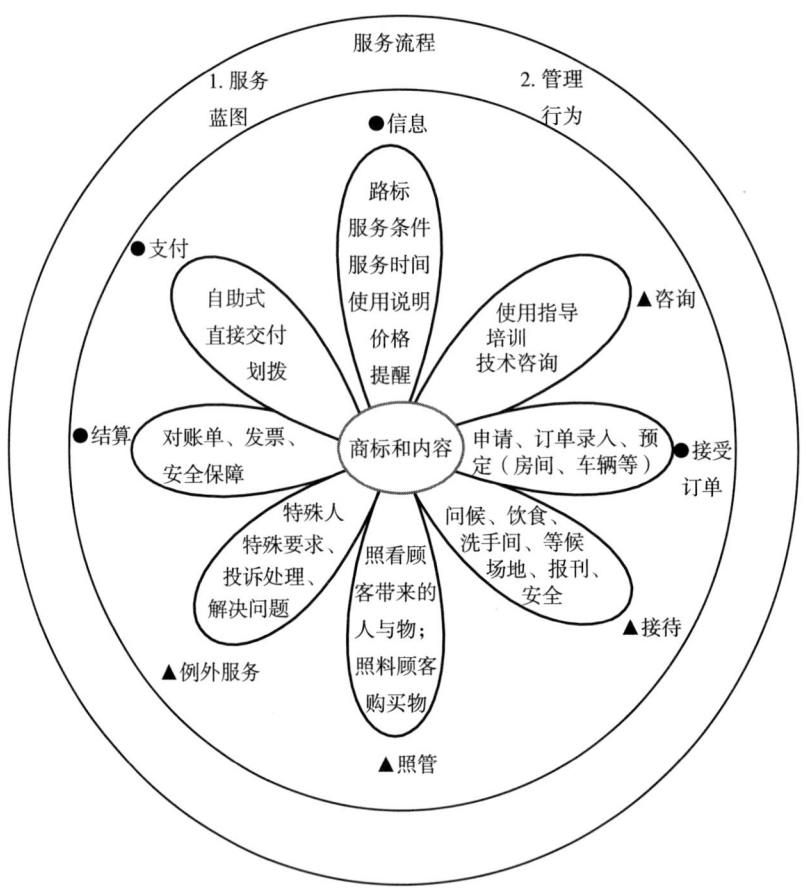

图 9.3　服务规划的基本内容

至于服务组合，常常涉及多品牌服务策略，需要将每一个品牌的规划按着三个步骤走一遍，最后形成一个包括诸多服务之花的花束。例如，中国移动公司推出的全球通、神州行和动感地带三大品牌，就形成了包括三朵服务之花的花束。其逻辑与产品组合相似，这里不再赘述。

由于服务行业并非都是无形服务提供者，还包括大量的有形产品或服务，诸如餐饮业和零售业等，图9.4 表明了从有形产品到无形服务的演变过程①。对于食盐类产品，基本不需要相应的服务，因此按照第 8 章的逻辑仅仅进行产品规划

---

① Shostack，"Breaking Free from Product Marketing"，*Journal of Marketing*，1977，（41）：73 - 80.

就可以了；对于教育类产品，基本没有有形产品参与其中，因此按照本章所讲的仅仅进行服务规划就可以了；对于快餐店来说，有形产品和无形服务各占50%左右，就需要进行两方面的规划，一个简单的办法就是将图9.3中的核心服务改为核心产品——饮食就可以了。

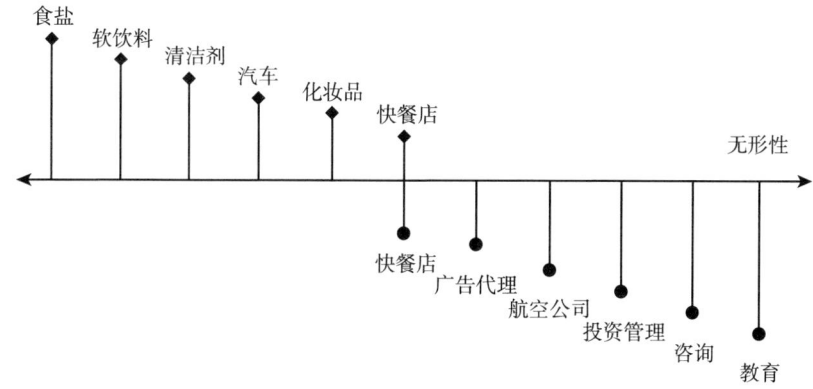

图9.4 从有形产品到无形服务

9.2 服务规划的方法

简单地说，服务规划的方法就是依定位进行服务规划，根据定位点和非定位点对所有服务组合的属性要素做出选择。

无论定位点在哪，作为营销组合的一个要素，服务都应该对其做出相应的利益贡献。同时，服务规划也要体现非定位点带来的利益，决策者据此做出体现利益组合中的服务利益，然后再根据服务利益确定服务的各种属性。图9.5说明了依定位进行服务规划的过程。

1. 描述服务组合要素

描述服务组合要素的步骤包括两项内容，一是列出服务属性、利益和价值的要素；二是分析竞争对手在三要素方面的表现。

首先，列出服务属性、利益和价值的要素。在这个环节中，服务属性相对比较繁杂，包括前文归纳出的核心服务（商标和内容）、附加服务（促进型和强化型服务）和服务流程等。假设规划一家医院的服务，核心服务的商标为"康

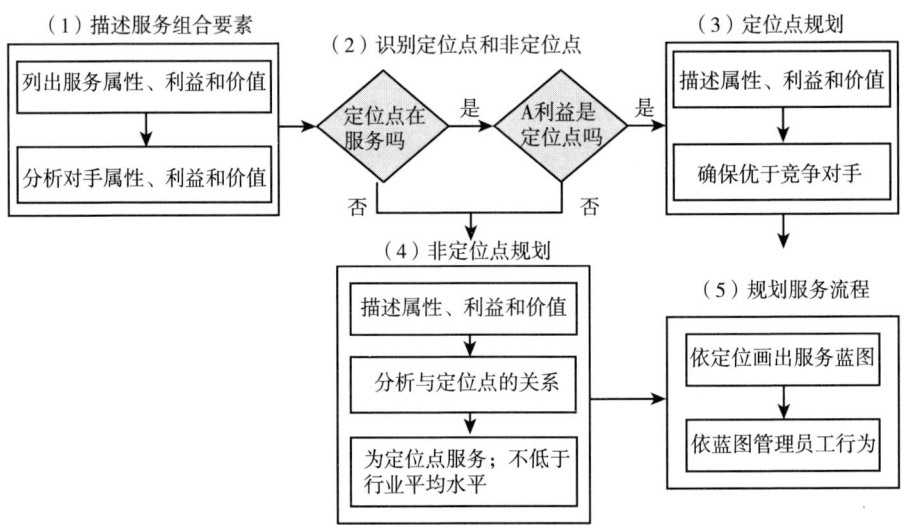

图 9.5　依定位进行服务规划

健",标志为变体的"康健"美术字,核心服务的内容为"治疗心脏病";附加服务的促进型服务包括提供就诊信息、预约挂号、看病治疗、拿药、提供账单、收款和开发票等,强化型服务包括接待和等候设施、咨询建议、照看物品和应急处理等。附加服务是核心服务实现的过程,因此决定了核心服务实现的程度和质量。同时,意外的惊喜常常来自这个传递过程。一个故事说明了这个道理:在一个雨天午后,一位老妇人走进费城一家百货商店避雨。一位年轻人得知她是避雨不是来购物时,给了她一把椅子。老人对他表示感谢,并索要了一张名片。几个月后,这位年轻人收到了一个装饰一座城堡的订单,这位老妇人是钢铁大王卡耐基的母亲。年轻人后来成为了这家商店的合伙人。这个故事表明,非核心服务也是非常重要的。

利益包括一个利益组合,与属性相匹配,也包括核心利益和附加利益等。例如,宾馆核心利益是提供舒适和便捷的住宿,医院的核心利益是通过防病和治病带来的健康,学校的核心利益是让学生有兴趣地获得知识而改变命运,等等。附加利益包括便利、速捷、舒适、省钱、节省时间、省事儿等。

价值维度较为简单,是由利益带来的顾客精神感受,快乐、开心、自由、成功、幸福等,其内容已在第 6 章做出说明,这里不再赘述。

其次,分析竞争对手在属性、利益和价值三个方面的表现。由前述可知,竞争优势是与竞争对手比较的结果,因此在罗列了本行业或本品牌的属性、利益和价值之后,要与竞争对手做相应方面的一对一比较,以便做出针对性规划和调整。

2. 识别定位点和非定位点

由利益和价值定位点，确定属性定位点和非属性定位点所在的位置。具体应用工具是已提到的"手段—目的链"理论，以及下一节根据这个理论归纳出的服务规划选择模型。这里的关键问题，再重温利益定位点和价值定位点的基础上，进一步明确属性定位点和其他非属性定位点，因为服务组合的表现其实就是属性的组合。

3. 让定位点优于竞争对手

如果定位点是在营销组合要素服务上，就要具体分析在哪个利益和属性上，目标是让顾客感知到，其属性定位点、利益定位点，乃至价值定位点（如果有的话）都优于竞争对手，换句话说，就是通过服务属性的规划，让定位点得以实现。营销组合在本质上是属性的组合。例如麦当劳的利益定位点是便捷，那么相应的服务属性规划就需要围绕着便捷来进行，核心服务便是就餐的快捷。突出快捷的促进型服务有信息传递简洁清晰、购买选择付账和等餐分开（时间由50秒减少到30秒），减少顾客等待时间（餐食加工时间非常短）。突出快捷的强化型服务，没有繁琐的接待礼仪和程序，不设等待座椅，洗手间狭窄不便于停留，有些餐厅设有儿童乐园，没有什么其他的服务项目等。

4. 让非定位点为定位点做出贡献

如果定位点不是在服务这一营销组合要素上，就要保证服务的各个属性：一方面为定位点做出贡献，另一方面不低于行业平均水平。因为顾客购买的不仅仅是一个定位点的利益，而且还购买了其他的利益，其他的利益常常需要通过非定位点的属性来实现。如在麦当劳就餐，除了快捷的核心利益需求之外，还期望餐饮安全、健康，就餐环境舒适、轻松，等等。这些利益的满足也不能低于行业平均水平。有专家认为，成功企业不在于提供的项目多少，而在于服务质量的高低，因此建议减少服务项目，提高服务质量[①]。

---

① 穆恩：《哈佛最受欢迎的营销课》，内容提要，中信出版社2012年版。

5. 规划服务流程

规划服务流程的方法是：以定位点和非定位点为规划的依据，画出相应的服务蓝图，然后通过管理员工的服务行为实现规划的服务蓝图。它是传递附加服务的过程。

（1）画出简单的服务流程图。"流程图是展现服务传递不同阶段的本质和程序的技术，是理解全面顾客服务体验的方法"①，也是服务蓝图绘制的基本框架。有学者归纳了四种类型服务的服务传递流程图（见图9.6）②。

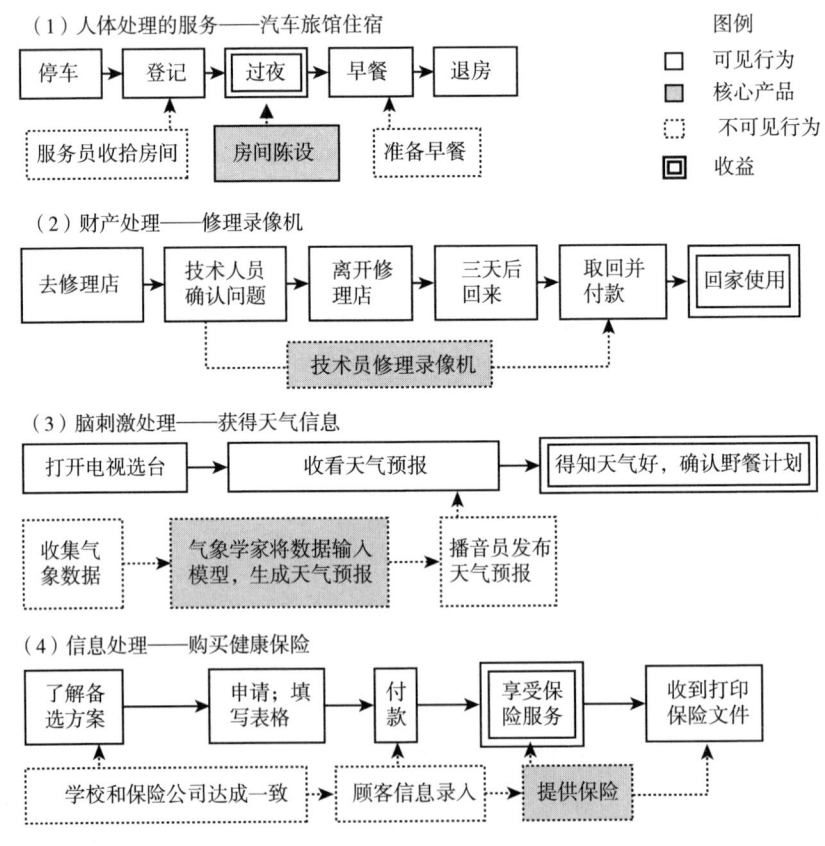

图9.6 不同服务类别的简单服务流程

---

① 洛夫洛克、沃茨和周：《服务营销精要》，中国人民大学2011年版，第158页。
② 该图基本内容来自洛夫洛克、沃茨和周：《服务营销精要》，中国人民大学2011年版，第159页。作者进行了局部修改。

（2）将服务流程图细化为服务蓝图。服务蓝图是一种准确地描述服务体系的工具，它借助于流程图，通过连续地描述服务提供过程、服务接触、员工和顾客的角色以及服务的有形证据，直观地展示服务。它揭示服务流程前台和后台各个环节以及它们之间的关系，使每一位员工看到服务的全貌，清楚自己在整个服务链条中的角色和作用，促使他们高质量地完成自己的本职工作。服务蓝图是把工业设计等领域的绘图技术应用于服务质量管理方面的成果，它起源于20世纪80年代后期。

服务蓝图的基本结构是：由三条线将其划分为四个部分，包括顾客行为、前台接触员工的行为、后台接触员工的行为，以及支持过程（见图9.7）[①]。三条线和四个部分是绘制服务蓝图的基本内容。

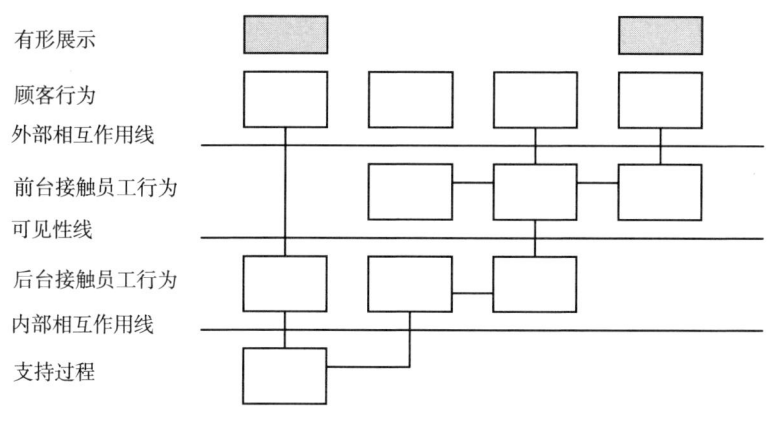

图9.7　服务蓝图的结构

第一部分是顾客行为，指顾客在购买、消费和评价服务过程中的步骤、选择、行动和互动的行为。例如在一个出租车预约的例子中，顾客行为可以（可能）包括：叫车的决策、打电话、等车、上车、告知目的地、与司机的交谈、结算和下车等。

第二部分是接触顾客的前台员工行为，即为顾客直接提供服务的行为，涉及他们与顾客之间的关系，是顾客看得到的行为。例如在出租车服务中，驾驶员让顾客看得见的行为包括：乘客上车后的问址、选路、开计价器，车辆行驶过程中的驾驶，到达下车地点的停车、报价、打印，结算车费时的唱票、找零、给票，乘客下车时的提醒、检查和告别。

第三部分是非直接接触顾客的后台员工行为，即顾客看不见的支持前台的活动。在上述出租车服务的例子中，电话接线员接电话、某一驾驶员接受调度中心

[①] 泽丝曼尔、比特纳：《服务营销》（第3版），机械工业出版社2004年版，第158～159页。

的呼叫及其赶往约定地点等属于后台员工行为。

第四部分是服务的支持过程，这部分覆盖了在传递服务过程中所发生的支持接触员工的各种内部服务及其步骤和它们之间的相互作用。在上例中，服务支持活动包括调度中心的呼叫、车辆的清洁、加油、驾驶员的培训等。

三条水平线，将四部分内容清晰地进行了分割。"外部相互作用线"意味着顾客和服务企业之间的直接相互作用，如果有垂直线与它交叉，就意味着顾客和企业之间发生了直接接触；"可见性线"把所有顾客看得见的服务活动与看不见的分隔开来，通过分析有多少服务发生在"可见性线"以上或以下，就可以清晰地知道为顾客提供可见性服务的情况，同时这条线也把前台和后台服务分割开来。"内部相互作用线"把接触员工的活动与对它的服务支持活动分隔开来，如有垂直线和它相交叉则意味着发生了内部服务接触。

绘制服务蓝图通常需要六个典型的步骤①：一是识别需要绘制蓝图的服务过程；二是识别顾客对服务的经历；三是从顾客角度描绘服务过程；四是描绘前台与后台服务人员的行为；五是把顾客行为、服务人员行为与支持功能相连接；六是在每个顾客行为步骤上加上有形展示。图9.8为一家酒店的服务蓝图②，它清晰地表明各个部门和岗位需要完成的工作。

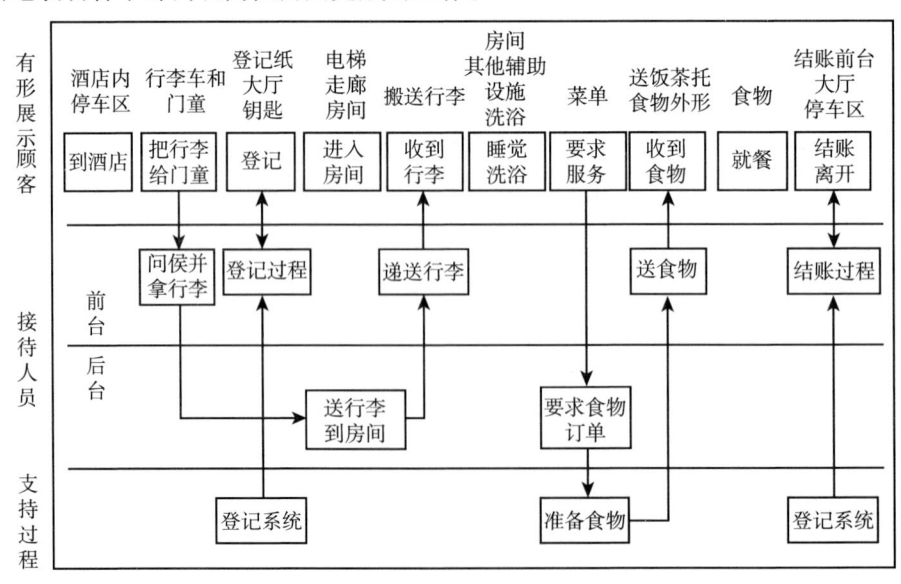

图9.8　一家酒店的服务蓝图

①②　泽丝曼尔、比特纳：《服务营销》（第3版），机械工业出版社2004年版，第162~163页，第161页。

(3) 管理员工行为实现服务蓝图。在这方面，需要完成三项基本工作：拟订服务管理规划、实施服务管理规划、控制实施过程。

第一，拟订服务管理规划。服务管理规划的主要内容包括服务质量管理将要实现的目标和达到的标准。实现的目标是指服务在公司整体营销中的地位和作用，它与公司发展战略和市场定位的关系。例如对于沃尔玛公司和格兰仕公司来说，价格已经成为战略竞争的重要要素，价格差异化是其定位和营销的核心内容，因此服务在公司整体营销当中的地位属于从属和补充的地位，至多达到行业平均水平即可。但是对于海尔公司来说，服务差异化被确定为公司的竞争和营销的战略，那么就必须把服务做成中国最好的、别人无法超越的。

达到的标准是指公司对服务组合中各项内容的质量要求，即通常所说的服务标准，它是服务规范实施的结果，这意味着在服务蓝图中的每一项行为都应该有相应的标准。贝利（Leonard L. Berry）和帕拉苏拉莫（A. Parasuraman）等人提出了服务质量的五个标准（见表9.2）[1]。

表 9.2　　　　　　　　贝利等人服务质量的五个标准

可靠性	准确和可信地提供承诺的服务，如比承诺做得好
反应性	愿意迅速为顾客提供服务，如立即提供服务
保证性	有素养和能力为顾客提供满意服务，如讲礼节，技术好
体谅性	设身处地为顾客着想，如提供个性化服务
有形性	适当提供服务的有形部分，如工具、设备、人员

公司常常需要根据企业战略和竞争情况将服务质量达到的标准具体化。例如，海尔公司的星级服务标准是"一二三四"：一是一个结果，交付完美的服务；二是两个理念，带走顾客的烦恼和留下海尔的真诚；三是三个指标，服务投诉率、服务遗漏率和服务不满意率小于万分之一；四是四个要求，顾客所提出的所有问题必须在数据库里记录下来，顾客提出的所有问题都必须处理，所有处理的结果都必须复查，所有处理的结果都必须通知到公司的所有相关部门。

第二，实施服务管理规划。在确定了服务质量管理的目标和标准之后，如何保证实施是非常重要的。事实上，公司之间服务质量的巨大差异大多不是来源于

---

[1] A. Parasuraman, V. A. Zeithaml and L. L. Berry, "Servqual: A Multiple—item Scale for Measuring Consumer Perc", *Journal of Retailing*, 1988, 64 (1): 12–40.

目标和标准的差异,而是来源于实施过程中的差异。为了保证实施过程中的高效率和高质量,需要做好三方面的工作:一是拟订合理的服务规范,服务规范不是提供给消费者的宣传册,而是保证服务达到标准的行为规范,因此它应该是全面、具体和可操作的,同时其标准不能太高,也不能太低;二是组建合适的服务组织,"合适"的含义是理念统一、文化先进、技术高超、追求完美和团结高效,当然有时为了高效率会把部分服务内容委托给第三方服务公司实施;三是提供相应的服务条件,实施服务行为需要一定的资金、人力和物质条件,公司必须给予适当配备。

第三,控制服务规划实施过程。公司不能等到整个服务过程结束时再进行控制,必须在实施过程中随时监控,及时调整。具体方法是:了解每一个步骤和环节是否有利于达到事先确定的服务质量标准和计划实现的目标,这个标准和目标通常可以用服务质量的五个标准和顾客满意度来代替。贝利和帕拉苏拉莫等人曾经提出在服务质量规划实施过程中,公司行为与目标的差距,就是重点控制的内容(见图9.9)①。

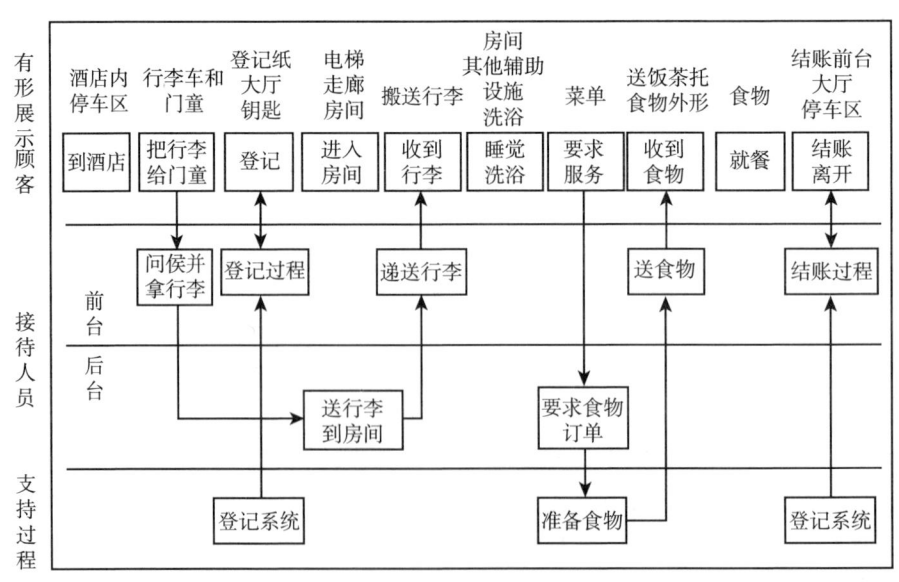

图9.9 服务质量管理关键点

一是控制顾客期望与管理者认知之间的差距。对顾客期望进行重新判断,基

---

① V. A., Zeithaml, A., Parasuraman, and L. L., Berry, *Delivering Quality Service:Balancing Customer Perceptions and Expections* (New York:The Free Press).

础是进行准确的市场调查,将结果及时传达给高层主管,管理者认真研究和判断,修正原有的误解,并调整相应的服务策略。另外服务组织结构的扁平化也有助于管理层对顾客期望的准确判断。

二是控制管理者认知与服务质量规范之间的差距。公司的服务质量规范必须以顾客的期望为依据,同时常常受公司管理层的影响,因此消除管理者对顾客期望认知和服务质量规范之间的差距是重要的。方法是:在确定满足顾客何种需求和何种期望之后,确定适当的服务目标。同时根据公司目标和资源特点拟订服务质量标准和行为规范。

三是控制服务质量标准和实施服务之间的差距。首先,使员工树立与目标一致的服务观念,提高与目标要求相符合的工作能力;其次,建立高效率的信息沟通和反馈系统,减少员工对顾客期望和公司标准的误解;最后,建立和完善有效的监督控制体系。

四是控制实施服务和顾客感知之间的差距。对于这种差距,一方面,要保证在实施服务的过程中,做好每一个细节,追求服务的完美化;另一方面,有意识地增加有形服务方面的内容,让公司的高质量服务通过有形的人或物传递给目标顾客的感官。

五是控制顾客感知和顾客期望之间的差距。重要的是保证前面的每一个控制过程到位,使四个方面的差距缩小。同时避免对顾客做出过多的承诺和进行夸大宣传,有意识地降低顾客期望。

9.3 服务规划选择模型

依定位进行服务规划的核心,是看服务是不是定位点所在的要素,如果不是的话,就要围绕着定位使其达到行业平均水平;如果是的话,就要分析定位在服务的哪个利益点上,通过服务利益定位点—核心服务—附加服务—服务传递,做出相应规划,使定位点达到优秀和出色的水平。

1. 服务规划的一般模型

顾客在购买某种服务时,不是仅仅购买一个利益定位点,而是购买一个利益组合,因此服务规划需要使利益定位点优于竞争对手,非利益定位点的服务各方面也需要不低于行业平均水平。结合前述的分析和讨论,可以建立一个服务规划的一般模型（见图9.10）。

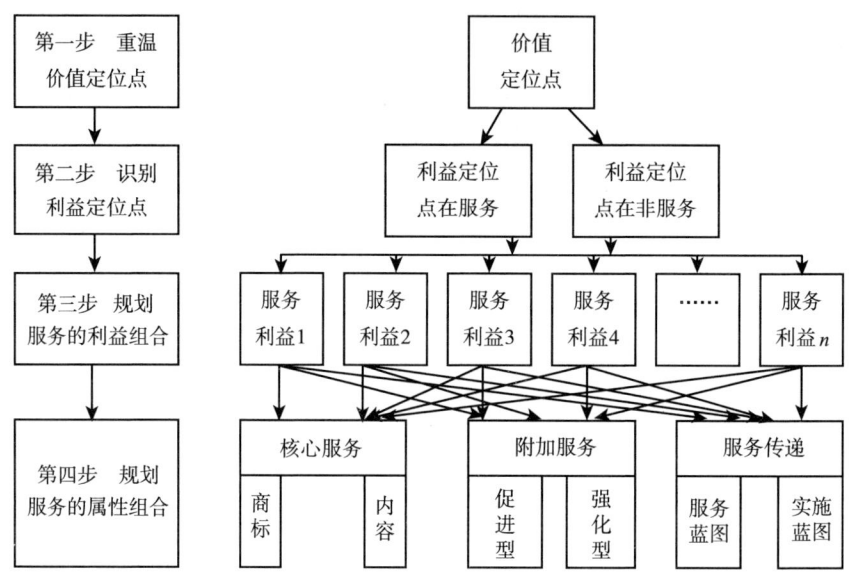

图 9.10　服务规划的一般模型

2. 迪士尼主题乐园的案例分析

迪士尼主题乐园的价值定位点是快乐，利益定位点是开心体验，属性定位点是挑战性娱乐设施和欢乐演出等。同时还有一些非定位点，或是直接为定位点服务，或是作为定位点的补充。例如为了让顾客体验成就感，游乐需要具有挑战性，于是需要设置过山车、海盗船等冒险性项目等。这些同样说明以定位点为中心，价值—利益—属性系列化地进行服务规划，才能最终实现以定位进行服务规划的目的。图9.11表明迪士尼主题乐园依定位进行服务规划的思路。

本章主要讨论了依定位进行服务规划的问题，具体包括三个方面的内容：一是明确了服务规划的内容，分为核心服务、附加服务、服务传递（服务流程）和服务组合；二是讨论依定位进行服务规划的方法，简单地说，把定位点方面做成优于竞争对手，把非定位点方面做成不低于行业平均水平，同时为定位点做出贡献；三是建立了一个服务规划的选择模型，由价值点规划服务的利益定位点和利益非定位点，再根据服务的利益组合进行服务的属性组合规划。

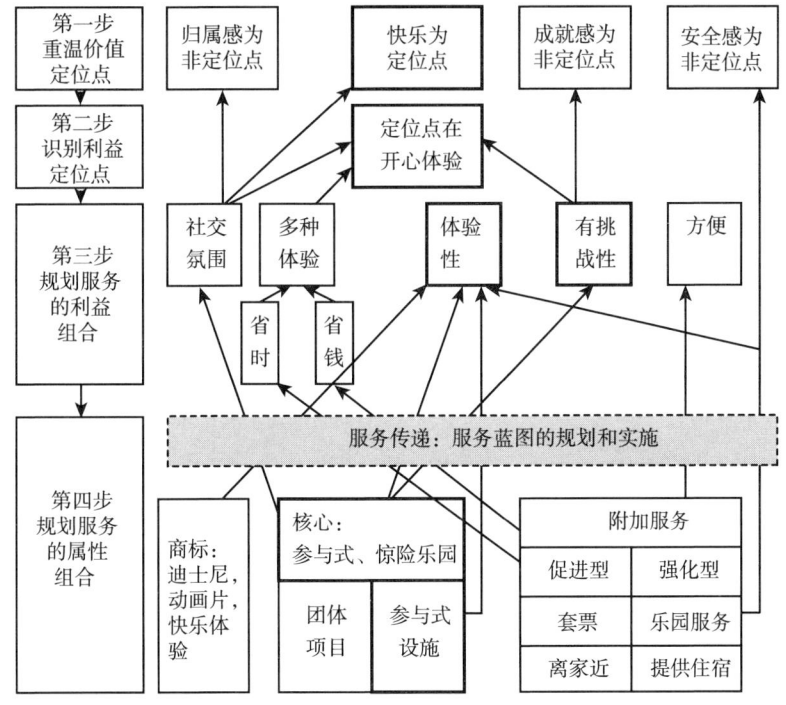

图 9.11 迪士尼主题乐园依定位进行服务规划

第10章 依定位进行价格规划

> 依定位进行价格策略的规划要比产品和服务规划简单,因为从为顾客带来利益的角度看,企业可选择的范围相对较小,无非是高价利益、低价利益或是高低价格变化带来的机会利益等。以往价格策略制订的方法介绍,较多地集中于成本导向和竞争导向,对顾客利益导向关注不够,尽管有顾客导向定价的主张,但是看不到"依定位进行价格策略规划"的文字。本章讨论三个问题:价格规划的内容、价格规划的方法和价格规划的选择模型。

10.1 价格规划的内容

一般认为,价格规划包括三个方面的内容:制定价格、调整价格、应对价格变化。在产品和服务的不同生命周期或不同的市场情境下,需要分别进行价格制定、调整和变化的决策行为。但是价格调整和变化并没有本质的区别,因此本节分为价格制定和价格调整。

1. 价格制定

当一个新产品推出时,或者是一个旧产品推向新的市场或渠道时,都会面临制定价格的问题,具体就是该产品价格定为多少钱,既包括经销商价格和最终顾客支付的价格,又包括单品价格和多产品的价格组合。例如,万豪国际酒店为自己设计了多种价格水平的多种档次的酒店,有最高价位的度假别墅"Marriott Vacation Club",高价位的万豪伯爵"Marriott Marquis",高中价位的万豪"Marriott",中高价位的万丽"Renaissance",中价位的万怡"Courtyard",中低价位的城镇套房"Town Place Suites",低价位的洁净客栈"Fairfield Inn"。在价格制定过程中,最为核心的决策行为是价格水平的确定:高价、中价或低价,以及具体的数值。

2. 价格调整

在很多情况下,市场上见到的价格具有相对稳定性。但也不是永久不变的。当生产和流通成本变化时,当需求和竞争环境变化时,都有可能导致价格的变化。或是主动地变化,或是被动地调整。这种变化涉及时间、空间、频度、方向和幅度等方面的问题。

顾客以什么价格购买产品,取决于顾客能感受到的省钱、更多价值通过促销的高低价格实现或更高价值通过高价实现,核心是物有所值,这就要求价格具有可信性、稳定性和获利性,这些利益和抽象属性是由价格属性决定的,价格属性无非是价格制定和价格调整相关内容(见图10.1)。

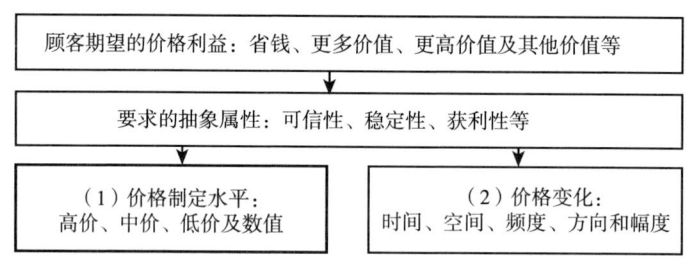

图 10.1 价格规划的基本内容

10.2 价格规划的方法

关于价格规划的方法已有诸多的讨论和取得了有价值的研究成果，诸如成本加成定价法、竞争者定价法和顾客感知定价法等。本节不讨论价格规划的具体技巧，而是讨论价格规划的逻辑思路。

1. 依定位规划价格所处价格带

价格规划的基础仍然离不开已确定的目标市场和营销定位，但是营销定位通常影响价格处在高、中、低哪一个水平上，而非确定价格的具体数值。定位点会要求价格对其做出相应的利益贡献，公司据此做出体现定位利益的价格利益。然后，再根据价格利益确定相应的价格属性和价格策略。图 10.2 说明了依定位进行价格（高、中、低）规划的过程。

第一步，描述价格组合的要素，列出价格的属性、利益和价值，同时列出竞争对手产品的属性、利益和价值。第二步，识别定位点和非定位点，先确定定位点是否在价格方面，如果不在价格方面而在产品或渠道等方面，就对价格进行非定位点规划；如果在价格方面，价格方面有若干属性，就需要进一步分析在价格哪个属性上，或是高价，或是低价，或是高低价格等。第三步，进行定位点规划，如价格是定位点就要把它做得优于竞争对手。第四步，进行非定位点规划，如果价格是非定位点所在要素，就需要分析它与定位点的关系，考虑为定位点做出贡献，同时达到行业平均水平。

（1）描述价格的组合要素。相对于产品组合来说，价格组合相对简单，无非是高价、低价和高低价格变化的选择与调整，因此涉及的顾客利益也无非是节

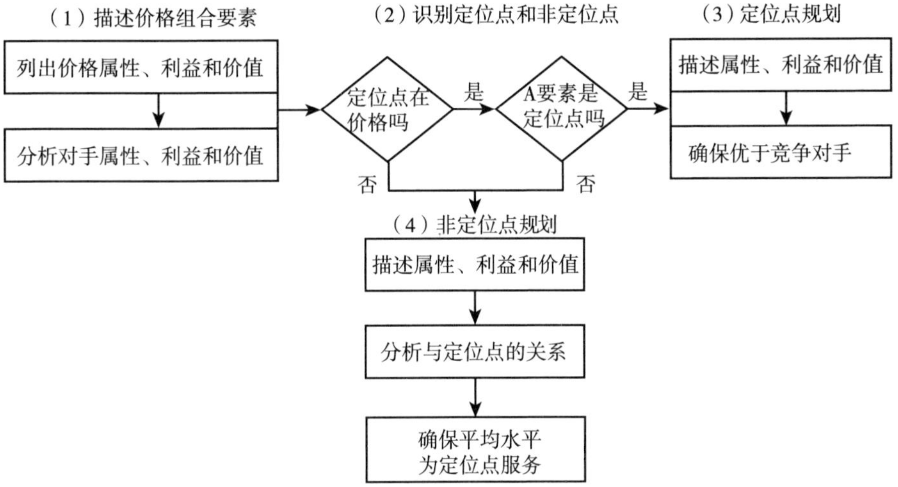

```
(1) 描述价格组合要素           (2) 识别定位点和非定位点        (3) 定位点规划
┌──────────────────┐          ┌──────────┐    ┌──────────┐    ┌──────────────────┐
│列出价格属性、利益和价值│─────────→│定位点在   │ 是 │A要素是   │ 是 │描述属性、利益和价值│
└──────────────────┘          │价格吗    │───→│定位点吗  │───→└──────────────────┘
         ↓                    └──────────┘    └──────────┘              ↓
┌──────────────────┐               │否             │否         ┌──────────────────┐
│分析对手属性、利益和价值│              │               ↓            │确保优于竞争对手    │
└──────────────────┘               │        (4) 非定位点规划   └──────────────────┘
                                   │         ┌──────────────────┐
                                   │         │描述属性、利益和价值│
                                   │         └──────────────────┘
                                   │                ↓
                                   │         ┌──────────────────┐
                                   │         │分析与定位点的关系 │
                                   │         └──────────────────┘
                                   │                ↓
                                   │         ┌──────────────────┐
                                   │         │确保平均水平      │
                                   │         │为定位点服务      │
                                   │         └──────────────────┘
```

图 10.2　依定位进行产品价格规划过程

约成本、提升价值和增加价值等方面。由于定位不同，给顾客带来的价格利益要求不同，因此要求企业实施不同的价格策略（见表 10.1）。例如，沃尔玛诉求为顾客节约每一分钱，进而采取天天低价即稳定低价的策略；LV（路易威登）诉求为顾客创造更高价值，进而采取天天高价即稳定高价的策略；家乐福诉求为顾客带来更多的价值，进而采取频繁促销即高低价格策略。这三种策略，没有好坏之分，主要取决于企业的竞争优势。沃尔玛的稳定低价依赖于非常低的运营成本，LV 等奢侈品的稳定高价依赖于非常高的品牌附加价值，家乐福的频繁促销依赖于公司的精算优势和厂商的配合。

表 10.1　　　　　　　　　　价格利益组合要素

价格利益	节约金钱	超高价值	更多价值
价格属性	较低价格	加高价格	频繁促销
价格策略	稳定低价	稳定高价	高低价格
应用案例	沃尔玛	奢侈品	家乐福

（2）识别定位点和价格到位。在这个环节需要重温目标顾客和定位点。如果价格是定位点所在的要素，就要确定这个点是在价格的哪个方面。如果省钱是定位点，就一定要保证提供低于竞争对手的价格；反之，如果昂贵是定位点，就一定要保证提供高于竞争对手的价格。

需要注意的问题是：价格高与低是顾客的一种感觉，不同的人对同一价格水平会有高低不同的价格感知。因此在重温定位点的基础上，还要研究产品本身和目标顾客的价格敏感性。从商品方面看，独特性强、替代性弱、难于比较、此次支出占总支出比重很小、他人付费、配件产品、品牌声誉高和日常用品，价格弹性小[1]，需要谨慎应用低价策略。从目标顾客方面看，年龄越大和受教育程度越高，价格容忍度越低；另外男性价格容忍度高于女性[2]。在考虑这两方面影响因素的基础上，保证定位点优于竞争对手。例如，沃尔玛的定位点在价格要素上，利益定位是省钱，属性定位是天天低价。为了保证定位点的实现，公司的采购、配送和销售等业务流程都是围绕着降低成本来构造，企业文化也是强调"顾客是家人"，因此应该"为他们节省每一分钱"。最终使顾客感到沃尔玛价格大大低于竞争对手。又如 Zara 服装品牌的目标顾客是收入不高的年轻人，主要定位点是时尚，次要定位点是价格，即满足目标顾客低成本追求时尚的利益需求。一方面，Zara 公司通过快速推出新款服装、不进行重复生产的方法保证时尚性；另一方面，通过模仿设计、便宜面料和整合供应链等方法保证价格的低廉性。

爱尔兰瑞安（Ryanair）航空公司采取核心服务低价甚至免费，但附加服务收费的方式（见表 10.2），取得了巨大成功：每年运载 5800 万名乘客飞往 150 个城市，额外收费占其收入的 20%，净利润率达到 25%，超过美国西南航空公司 7% 的 3 倍还多[3]。

表 10.2　　　　　　　　瑞安航空公司的价格组合策略

1	1/4 座位免费（规划未来实现全部座位免费），乘客只需支付 10~24 美元的税金和费用，再加上平均为 52 美元的单程票价
2	乘客需为飞机上所有其他服务额外支付费用：托运行为每包 9.5 美元，点心一个热狗 5.5 美元，一份鸡汤 4.5 美元，一瓶水 3.5 美元等，从机场到市区的巴士 24 美元等
3	机上出售各种商品，诸如数码相机（137.5 美元）、MP3（165 美元），机上博彩和电话服务等也收费
4	椅背无法后靠，椅背后没有口袋及供消遣的东西，椅背托盘里和机身上都是大品牌的广告
5	99% 机票是在线销售，该网站还销售旅游保险、旅馆预订、滑雪设备和租车服务
6	只使用 737-800 机型以降低保养费用，机组人员需要自己买工作服

---

[1] Thomas T. Nagle, and Reed K. Holden, *The Strategy and Tactics of Pricing*, 3rd ed, Chapter 4. Upper Saddle River, NJ: Prentice Hall, 2001.
[2] 王霞等：《中国消费者价格容忍度的特点》，载于《心理学报》2004 年第 5 期。
[3] 科特勒、凯勒：《营销管理》（第 14 版），格致出版社和上海人民出版社 2012 年版，第 368 页。

（3）识别非定位点和价格到位。如果价格不是定位点所在的要素，就要重温定位点在哪一方面，并分析目标顾客对这类产品价格的感知特征，决定采取什么样的价格策略，以保证价格达到行业平均水平或是略优于行业平均水平。

例如香奈儿5号香水，目标顾客是注重知识、崇尚自由、尊重人本位的较高收入的女士，利益定位是独特的典雅体验，属性定位是合成香水（其他的很多香水都是来自自然物），价值定位是自由感。显然产品是香奈儿5号香水的定位点，并强调典雅和自由，价格如何与之相匹配呢？当然不能是低价，低价很难让人将其与典雅和高贵联系在一起。因此香奈儿5号香水采取高价策略，每瓶在100~300美元之间，不采取降价促销活动，诉求的是物有所值。

又如，海尔冰箱的目标顾客是中高收入的家庭；定位点在服务要素上，利益定位主要是提供售前、售中和售后的优质服务，属性定位是组合提供服务的机构、人员和设备，价值定位是为顾客提供一个"真诚到永远"的朋友。在到位的营销要素组合中，为了保证突出服务优质这一定位点，必须建立与其相适应的服务系统，包括机构、人员、设备等，这些都需要花费成本和费用，这些费用必然添加到价格之中，因此为了保证优质的服务，就必须采取较高且相对稳定的价格策略。

2. 依相关者利益规划价格数值

一个产品的价格制定，尽管有多种的选择，但是有一个原则不能违背，即保证相关利益者利益的实现，主要包括企业（包括自身和合作伙伴）利益和顾客利益，三方面利益决定了价格的具体数值。

（1）定价保证企业利益的实现。可以从静态和动态两个方面来考虑。

从静态来看，无论你扮演原材料供应商角色，还是制造商角色；无论是扮演批发商角色，还是零售商角色，都必须使自己销售的产品价格高于成本。图10.3表明供应链的各个主体都以成本价销售的情景，制造商的原材料采购、生产过程等制造成本150元，其他费用50元，保本出厂价不能低于200元（利润的多少取决于高出成本多少钱）。批发商的进货成本200元，加上其他费用50元，保本价格就是250元（利润是多少取决于高出成本多少钱）。零售商进货成本250元，其他经营费用80元，保本价格330元，同样，要获得利润必须以高出330元的价格出售。如果要盈利，必须使价格高于自己的成本价格，首先核算成本和费用，之后在这个基础上制定高出成本的价格。

从动态来看，成本有固定成本和变动成本之分，这就导致单位成本随着生产量的变化而变化，同时销售量的增减也与价格水平直接相关，这就形成了一个价

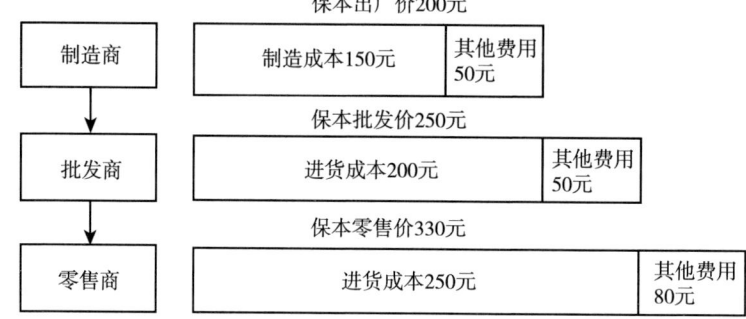

图 10.3　制定保本价格的利益关系

格、销量、成本和利润之间的互动关系。因此在制定价格时，需要考虑销售、成本和利润三者之间的关系，最终选择有利可图的价格水平。假如一款汽车的价格、销量、成本和利润之间的关系如表 10.3 所示，单价 12.98 万元时，没有销量，总成本是 7500 万元，亏损 7500 万元。当价格降至 3.98 万元时，销量上升到 1300 辆，销售额达到 5174 万元，这时总成本是 8800 万元，亏损 3626 万元。单价在 10.98 万元、9.98 万元和 7.98 万元时才会有利可图①。所以并不是价格越低，销量越大，盈利越多；相反也不是价格越高盈利越多。

表 10.3　　某款汽车的价格和销售预测

价格（万元）	销量（辆）	销售额（万元）	总成本（万元）	利润（万元）
12.98			7500	-7500
11.98	600	7188	7800	-612
10.98	800	8784	8000	784
9.98	1000	9980	8500	1480
7.98	1100	8778	8600	178
5.98	1200	7176	8700	-1524
3.98	1300	5174	8800	-3626

（2）定价保证顾客利益的实现。任何企业利益的实现都应该建立在顾客利益实现的基础上，因为顾客感觉物有所值的时候，才能产生购买行为，从而为企业带来实现利益的机会。为了实现顾客利益，就需要使顾客感到物有所值和物超

---

① E. F. Freiheit 等：《现代企业经济图鉴》，华夏出版社 1996 年版，第 98 页。

所值，避免物不及所值（见表10.4）。1、5、9是物有所值的适中策略，2、3、6是物超所值的竞争策略，4、7、8是应该避免的超高价格策略。

表10.4　　　　　　　　　价格和价值选择的关系图

价值＼价格	高价格	中价格	低价格
高价值	1. 高值高价	2. 高值中价	3. 高值低价
中价值	4. 高价中值	5. 中值中价	6. 中值低价
低价值	7. 高价低值	8. 低值中价	9. 低值低价

提倡物有所值和物超所值，但也不是超得越多越好。一些实证分析的结果证明：价格大战产生的原因之一，就是某些品牌物超所值太多，竞争对手无法跟随，就只能采用价格大战参与竞争。所以为了避免价格大战，要适当控制物超所值的程度，以维持行业的健康发展。

实际上，高价策略有时也会成为物有所值的重要手段。消费者在通过其他方法无法判断商品的质量的时候，常常通过价格高低来感知。研究证明，人们评价产品质量高低的标志依重要性排列为：品牌、价格、产品成分和零售商声誉[①]。

让顾客感受到物有所值，第一种方法是提升价格，高价是高值的一种符号，价格越高，价值也越高。第二种方法是降低价格，使顾客的支出成本减少。第三种方法是促销，促销本质上是价格策略的应用[②]，或是为顾客带来更多的价值，或是使原来购买的产品价值变低。

（3）定价要实现相关利益的平衡。价格要保证企业与消费者二者利益的平衡。仅关注企业利益的成本定价法、仅关注竞争对手的竞争定价法和仅考虑需求承受力的需求定价法，都有一定的局限性，不能保证在企业营销成本与消费者需求之间找到平衡点。正确的做法是：由成本决定产品的最低价格，即价格再低也不能低于成本；由需求决定产品的最好价格，即价格再高也不能高过需求的承受能力。最终在成本与需求之间找到平衡点，这个平衡点的确定还要考虑竞争因素等。可见定价适合采用考虑了多方相关利益者利益的方法。

例如，一款汽车成本为7万元，竞争对手的车型价格是9万元，但是该款汽

---

① Niraj Dawar, and Philip Parker, "Marketing Universals: Consumers Use of Brand Name, Price, Physical Appearance, and Retailer Reputation as Signals of Product Quality", *Journal of Marketing*, 58 (April 1994), 81–95.

② Walter van Waterschoot:《市场营销组合》，参见．迈克尔·J·贝克:《市场营销百科》，辽宁教育出版社1998年版，第299~307页。

车与竞争车型相比更耐用，溢价 7000 元；更可靠，溢价 6000 元；服务更优质，溢价 5000 元；更好的零配件保证，溢价 2000；9 万元加上溢价的数额，车的定价是 11 万元。但是调查结果显示，顾客接受的价格是 10 万元，厂家随后提供 1 万元的折扣优惠，这台车的最终价格定在 10 万元。这一定价过程既考虑了公司的成本和竞争者的策略，也考虑了顾客的感受价值，它们都是制定和调整价格策略时重要的参考依据。

3. 依物有所值应对价格大战

在激烈的市场竞争中，企业会遇到竞争对手降价的威胁，通常的应对策略大多忽略了一个重要的影响因素——自己的目标顾客和营销定位，以及一个更为重要的因素：顾客永远购买的不是低价，而是物有所值。物有所值是选择价格战策略的重要依据（见图 10.4）。

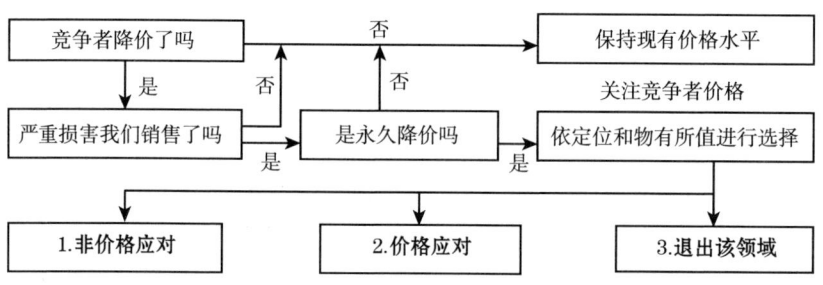

图 10.4　依定位和物有所值应对价格战

（1）价格战的非价格应对。如果目标顾客是高收入阶层和价格不敏感群体，同时品牌定位在优质的产品质量、精心周到的服务、舒适的购买环境和高雅的消费感受等某一方面，那么就需要避免与竞争对手展开降价大战，最好采取非价格应对的策略，这样也能让顾客感觉到物有所值。非价格应对策略包括：提高产品的附加值，提高渠道的附加价值，提高沟通的附加价值，这样既可以对竞争者的价格战产生反应，又可以避免降价带来的品牌伤害。

一是提高产品的附加价值。

①减少产品数量，缓解产品供过于求的状态，或是使自己品牌的产品供不应求。俗话说，物以稀为贵。减少市场供应量，造成产品紧俏的态势，自然也会增加产品价值，而不用降价。有一个美国商人想买印度画商手中的三幅画，印度画商要 50 美元。美国商人问能否便宜点，印度画商拿出一幅画烧了。美国商人急

了:"剩下的两幅画我要了,千万别烧了,多少钱?"画商回答:"50美元。"美国商人说:"三幅画50美元,怎么两幅还50美元?"印度画商拿出一幅画又烧了。美国商人赶紧把最后一幅画抢过来,问多少钱,画商说100美元,美国商人只好系数交付。海尔冰箱上市之初,也曾采取抑制供给的方法,商场要货100台,公司只供应80台,给人以供不应求的感觉,避免陷入降价大战的窘境①。同理,世界石油市场价格一有下降的趋势,欧佩克石油组织马上限制成员国的石油产量,消息一传出国际石油市场价格就会上升。爱玛仕的Kelly包,是爱玛仕的经典款式,专为摩洛哥王妃定制,通常仅有样品,永远是缺货的,顾客要购买,需等2个月后才能拿到商品;Birkin包是专为法国歌星Birkin设计的,甚至连样品都没有,等的时间很长,价格为37万元人民币。

② 提高产品质量,使产品在同样价格水平条件下价值更大。1998年,鄂尔多斯羊绒衫曾经盲目参与中小企业羊毛衫的降价大战,结果给鄂尔多斯品牌造成伤害,至今其品牌形象也没有完全树立起来。其原因,一方面不是同档次商品的竞争,羊绒衫价格再低也会比羊毛衫高;另一方面当时鄂尔多斯羊绒衫质量出现问题,开始起球了,降价更加使顾客坚信"质量出了问题"。正确的做法是:不降价且提高羊绒衫的质量,重新达到不起球的质量标准。这比价格战和一句抽象而泛泛的"温暖全世界"的广告语更有效。

③ 增加附加服务,使产品在同样价格水平下附加值得到提升。举个例子,在一个校园里有两家复印社,都用B5的纸复印,A社0.1元一张,B社0.2元一张,但是B社比A社服务更好。比如顾客来一次就可以记住他的名字,没有柜台把顾客和操作间隔开,复印后保证装订整齐,复印质量更加干净清楚,因此不降价生意也很好。

④ 实施差别产品差别定价。企业利润主要来自价格敏感度较低的顾客群体,为他们推出高质高价的产品;面对竞争对手的降价大战,推出低价低质产品满足价格敏感性顾客的需要。比如已提到的鄂尔多斯羊绒衫,面对羊毛衫的价格大战,不应该采取跟随策略降低羊绒衫的价格,而应该推出低价的羊毛衫与其竞争。又如在法国巴尔扎克博物馆,有的明信片1.5法郎一张,有的4法郎一张,仔细观察才会发现:4法郎一张的图像是巴尔扎克,1.5法郎一张的图像是巴尔扎克的爸爸,产品不同,价格不同,但相同的是都是物有所值②。

二是提高渠道的附加价值。①让顾客购买更加便利,人们愿为便利付出的成本。比如便利商店的商品价格高于超级市场20%以上,但是仍然受到欢迎,就

---

①② 李飞:《十指营销》,清华大学出版社2005年版,第66~67页,第69~70页。

是因为它提供便利,包括时间便利,24 小时营业;地点便利,步行 500 米就可到达;购买便利,5 分钟就能完成购买。②让顾客的购买环境更加舒适,人们愿意为舒适的环境付出费用,又如一屉包子,在一家开在公厕旁边的包子铺里卖 2 元钱,在一家餐馆里卖 5 元钱,在茶餐厅里卖 10 元钱,在星级酒店里要卖 20 元钱,差别主要不在包子本身,而在于环境。酒水也大体如此。

三是提高沟通的附加价值。诸多的研究结果显示,通过提供不同寻常的、积极的信息,公司可以从价格竞争中解脱出来①。同时顾客愿意为产品的知名度和美誉度支付费用,即优势品牌可以产生溢价。这一切在很大程度上取决于沟通传播做出的贡献。这可以通过演唱会票价的例子来说明,一个名角的演唱会的一张票的票价可以超过 1000 元,另一个无名小卒的演唱会门票一张 50 元也不一定有人看,这不能通过降价解决问题。但是如果通过轰炸性传播手段,使无名小卒一夜成名,不仅不用降价,反而可以提价。歌星的出场费,在很大程度上不是根据他唱得好坏来确定的,而是根据他的名气来确定的,名气与歌唱得好坏有关,但更与传播有关。

(2) 价格战的价格应对。如果企业面临着相同目标顾客和定位的价格战,在多数情况下无法回避价格方面的应对策略,通常有直接降价和间接降价两种选择。

一是直接降价,是指直接把价格降低。①有限商品的降价。由于顾客对价格的敏感性不同,所以价格敏感性高的产品适合降价,敏感性低的产品就没有必要降价,甚至提价。例如,彩电价格敏感性高,面对对手的降价竞争,必须跟进;但是音响价格敏感性低,就可以适当提价,把彩电降价的损失弥补过来,这是理想状态(见表 10.5)②。当然,前提是音响有提价的空间,提价后销量不低于电视机。②有限幅度降价。有时顾客会因为价格太高不购买,逼迫公司降价。但是,降价也不是幅度越大越好,价格过低虽然可以使销售量迅速增加,但是也会使企业无利可图,理智的选择是在获利的价格水平中进行选择。这一点由表 10.3 可以看出。③有限时间和空间的降价。即使降价也需要选择在有限的时间和空间里降价,价格战有终结之时,应对就有临时性,因此要求时间有限。对于空间来说,常常不是每一个市场空间都遭遇价格战,在没有遭遇价格战的市场,就没必要参与降价大战。

---

① William Boulding, Eunkyu Lee, and Richard Staelin, "Mastering the Mix: Do Advertising, Promotion, and Sale Force Activities Lead to Differentiation?", *Journal of Marketing Research*, 31 (May, 1994), 159 - 172.

② E. F. Freiheit 等:《现代企业经济图鉴》,华夏出版社 1996 年版,第 96 页。

表 10.5　　　　　　　　　　有限商品降价表　　　　　　　　　　　　单位：元

	电视机 A	电视机 B	音　响
成本价格	964.00	870.00	640.00
+20% 间接成本	192.8	174.00	128.00
商品成本	1156.80	1044.00	768.00
+5% 利润	57.84	52.20	38.40
销售价格	1214.64	1096.20	806.40
实际售价	1150.00	990.00	
差　　额	-64.64	-106.20	
转嫁到音响			
从电视机 A			+64.64
从电视机 B			+106.20
最终售价	1150.00	990.00	977.24

二是间接降价，是指各种销售促进的手段，包括优惠券、赠品、有奖销售、现金返还等。实际上，这些销售促进手段都是通过非直接降价的方法达到降低价格的目的，它比直接降价更有利于保护已经树立起来的品牌形象，还可以在一定程度上避免直接的降价残杀。当然，过于频繁地使用也会使已经树立起来的品牌形象前功尽弃，它毕竟仅仅是短期内提高销量的工具，对长期销售的促进效果不明显。

① 促销需要盈利。销售促进在本质上是价格策略的运用，因此促销活动的选择和规划必须以净利润的增加为前提。尽管大多数销售促进可以提高销售额，但是赔钱也占大多数，仅有 17% 盈利，促销盈利常常发生在推广新产品的时候，无法建立品牌忠诚度①。麦肯锡公司提供了一个优惠券活动的选择模型（见图 10.5），表明促销增加的利润一定要大于促销活动所花的成本。

② 促销需要选择恰当的工具。诸多销售促进手段之间存在着一些共同的特点，但是也存在着区别，了解其区别对于根据目标顾客和市场定位进行相应的选择至关重要。例如，日常生活用品适合返券促销，吸引顾客重复购买；高档化妆品适合提供配套的赠品，比直接打折的效果好得多，因为直接打折会让顾客感到产品质量也打了折；奢侈品适合提供免费礼品包装，因为在中国市场上，20% 以上的奢侈品消费是礼品消费，有奖销售、返券都会降低礼品的价值。每种销售促进工具的特点和适应性见表 10.6。

---

① 科特勒：《精选营销词典》，机械工业出版 2004 年版，第 148 页。

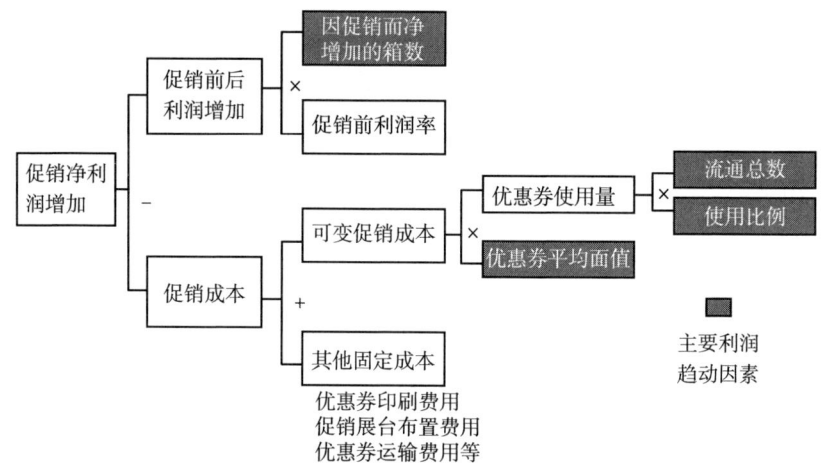

图 10.5　优惠券效益分析模型

表 10.6　　　　　　　　　各种促销工具选择

促销工具	类型	内容	适应性
1. 免费促销	① 赠品 ② 样品 ③ 积分	① 通过一定的包装形式，为顾客增加免费产品量 ② 向顾客免费赠送样品使用 ③ 通过购物积累分值，换取奖品	① 促使顾客更换品牌 ② 使顾客了解新产品 ③ 吸引顾客持续购买
2. 优惠促销	① 优惠券 ② 退款 ③ 自助获赠	① 向顾客发送有价券，顾客购买时可以抵现金 ② 顾客凭借发票，可以得到一定数额的退款 ③ 顾客凭借发票，加上小额现金可以得到低价品	① 提升短期占有率 ② 提升产品使用率 ③ 赠品可以是新产品
3. 竞赛促销	① 竞赛 ② 抽奖	① 通过举办趣味性和智力性竞赛，奖励获胜者 ② 顾客购买商品后，对其给予若干次抽奖机会	① 吸引客流 ② 吸引客流

（3）退出该领域。假如一个行业频繁地爆发低于成本价的价格战，一个明智的选择是退出该领域，把投资转向其他更有前景的行业。假如一个行业中的某一类产品开始进入成熟期或衰退期，价格战也是在所难免，那就需要推出新的产品来取代旧的产品。3M 公司经营着 6 万多种产品，包括砂纸、胶黏剂、隐形眼镜、心肺仪器、新潮的人造韧带、反射路标、不锈钢羊毛肥皂垫和几百种胶条（如创可贴、防护胶带、超级捆绑胶带）等。3M 公司每年销量的 30% 是从前 4 年研制的产品中取得，每年都要开发 200 多种新产品，当一款产品进入成熟期并开始价格战的时候，它就停止该产品的销售，推出更新的产品获取超额利润。

最后需要说明的是，尽管分别讨论了价格战的价格应对和非价格应对两种方式，实际上，在很多情况下，两种应对策略是结合在一起应用的：即在价格不变、下降、上升的同时，让顾客的感知价值或是不变，或是上升，或是下降，不同的组合会带来不同的结果（见表10.7）。

表10.7　价格变动和价格感知变化的组合

项次	策略选择	理由	可能结果
1	维持原价和价值感知	低成本掌握忠诚顾客	占有率和利润下降
2	提高价格和价值感知	使高价也能物有所值	占有率小维持获利
3	维持原价但提升感知	价格会相对便宜	占有小维持长期获利
4	部分降价但提升感知	给顾客优惠	维持占有率短期利降
5	全面降价但提升感知	打击价格竞争者	维持占有率短期利降
6	全面降价和降低感知	打击价格竞争者	维持占有率长期利降

10.3　价格规划选择模型

依定位进行价格规划的核心是看价格是不是定位点所在的要素，如果不是的话，就要围绕着定位使其在行业平均水平上下；如果是的话，就要分析定位在价格的哪一个利益点上，通过价格利益定位点——价格属性，进行相应规划，使定位点达到优秀和出色的水平。

1. 价格规划的一般模型

顾客是否购买一款产品和服务，最为关键的影响因素是物有所值否。而物有所值是产品、渠道、沟通和价格带来的利益，与其支出成本之间的比较。价格既可以调整顾客支出的成本，也会调整顾客感受到的利益，因此需要依定位进行价格策略的选择，使价格策略为定位点服务。结合前述的分析和讨论，可以建立一个产品规划的一般模型（见图10.6）。

2. 美国沃尔玛公司的案例分析

沃尔玛公司长期实施低价策略，并与竞争对手相比实现了差异化。但是随着"品类杀手"（Category Killer，折扣型专业商店）的崛起，低价策略受到模仿，

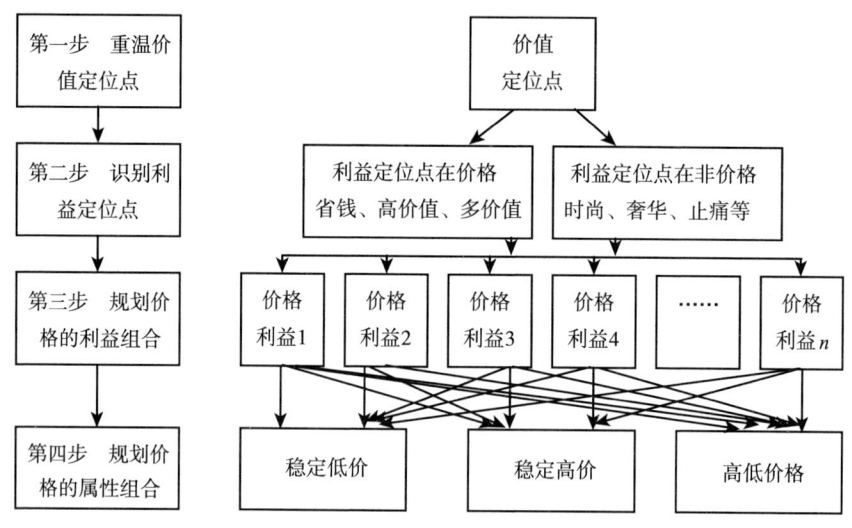

图 10.6　价格规划的一般模型

差异化逐渐消失。2007 年前后，沃尔玛推出了新的价值定位，由原有的"天天低价"属性定位、"为顾客节省每一分钱"的利益定位，增加了"好生活"的价值定位[①]，企业定位口号变为"省钱、省心、好生活"（save money, live better）。2009 年，在中国一些沃尔玛店铺开始使用该口号。至此，通过梳理可以得出沃尔玛的价格规划：沃尔玛价值定位点为好生活，利益定位点是省钱和省心，属性定位点是天天低价，也就是稳定的低价策略。图 10.7 表明，沃尔玛商场依定位进行价格规划的思路，并且价格属性是定位点所在的位置。

3. 哈根达斯冰淇淋的案例分析

哈根达斯在中国的广告语众人皆知："爱她，就带她去吃哈根达斯！"这句广告语清晰地表明哈根达斯的目标顾客为年轻人，目标消费者为女孩，目标购买者为男孩，是男孩像女孩表达爱的一种符号。当然在表达这种爱时，男孩必然要陪着吃。为了体现爱意，冰淇淋应该好吃，珍稀，有品位，浪漫，有价值，销售和食用场所温馨，广告画面充满着爱意和对未来生活的幻想，所有这一切都要求价格策略应该是：高价、稳定、高价值和诚实的。图 10.8 表明哈根达斯依定位进行价格规划的思路，并且价格属性不是定位点所在的位置，但需要为定位点做出贡献。

[①] 李小琳：《静水深流》，上海人民出版社 2007 年版，第 211 页。

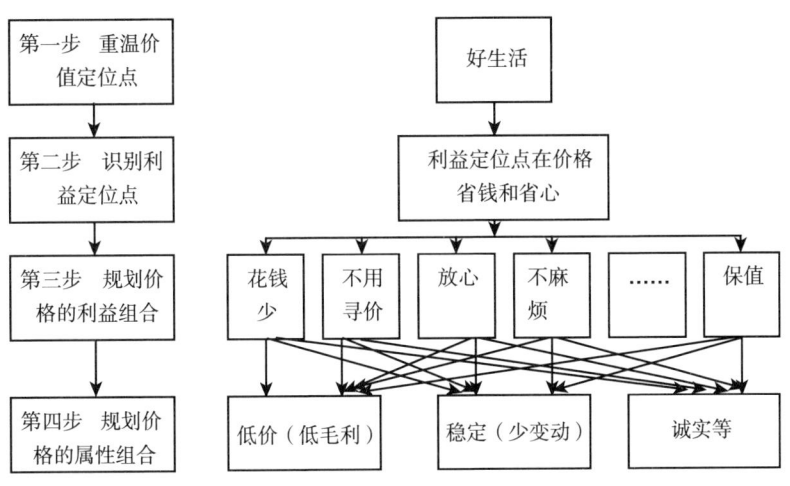

图 10.7 沃尔玛依定位进行价格规划

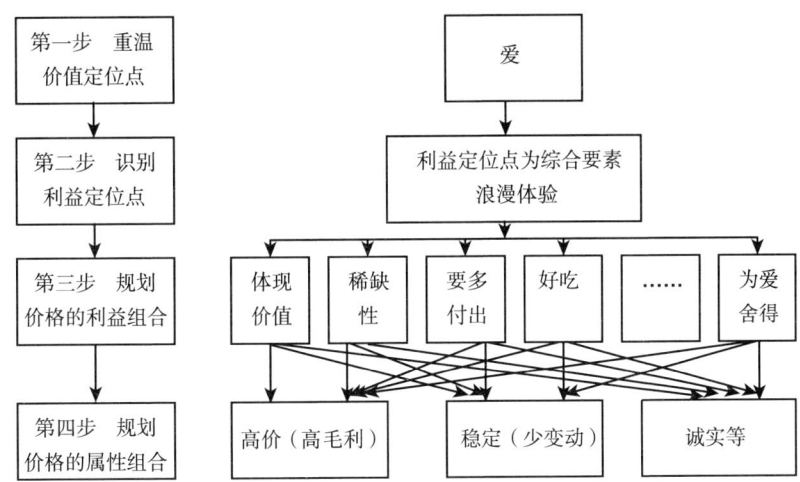

图 10.8 哈根达斯依定位进行价格规划

据 2011 年的一份调查结果显示,在中国市场,每百克冰淇淋的价格和路雪为 7 元,八喜为 6 元,蒙牛蒂兰圣雪为 5 元,而哈根达斯为 33 元,是其他品牌的 4 倍多[1]。贵在哪里？贵在"爱"上。如果说"爱她就请她去吃哈根达斯",

---

[1] 刘昕阳、夏永林：《基于声望定价的哈根达斯中国市场营销策略研究》,载于《集体经济》2011年第 30 期。

结果 5 元钱一个球，那就无法体现爱，其他冰淇淋也是这个价格。只有大大高于竞争对手的价格，才能让目标购买者感到能用它表达爱，也能让目标消费者感到这种爱。

  本章主要讨论了依定位进行价格规划的问题，具体包括三个方面的内容：一是明确了价格规划的内容，分为价格制定和价格调整，价格制定包括高价、低价和高低价格三种选择，价格调整包括时间、空间、频度、方向和幅度等；二是讨论依定位进行价格规划的方法，定位点决定了产品好和服务所处的价格带，相关利益者利益影响着所处价格带的具体数值的确定，物有所值决定着价格战的应对策略，在此基础上，把定位点方面做成优于竞争对手，把非定位点方面做成不低于行业平均水平，同时为定位点做出献；三是建立一个价格规划的选择模型，由价值点规划价格的利益定位点和利益非定位点，再根据价格的利益组合进行价格的属性组合规划。

第11章 依定位进行渠道规划

分销渠道简称为渠道,是指产品或服务从生产者向消费者转移过程所经过的路径。在营销组合中,渠道的功能是把合适的产品、以合适价格,送达到目标顾客手中,因此定位战略的选择和实施都离不开渠道的规划。具体思路是:先明确渠道规划的内容,再依定位进行渠道策略的规划,如果渠道是定位点所在的地方,就要分析它在渠道的哪个维度上,把这个维度做成行业出色或优秀的水平;如果定位点不在渠道上,那么渠道的各种维度达到行业平均水平即可。最后,得出一个渠道规划的选择模型。

11.1　渠道规划的内容

假如计划从北京到上海旅游，要考虑使用哪种交通工具——火车、汽车，还是飞机？是选择一种方式，还是多种方式？这是渠道的广度问题。比如选定了火车，还要确定乘某一车次，还是换乘几个车次？这是渠道的宽度问题。又如选定了某一车次的火车，要确定中途是停留几站，还是直达上海？这是渠道长度问题。分销渠道的长度、宽度和广度构成了分销渠道的数量形态，渠道中成员之间的关系构成了渠道的组织系统，这四个部分成为渠道设计的内容[1]。同时还需要对这个过程进行管理，就构成了渠道规划的基本内容（见表11.1）。

表11.1　　　　　　　　　　渠道规划的内容

五个层面	渠道长度	渠道宽度	渠道广度	渠道系统	渠道管理
具体内容	零层渠道 一层渠道 二层渠道 三层渠道	独家分销 选择分销 密集分销	一种渠道 多种渠道	所有权系统 特许经营系统 管理式系统	流程管理 成员管理 关系管理 绩效管理

1. 渠道长度

渠道长度是指产品从生产者手中转移至消费者手中所经过的纵向环节数量的多少。数量越多，表明分销渠道越长；反之则越短。

分销渠道长度如何，是分销渠道主体要素纵向组合的结果。如果生产者与消费者直接发生关系，即为超短渠道；如果生产者、零售机构、消费者三者共同参与了分销过程，即为短渠道；如果生产者、批发机构、零售机构、消费者四方共同参与了某一产品或服务的分销过程，即为长渠道。一般是用分销过程中中间环节层数来表示分销渠道的长短，层数越少，渠道越短；反之则越长。

（1）零层渠道，也称直接渠道。即厂商直接把产品销售给消费者或用户，包括直接销售和直效营销两种方式。

---

[1] 李飞：《分销通路设计——商品分销体系建立与创新》，中国时代经济出版社2002年版，第38页。

（2）一层渠道。即厂商通过一层环节，将产品转移至消费者或用户手中。在消费者市场，这一层环节是零售机构，在产业市场通常是经纪机构。

（3）二层渠道。即厂商通过两层环节，将产品转移至消费者或用户手中。这两层环节在消费者市场是批发机构和零售机构，在产业市场，则极有可能是代理机构与批发机构。

（4）三层渠道。即厂商通过三层环节，将产品转移至消费者或用户手中。通常有一个中转机构介于批发机构和零售机构中间。

在设计分销渠道长度时，必须分析分销渠道长度的相关影响因素。这些因素主要包括产品、市场、购买行为、企业及中间商等因素（见表11.2）。

表11.2　　　　　　　　　　分销渠道长度的影响因素

	限制因素	长渠道（多层）	短渠道（一层）	超短渠道（零层）
产品因素	商品重量	轻	中等	重
	商品易腐性	不易	中等	容易
	商品时尚性	弱	中等	强
	商品价值	低	中等	高
	商品规格	规格化	适中	非规格化
	商品技术度	低技术性	中等	高技术性
	商品生命周期	旧产品	中等	新产品
	商品消费时间	短时间内消费	中等	长时期内消费
市场因素	市场规模	巨大	适中	狭小
	市场聚集特点	分散	中等	集中
购买行为因素	顾客购买量	少量	中量	大量
	顾客购买季节性	随季节变化	中等	无季节性
	顾客购买频度	高频度	中频度	低频度
	顾客购买探索度	不探索	两可	探索后购买
企业因素	企业财务状况	财力弱	中等	财力强
	企业渠道管理能力	低	中等	高
	企业渠道控制制度	低	中等	高
中间商因素	利用的可能性	容易	中等	困难
	利用成本	低	中等	高
	提供服务	好	一般	不好

2. 渠道宽度

渠道宽度是指经销某种产品的批发机构数量、零售机构数量、代理机构数量的多少。如果一种产品通过尽可能多的销售点供应给尽可能广阔的市场，就是宽渠道；否则便是窄渠道。

分销渠道宽度如何，是分销渠道主体要素横向组合的结果。如果在某一个地区有一个中间机构经销或代理该产品，就形成了超窄渠道；有若干家中间机构经销或代理该产品，就形成了窄渠道或较宽渠道；有许多中间机构经销或代理该产品，就形成了宽渠道。一般用分销过程中间机构在某一环节（批发或零售）的数量多少来表示分销渠道的宽窄，数量多为宽渠道，数量少为窄渠道。

在诸多的营销学教科书中，常把"分销渠道宽度"用"中间机构数目"取代。一般有三种可选择方案：独家分销、选择分销和密集分销（见表11.3）。

表 11.3　　　　　　　　　　分销渠道宽度类型分析

类型	超窄渠道 （独家分销）	窄渠道 （选择分销）	宽渠道 （密集分销）
特征	一地一家分销商	一地几家分销商	一地所有分销商
优势	控制渠道容易 分销商竞争程度低 费用节省	控制渠道较易 市场覆盖面较大 顾客接触率较高	市场覆盖面大 顾客接触率高 充分利用中间商
劣势	市场覆盖面小 顾客接触率低 过分依赖中间商	分销商竞争较激烈 选择中间商难 费用较低	控制渠道难 花费费用高 分销商竞争激烈
产品	价值高商品 特殊商品	价高商品 选购商品	日用商品 方便用品

（1）独家分销是指在某一地区仅利用一家机构来销售某种特定产品。其目的在于刺激经销商的销售积极性，同时也比密集分销、选择分销便于控制，但市场覆盖较窄，成败受其制约，难以形成经销机构的竞争。独家分销利的方面是：①控制渠道容易；②分销商竞争程度低；③促销费用省。弊的方面是：①市场覆

盖面小；②顾客接触率低；③过分依赖中间商。独家分销（超窄）渠道的适应性产品有：汽车、家用电器、名牌自行车、定制服装等，这些产品一般具有价值大、独特性强的特点。

（2）选择分销，又称为窄渠道。是指厂商选择若干批发商或零售商在特定的区域出售某种产品，这种方式所用批发商不太多，零售商可多可少，依具体情况而定。选择分销（窄）渠道利的方面是：①控制渠道较易；②市场覆盖面较大；③顾客接触率较高。弊的方面是：①分销商竞争较激烈；②选择中间商较难。选择分销（窄）渠道的适应性产品有：选购性商品、价格较高的商品和限量生产的日常生活用品。

（3）密集分销，又称为宽渠道。是指厂商在尽可能多的相关零售店出售某种产品，这种零售密集分销的方式同样要求利用很多批发商，而且使用的批发商往往有若干不同类型（这是广度问题）。密集分销（宽）渠道利的方面是：①市场覆盖面大，扩展市场迅速；②顾客接触率高，提升销售业绩；③分销支持度强，充分利用中间商。弊的方面是：①厂商控制渠道较难；②厂商需花费大量的费用（打开渠道，狂轰广告）；③分销商竞争会异常激烈；④分销、促销不专一。密集分销（宽）渠道的适应性产品有：食品、杂货等日常生活用的便利品，一般采取此种方式分销。这些商品特点是顾客经常购买，价格便宜。

由上可知，在一条经过多层环节的长渠道中，各个环节的渠道宽度极有可能是不同的。对批发商采取选择渠道，对零售商可能扩展为密集渠道。因为渠道宽窄划分的标志不是转移商品的数量，而是经营该种产品的中间商的数量。

在设计分销渠道宽度时，必须分析分销渠道宽度的相关影响因素。这些因素主要包括产品、市场、购买行为、企业等因素（见表11.4）。

表11.4　　　　　　　　　分销渠道宽广度影响

	限制因素	宽通路（密集）	窄通路（选择）	超窄通路（独家）
产品因素	商品重量	轻	中等	重
	商品价值	低	中等	高
	商品规格	规格化	适中	非规格化
	商品技术度	低	中等	高
	售后服务	不重要	一般	必要
	需仓库投资	不需要	居中	需要
市场因素	市场规模	巨大	适中	狭小
	市场聚集特点	分散	中等	集中

续表

限制因素		宽通路（密集）	窄通路（选择）	超窄通路（独家）
购买因素	顾客购买量	少量	中量	大量
	顾客购买频度	高频度	中频度	低频度
企业因素	通路长度	长	短或长	短
	销售区限制度	弱	一般	强

3. 渠道广度

分销渠道的广度是指企业选择的渠道条数的多少，多者为广，少者为狭①。随着信息技术（互联网和移动网）的发展，渠道广度发生了巨大的变化。下面引述本书作者已有的一些研究成果②。

法国管理软件公司 Cegid（施易得）产品零售主任西厄里·伯丁（Thierry Burdin）认为，全渠道零售是从单渠道（Mono-channel）到多渠道（Multi-channel），再到交叉渠道（Cross-channel），最后到全渠道的演化结果，四个阶段分别对应"砖头+水泥（brick and mortar）"阶段、"鼠标+水泥（click and mortar）"阶段、"砖头+鼠标+移动网络（brick, click and mobile）"阶段和"鼠标+砖头+移动网络"阶段（见图11.1）③。根据伯丁的观点，实体店为单渠道，实体店和网店并存是多渠道，实体店加网店和移动商店是跨渠道，而全渠道是网店的重要性超过实体店的跨渠道状态。这意味着渠道划分的标志仅为空间维度，这与已有的渠道理论划分方法不同。

全渠道与单渠道、多渠道、跨渠道有天然的联系，又有一定的差别，并与实体店、网店和移动商店息息相关。然而这些问题在理论上还缺乏清晰地界定和严格的定义。本章回归到渠道的基本分类理论，对这几个相关概念进行梳理，最后归纳出全渠道零售的概念定义。

（1）单渠道零售。根据一些咨询公司专家的观点，将"实体店铺"整体视为单一零售渠道，因此认为单渠道零售时代就是实体店铺的时代。但是从学术角度看，单渠道零售是渠道宽度问题，是指选择一条渠道，将产品和服务从某一销售者手中转移到顾客或者消费者手中的行为。单渠道策略通常被认为是窄渠道策

---

① 李飞：《分销通路设计——商品分销体系建立与创新》，中国时代经济出版社2002年版，第25页。
② 李飞：《全渠道零售的含义、成因及对策》，载于《北京工商大学学报》（社科版）2013年第2期。
③ Thierry Burdin, *Omni-channel Retailing: The Brick, Click and Mobile Revolution*, www.cegid.com/retail.

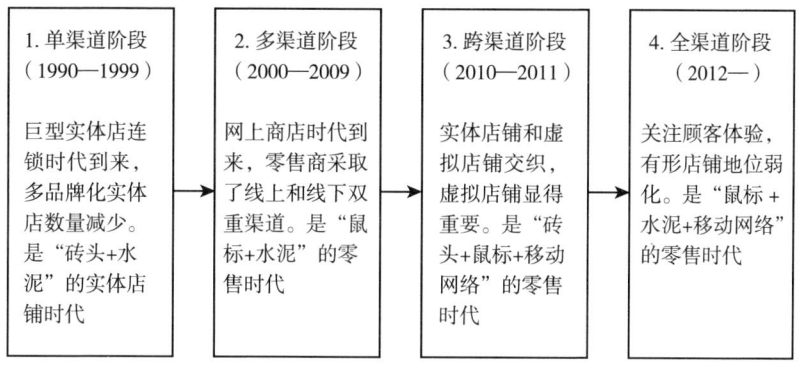

图 11.1 零售渠道变革的路线

略，而不管这一条渠道是实体店，还是邮购，还是网店。比如在古代，自给自足的农民常常通过集市贸易单一渠道销售剩余的农副产品；在计划经济情境下，日常生活用品也是遵循着"工厂——级批发—二级批发—三级批发—零售店—顾客"的单一渠道方式；在互联网时代，通过一家网店进行零售，也属于单渠道零售。

（2）多渠道零售。前述诸多的咨询公司专家是把实体店加网店的分销视为多渠道。但是从渠道分类的学术视角看，它是指企业采用两条及以上完整的零售渠道进行销售活动的行为，但顾客一般要在一条渠道完成全部的购买过程或活动。例如汽车厂商对于团购的出租汽车公司采取直销渠道的方式，对于零散顾客采取4S店铺的渠道方式，每条渠道都完成销售的所有功能，期间没有交叉。其实，多渠道零售并非2000年之后的方式，比如美国西尔斯公司在20世纪初期就开始了店铺和邮购相结合的零售方式，一些化妆品供应商不仅在百货商店零售产品，也在化妆品专卖店或超市零售。

（3）跨渠道零售。依据前述咨询公司专家的观点，有形店铺、虚拟店铺和移动商店的结合，就是跨渠道零售。根据已有的渠道管理理论，这还是多渠道，而跨渠道是指企业采取多条非完整的零售渠道进行销售活动的行为，每条渠道仅完成零售的部分功能。例如利用电话向顾客介绍商品，通过实体店完成交易，通过呼叫中心进行售后服务等。多渠道零售表现为多渠道零售的组合，每条渠道完成渠道的全部而非部分功能；跨渠道则表现为多渠道零售整合，整合意味着每条渠道完成渠道的部分而非全部功能。

（4）全渠道零售。是指企业采取尽可能多的零售渠道类型进行组合和整合（跨渠道）销售的行为，以满足顾客购物、娱乐和社交的综合体验需求，这些渠道类型包括有形店铺（实体店铺、服务网点）和无形店铺（上门直销、直邮和目录、电话购物、电视商场、网店、手机商店），以及信息媒体（网站、呼叫中心、社交媒体、E-mail、微博、微信）等。在今天，几乎一种媒体就是一种零售渠道，随着各类新媒体的不断涌现，跨渠道进入了全渠道的时代。当然，这里的"全渠道"不是企业选择所有渠道进行销售的意思，而是指面临着更多渠道类型的选择和组合、整合。如果从更准确的另外一个交易方看，全渠道零售实际上是顾客的全渠道购物。图11.2 显示全渠道零售与其他零售渠道类型之间的关系。

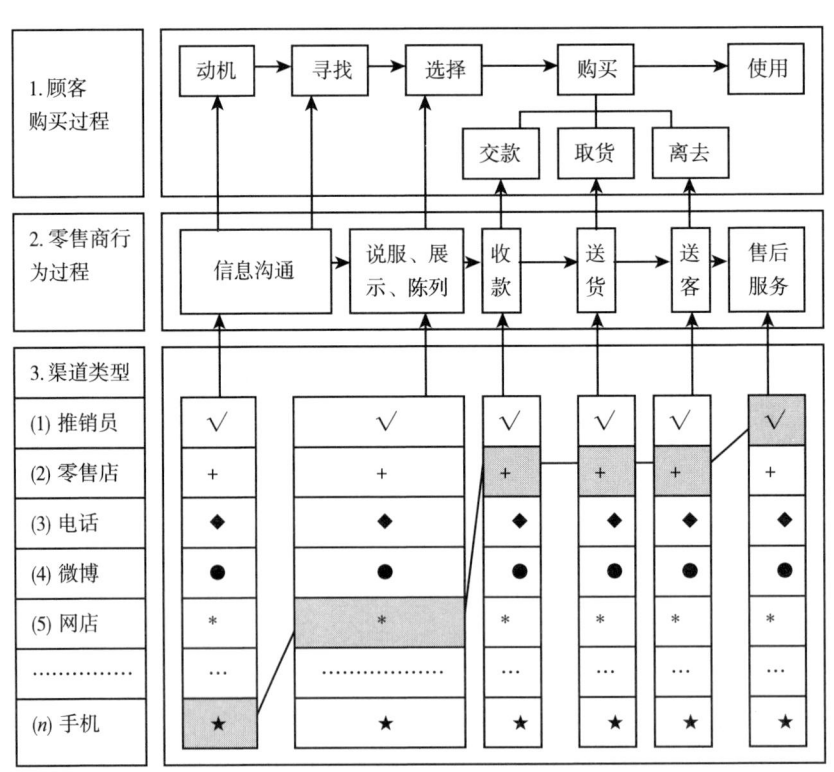

图11.2 全渠道模式图解

由图11.2可知，零售商行为过程包括：（1）与顾客信息沟通；（2）向顾客展示、陈列商品并说服顾客购买；（3）顾客决定购买后，零售商收款，包装商品，送顾客离去；（4）进行售后服务等。如果仅仅选择推销员，或是零售店，或是网店，或是手机等一条渠道完成零售过程的所有活动，就是单渠道零售；如果选择其中两条及以上的渠道且每条渠道都各自完成零售过程的所有活动，就是多渠道零售；如果选择其中多条渠道且每条渠道各自完成零售过程的部分功能，就是跨渠道零售，图 11.2 中粗实线连接而成的渠道模式就是跨渠道零售，手机渠道完成信息沟通功能，网店完成说服、展示和陈列功能，实体店完成收款、送货和送客等功能，而推销员完成售后服务功能；如果为了满足顾客综合体验的需求和提高渠道运行效率，采取多种跨渠道整合方式，或者跨渠道整合和多渠道组合并存，就属于全渠道零售。

从顾客购买过程来看，包括：（1）产生购买动机；（2）搜集相关信息进行比较选择；（3）选择零售商后再进行产品选择；（4）决定购买后交款、收货；（5）接受售后服务。在传统实体店铺情境下，五项内容几乎都在一家有形店铺里完成，而今这五项内容面临着多种渠道选择方式，其排列组合将异常繁杂。在这个意义上说，企业的全渠道零售，就是顾客的全渠道购买。

从社会角度来看，已经进入全渠道时代，但是企业是否采取全渠道策略，还需要根据行业特征、顾客需求和竞争对手情况进行确定。

4. 渠道系统

任何一条分销渠道都包括若干成员，这些成员像接力赛一样，完成商品的传递过程，而这些成员之间的关系状况就表现为分销渠道的组织或系统。

渠道系统包括三种主要类型：传统分销系统、垂直分销系统和水平分销系统。最常见的是垂直分销系统。

（1）传统分销系统。是指一般的分销组织形态。渠道各成员之间是一种松散的合作关系，各自追求自己的利润最大化，最终使整个分销渠道效率低下。它也被称为松散型分销系统。

（2）垂直分销系统。是指由生产者、批发商和零售商组成的一种统一的联合体，每位成员把自己视为分销系统中的一分子，关注整个垂直系统的成功。垂直分销系统包括三种形式：所有权式、契约式和管理式（见图 11.3）。

（3）水平分销系统。又称共生型营销，是指由两个或两个以上的企业联合，共同开发新的营销机会。实际上是一种横向联合经营。例如可口可乐公司与雀巢咖啡公司合作，雀巢公司以其专门的技术开发新的咖啡及茶饮料，然后交由熟悉饮料市场分销的可口可乐去销售。

在现实中，公司面临的分销渠道设计大多数是垂直系统的设计和选择。各种垂直渠道系统的特点比较如表 11.5 所示。

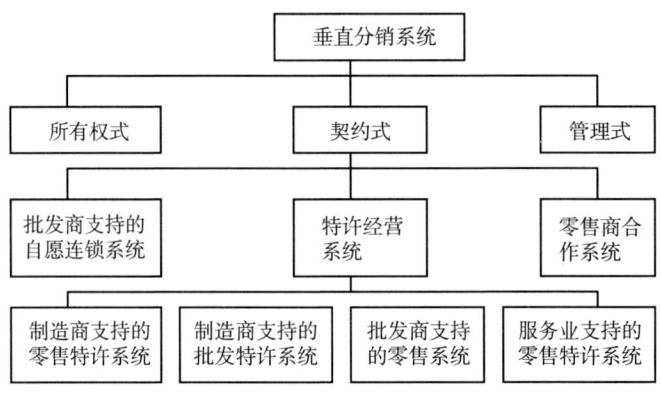

图 11.3　垂直分销渠道系统

表 11.5　　　　　　　　　　垂直渠道系统类型

类型 项目	所有权式	契约式			管理式
		特许经营型	自由连锁型	零售商合作型	
所有权	统一	不统一	不统一	不统一	不统一
经营权	统一控制	契约规定	各自独立	各自独立	各自独立
收益所属	公司	契约规定	店铺主	店铺主	中间商
决策权	总公司	契约规定	主要属店铺	合作组织与店铺	中间商
资金	总公司	加盟者	加盟者	加盟者	加盟者
经营者	公司任命	加盟者任命	加盟者	加盟者	中间商
扩展	开发新的批发与零售店	新与旧中间商加盟	旧店联合	新店或旧店	原有机构
扩网速度	较慢	快	快	快	快
契约	无	经营大部分且长期	经营一部分且长期	经营一部分且长期	经营小部分且短期
商品来源	总公司	特许者	批发商	批发机构	厂商
价格	总公司规定	特许者规定	主要由批发商	依合作过程	中间商或厂商
倒闭	总公司规定	加盟者自由	加盟者自由	依合作过程	中间商自主
培训	总公司负责	特许者负责	加盟者自由利用	统一或分散	较少进行
促销	统一实施	统一或自由加入	自由加入	自由利用	一般不统一
招牌	统一	统一	两可	两可	不统一
交易	内部分配	买断或代理	买断	买断	买断或代理

续表

项目 \ 类型	所有权式	契约式			管理式
		特许经营型	自由连锁型	零售商合作型	
适用领域	批发零售公司扩展市场或厂商控制分销渠道	厂商、批发商、零售商扩展分销网络	批发商协助所辖零售商对抗大型零售企业	中小零售商对抗大型连锁公司	厂商、批发商扩展分销网络
优点	1. 所有权与管理权集中,利于实现规模效益 2. 大量进货,可取得低价,减少运费 3. 规模实现可聘用优秀人才 4. 批零功能合一,有利于协调 5. 节省促销费用	1. 兼有直营、特许经营的优点 2. 可以少投资金,达到快速发展 3. 吸引创业人加入 4. 利用品牌知名度和成功模式,效率高	1. 投资少,发展快 2. 分散风险 3. 统一采购,降低成本 4. 权力分散,有灵活性	1. 采取一致行为,实现规模效益 2. 享受公共服务	1. 减少投资,建网快速 2. 风险小 3. 应变能力强 4. 具有灵活性
缺点	1. 投资大 2. 风险大 3. 环境适应性和应变能力差 4. 店主精神不足	1. 契约规定,常使本部与加盟者产生争议 2. 迅速扩展,易形成市场垄断	1. 总部对店铺没有约束力、容量失去整体效益 2. 难以树立统一形象 3. 店主素质不一,影响组织形象	1. 缺乏强有力的总部 2. 策略与制度不易推行,是较难经营的形态	1. 缺乏稳定性 2. 不容易控制 3. 市场开拓力弱 4. 促销费用大

实际上,渠道规模(长度、宽度和广度)变量对分销渠道系统的影响最终反映在公司因素变量和中间商因素变量上,因为渠道规模变量决定了某一种组织形式,仅是表明有一定的必要性。是否可能,则取决于其他两个变量的情况。例如一种产品适合长、宽、广的渠道规模,这种规模要求选择管理型的渠道组织形式,但选择不到理想的中间商,也只能选择特许经营或所有权型的组织形式。当然也会出现这样的情况,既没有能力组建自己的分销网络,又无法选择到合适的中间商,那就只好被迫进入管理型或松散型的组织系统中,一些中小型厂商常常处于这种尴尬境地。可见渠道顺畅与否,既与渠道组织有关,也与产品的畅销度、品牌价值息息相关。

5. 渠道管理

分销渠道与高速公路一样，必须要有严格的通行规则和制度，否则会发生渠道阻塞或交通事故。建立渠道通行的制度和监督制度的实施，就是渠道的管理问题，主要包括流程管理、成员管理和关系管理等内容（见表11.6）[1]。

表 11.6　　　　　　　　　　分销渠道管理的内容

渠道管理的核心	流程管理的核心	成员管理的核心
流程管理	成员管理	关系管理
1. 所有权流程 2. 谈判流程 3. 物流 4. 资金流程 5. 信息流程 6. 促销流程	1. 选择渠道成员 2. 培训渠道成员 3. 激励渠道成员 4. 评价渠道成员 5. 调整道路成员 注：包括公司内部成员和外部成员的管理	1. 垂直关系 2. 水平关系 3. 交叉关系 注：重点在于合作关系的维持与冲突的解决

（1）流程管理。流程管理包括六项内容：所有权流程管理、谈判流程管理、产品实体流程管理、资金流程管理、信息流程管理和促销流程管理。

所有权流程管理至少包括三个内容：如何清晰地界定所有权？是否要转移商品所有权？如何转移商品所有权？

谈判流程管理是指，买卖双方为了完成交易，就交易条件而进行的协商。分销渠道中的交易功能必须通过一定的谈判过程来完成，不仅生产者与批发商之间的交易如此，批发商与零售商之间的交易也是如此，甚至零售商与消费者之间的交易也是如此。这样，在渠道中就形成了一条自上而下运动的纵向谈判流程。对这一过程的管理，无疑对整个分销过程的效率都有着十分重要的影响。厂商与中间商的谈判内容包括产品规格与数量、价格、销售期限、交货时间、付款条件、代理区域、促销支持等。

分销物流管理主要是指产成品销售过程中的商品实体转移过程的管理，它不包括采购物流管理和生产过程的物流管理。分销物流管理的主要内容可以归纳为：顾客服务、运输管理、存货管理和仓储管理。顾客服务又称订单管理，是指

---

[1] 李飞：《分销渠道设计与管理》，清华大学出版社2003年版，第54页。

企业与顾客之间接受并履行订单的过程。这一管理的关键性因素是企业能否以较低成本提供及时、便利的服务。运输管理是指，对产品从生产者手中到中间商手中，再至消费者手中的运送过程的管理。它包括运输方式选择，时间与路线的确定及费用的节约。存货管理是指，为了满足顾客需要而又不增加成本的存货量控制。现代信息技术的应用已使存货水平大大降低了。仓储管理不同于存货管理，是指仓库建设和设施的安置，以及库房接货、发货、装运等日常业务的管理。

资金流程管理，包括三个主要内容：确定资金回流时间（取决销售方式是经销还是代理，回款方式是预付还是赊销），确定赊销的信用额度（取决于合作伙伴或渠道成员的信用），加强应收账款的管理。

信息流程管理是指，在分销过程中，为了引导相关的商业活动所形成的信息传播的过程管理。信息流程是信息双向运动过程，一方面，生产者通过中间商将信息传达给顾客；另一方面，顾客也通过中间商将信息传达给生产者。美国的一项调查结果显示：投资信息技术所产生的收益在制造业是54%，在商业则是68%，它们不仅来自于成本的降低，还来自于销售收入的增长[1]。分销信息系统是指，对分销活动中的各种信息内容进行收集、整理、分析、评价、传输的人、机、程序组成的系统。这个系统包括软件、硬件、网络和信息数据库，其目的是为分销决策提供支持与服务。分销渠道运行除了享用共同的营销信息系统之外，还必须构造特有的分销信息系统，这个特有的信息系统集中体现在内部报告系统方面，即订单—收款的循环系统，它是分销业务开展的神经系统。虽然是内部报告系统，但它所涉及的是生产者与客户之间的关系。前述的内容报告系统可称之为分销信息系统。这个系统的规划可分为直效营销系统、批发分销系统和零售分销系统的规划。

促销的本质是信息沟通，因此有人将促销流程视为信息流程的一个特例[2]。实际上，在分销渠道问题里谈清楚促销流程管理，或许需要将营销管理的促销管理或整合营销传播内容复述一遍。

（2）成员管理。分销渠道管理的现象形态是各种流程的管理，每个流程的顺利完成都离不开各个渠道成员的合作和努力，而每个流程之所以表现为不同的形式，除了受外在环境因素的影响外，更主要的是受渠道成员之间利益关系的左右。分销渠道的成员与关系管理自然成为流程管理的核心。成员管理包括成员选择、成员激励培训、成员评价调整等方面的内容。

---

[1] Louis W. Stern：《市场营销渠道》，清华大学出版社2001年版，第235页。
[2] 本·M·恩尼斯等：《营销学经典权威论文集》，东北财经大学出版社2000年版，第696页。

（3）关系管理。渠道成员管理的本质是成员间关系的管理，关系管理的核心是利益关系，利益关系的处理包括利益的分配和冲突的解决。具体有两种解决方法：一种是对成员关系进行分类，然后对各种关系中存在的问题提供解决方案，可称其为渠道关系的分类管理；另一种是对利益冲突进行分类，再分析其原因，提供解决方案，可称其为渠道关系的冲突管理。在渠道成员中，批发商和零售商之间的关系被称为垂直关系，发生的冲突被称为垂直冲突。批发商与批发商、零售商与零售商之间的关系被称为水平关系，发生的冲突被称为水平冲突。批发商与零售商，或是不同渠道商之间的关系被称为交叉关系，发生的冲突被称为交叉冲突。

11.2 渠道规划的方法

简单地说，渠道规划的方法就是依定位进行渠道规划，根据定位点和非定位点对所有渠道组合的属性要素进行选择。

无论定位点在哪儿，作为营销组合的一个要素，渠道都应该对其做出相应的利益贡献。同时，渠道规划也要体现非定位点带来的利益，决策者据此做出体现利益组合中的渠道利益，然后，再根据渠道利益确定渠道的各种属性。图 11.4 说明了依定位进行渠道规划的过程。首先，描述渠道组合的要素，之后分析竞争对手的属性、利益和价值。其次，识别定位点和非定位点在哪。最后，进行相应的规划，如果渠道不是定位点，就进行非定位点的规划，保证为定位点服务，并且达到行业平均水平；如果渠道是定位点，需要进一步明确定位在哪一具体方面，如可以是便利，也可以是让顾客选择的商品更丰富，也可以是顾客购买的环境更舒适。如购买环境舒适是定位点，就要找到哪些因素形成购物的舒适环境，把它做得优于竞争对手。

1. 描述渠道组合要素

渠道组合要素同样包括属性、利益和价值等三个方面。渠道的属性就是前面已讨论渠道的长度、宽度、广度、系统等内容。渠道为顾客带来的精神价值，也是前面讨论过的 18 个工具价值和 18 个最终价值。因此本节重点讨论渠道为顾客带来的利益。

渠道为顾客带来的利益就是顾客对渠道的服务需求，包括五项基本内容：购

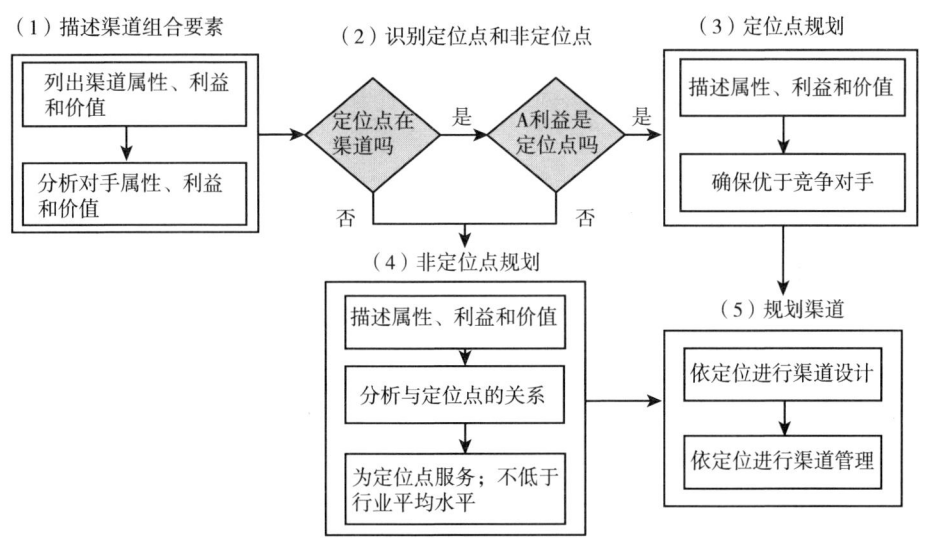

图 11.4　依定位进行渠道规划

买批量、等候时间、出行距离、选择范围和期待的售后服务[①]。

（1）购买批量。是指顾客每次购买商品的数量。以汽车为例，出租汽车公司喜欢到大批量出售汽车的商场去购车。对于日常生活用品也是如此，小工商户喜欢到仓储商店批量地购物，而普通百姓偏爱到拆零的大型超级市场买东西。因此，购买批量的差异，要求厂家为他们设计不同的分销通路。分销通路销售商品数量起点越低，表明它所提供的服务产出水平越高。

（2）等候时间。是指顾客在订货后或现场决定购买后，一直到拿到货物的平均等待时间。在现代社会，人们的生活节奏加快，更加喜欢那些快速交货的分销通路。分销通路交货越迅速，表明其服务产出水平越高。

（3）出行距离。是指顾客从家里或办公地点到商品售卖地的距离。一般而言，顾客更愿意在附近完成购买行为，但是，不同的商品，人们所能接受的出行距离是不同的。显然顾客购物出行距离的长短与通路网点的密度相关。密度越大，顾客购物的出行距离越短；反之则越长。市场分散程度较高，可以减少消费者在运输和寻找预购商品时所花费的时间和费用，提高服务产出水平。

（4）选择范围。是指分销渠道提供给顾客的商品花色品种数量。一般而言，

---

① Louis P. Bucklin, *Competition and Evolution in the Distributive Trades*, Upper Saddle River, NJ: Prentice Hall, 1972.

顾客喜欢较多的品种花色供其选择，因为这样更容易买到称心如意的产品。例如，如果不是单一的品牌崇拜者，顾客不愿意去专卖店购买服装，而愿意到集中多品牌的服装专业店或百货商店购买。分销通路提供的商品花色品种越多，表明其服务产业水平越高。

（5）售后服务。是指分销渠道为顾客提供的各种附加服务，包括信贷、送货、安装、维修等内容。消费者对不同的商品有不同的售后服务要求，分销渠道的不同，提供的售后服务水平也会不同。

在此，还要研究竞争对手在渠道属性、利益和价值三个方面的表现，以便在进行渠道规划时更加具有针对性。

2. 识别定位点和非定位点

由利益和价值定位点，确定属性定位点和非属性定位点所在的位置。具体应用的工具是前文提到的"手段—目的链"理论，以及 11.3 节根据这个理论归纳出的渠道规划选择模型。在一般情况下，定位点常常是在产品、服务、价格等方面，仅在个别情况下才会在渠道组合要素上。

3. 让定位点优于竞争对手

如果定位点是在渠道这一营销组合要素上，就具体分析在哪个利益和属性上，其目标是让顾客感知到，属性定位点、利益定位点，乃至价值定位点（如果有的话）都优于竞争对手。换句话说，就是通过渠道属性的规划，让定位点得以实现。营销组合在本质上是属性的组合。例如便利商店的定位点就是便利，即定位在店址和店铺环境要素上，因此在这两个属性方面就需要真正让顾客感受到便利，店址选择居民区、写字楼、学校、剧院、体育场等周边，顾客出行 500 米之内就可以到达；店铺环境 100 平方米左右，陈列简单和清晰，流线顺畅，顾客出入口合一，便于顾客快速地选择、购买商品，直来直去。

4. 让非定位点为定位点做出贡献

如果定位点不是在渠道这一营销组合要素上，就要保证渠道的各种属性：一方面为定位点做出应有的贡献；另一方面不低于行业平均水平。例如：由于奢侈品品牌定位点一般都在价值和利益上，常常以产品为主要体现要素，所以渠道一一般不是奢侈品的定位点所在位置,但是渠道必须为奢华、尊贵、享受、体验和自我表现等定位点做出贡献。因此,奢侈品一般选择的渠道终端为豪华的旗舰店、顶级购物中心和高档百货商店进行销售等。

11.3 渠道规划选择模型

依定位进行渠道规划的核心是看渠道是否定位点所在的要素。如果不是的话,就要围绕着定位使其不低于行业平均水平;如果是的话,就要分析定位在渠道的哪个利益点上,通过渠道利益定位点——渠道属性,做出相应的规划,使定位点达到优秀和出色的水平。

1. 渠道规划的一般模型

一款产品非常好,价格也合适,但是顾客无法买得到,找不到销售的场所,或是对这个场所厌恶,也无法完成交易。渠道规划要考虑顾客对渠道的需求、竞争对手的表现和企业自身的能力,依定位进行渠道策略的选择,使渠道策略为定位点服务。结合前述的分析和讨论,可以建立一个渠道规划的一般模型(见图11.5)。

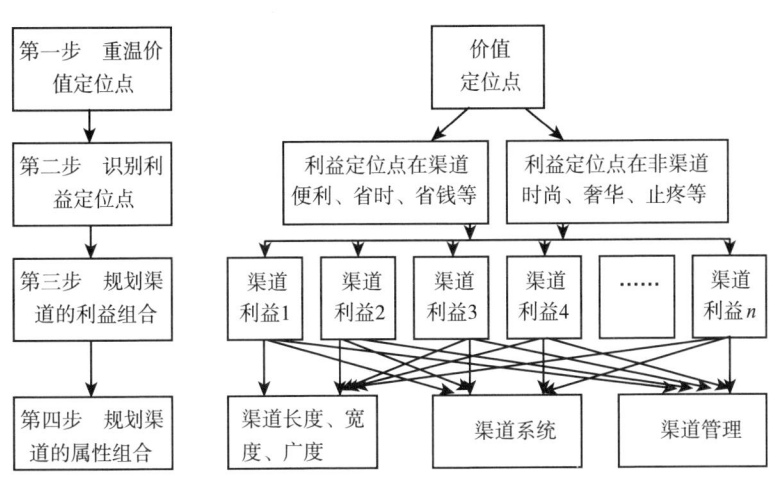

图11.5 渠道规划的一般模型

2. 路易威登品牌的案例分析

路易威登的价值定位是提供旅行的情感体验和自我发现的过程，利益定位是提供旅行的舒适和便利，显然定位点是在产品方面，渠道需要为"情感体验"、"自我发现"、"旅行舒适和便利"的感觉做出贡献，选择短而窄的渠道模式、艺术化的店铺设计和所有权式的渠道系统等（见图11.6）。

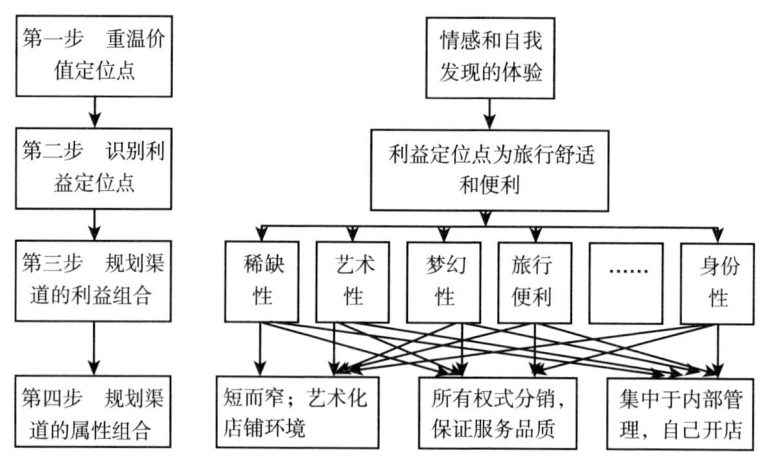

图 11.6　路易威登依定位进行渠道规划

在本书作者已有研究中，对此已有部分说明，在此做部分引述①。路易威登品牌的稀缺性和艺术性等是体现"自我发现"梦想的两个重要特征。

（1）用短而窄的渠道体现稀缺性。路易威登一直坚持通过自设的专卖店销售，人们只有到路易威登的专卖店才能买到路易威登产品。一方面，可以保证顾客买到真正的路易威登产品；另一方面，可以在一定程度上体现产品的稀缺性；再一方面，还可以让顾客感受到与品牌相匹配的艺术化店铺环境。2007年，福布斯公布的一项调查结果显示：路易威登在全球一共开有368家专卖店。1992年路易威登进入中国，至2008年已经16年了，在中国共开店铺21家，采取非常稳健的开店策略，保持购买场所的高端性和稀少性。

（2）艺术化的店铺设计体现梦想。路易威登在店铺装饰和设计方面，体现出产品的高雅和贵族化艺术特色，香榭丽舍大街的旗舰店就是一个代表。2004

---

① 李飞：《奢侈品营销》，经济科学出版社2010年版，第333~334页。

年，为庆祝 LV 创立 150 周年，路易威登将香榭丽舍大道的旗舰店规模扩增 2 倍，特别制作了两只超大的招牌旅行箱，架在旗舰店的大楼外面。店中有 LV 历史上 28 件珍贵的古董行李箱展示，位于旗舰店七层设有 LV 美术馆，筛选了一些尖端艺术家的作品，在店内做永久性陈列。其中一件由白女人裸体构成的字母"L"和黑女人裸体构成的"V"组成的图案作品，彰显了路易威登的时尚前沿性。同时，在旗舰店的长廊里，还有美国艺术家 JAMES 的灯饰雕塑，丹麦概念艺术家 OLAFUR 专门为路易威登设计的作品等。旗舰店简直就是一座当代艺术馆。

　　本章主要讨论了依定位进行渠道规划的问题，具体包括三个方面的内容：一是明确了渠道规划的内容。分为长度、宽度、广度、系统和管理等内容；二是讨论依定位进行渠道规划的方法，在一般情况下，渠道是作为非定位点发挥作用的，故要为定位点做出贡献，同时不能低于行业平均水平。三是建立了一个渠道规划的选择模型，由价值点规划渠道的利益定位点和利益非定位点，再根据渠道的利益组合进行渠道的属性组合规划。

第12章 依定位进行沟通规划

营销沟通（marketing communication）是公司直接或间接通知、说服和提醒消费者，使消费者了解公司产品或品牌的方法①。在营销组合中，如果说渠道的功能是把产品送达到目标顾客手中，那么沟通就是把产品形象"送到"目标顾客的心中。因此定位战略的选择和实施同样离不开沟通的规划。具体思路是：首先明确沟通的内容，之后依定位进行沟通策略的规划，如果沟通是定位点所在，就要分析它在沟通的哪个维度上，把这个维度做成行业出色或优秀的水平；如果定位点不在沟通上，那么沟通就必须依定位进行属性、利益或价值定位点的沟通，保证沟通为定位点做贡献。

---

① 科特勒、凯勒：《营销管理》（第12版），上海人民出版社2006年版，第600页。

12.1 沟通规划的内容

大多数学者都把信息沟通规划分为五个步骤,包括确定沟通目标、选择目标对象、设计沟通内容、选择沟通工具和确定沟通预算。这五个步骤,可以视为沟通规划的具体内容。

1. 确定沟通目标

确定沟通目标即明确"为什么沟通"的问题。企业沟通目标,一是改进长期业务经营——树立形象与地位,例如李宁公司赞助奥运会,沃尔玛公司救助失学儿童等;二是改进短期业务经营——通过传播新产品或是促销信息,以增加顾客的购买额。当然,有时二者相结合,例如可口可乐中国公司借助雅典奥运会机会,进行品牌提升和促销活动的联合营销取得了双重效果。

无论长期目标还是短期目标,都需要进行定量化描述,例如品牌知晓度由多少提升至多少,或是销售额和市场份额由多少提升至多少。

2. 选择目标对象

选择目标对象即明确"对谁沟通"的问题。在商品短缺的情况下,一种商品常常是满足所有人的需要,没有必要进行市场的细分和目标沟通对象的选择。但是在供过于求和激烈竞争的市场环境下,就需要明确每一次沟通活动的目标对象。目前,有些企业沟通活动还是对准所有的人,而不是对准目标顾客,因而造成了极大的浪费。奢侈品品牌不做普通受众的广告,仅让该知道的人知道,假如街头人人谈论路易威登旅行箱、登喜路服装,就会产生品牌伤害,目标顾客就会远离它。

诸多品牌所有者都偏好提升品牌知名度,让更多的人知晓,目的是为品牌成功奠定基础。其实品牌知名度是需要抑制的。具体原则是:让该知道你的人知道你,让不该知道你的人不知道你;该让人知道的事情让人知道,不该让人知道的事情不要让人知道[1]。否则就会陷入品牌知名度"过度"的陷阱。沟通的目标对

---

[1] 李飞:《知名度,贵在"度"》,载于《北大商业评论》2010年第12期。

象，可能是目标顾客的全部，也可能是其中的一部分。

另外，由于顾客购买过程经历认知、感知和行为三个阶段（见表12.1），因此在确定目标沟通对象之后，还需要根据他们所处的购买过程阶段再次确定沟通目标。例如，对于未知的品牌人，目的是让他们知晓；对于知晓品牌的人，目的是让他们产生品牌偏好；对于已有品牌偏好的人，目的是让他们产生购买行为。

表 12.1　　　　　　　　　四种信息沟通模式

阶段	AIDA 模式	效果层次模式	创新采用模式	沟通模式
认知	注意	知晓—认知	知晓	接触—接收—认知
感知	兴趣—欲望	喜爱—偏好—信任	兴趣—评估	态度—意图
行为	行动	购买	试用—采用	行动

虽然消费者接受信息的过程包括认知、感知和行为三个阶段，但是这三个阶段谁先谁后并没有固定的模式，取决于目标受众和产品类别（见表12.2）[①]。

表 12.2　　　　　　　　不同消费者接受信息的过程差异

模式类型	适应性
认知—感知—行为	目标顾客高度参与并在认知上有很大差异的产品，如汽车、住房等
认知—行为—感知	目标顾客低度参与并在认知上有很小差异的产品，如食盐、电池等
行为—感知—认知	目标顾客高度参与并在认知上有很小差异的产品，如机票、个人电脑等

3. 设计沟通内容

设计沟通内容是回答明确"沟通什么"的问题。主要包括一般活动信息发布和品牌形象塑造两个方面的内容。两方面内容分别涉及"我是谁"和"我是什么样"或"我有什么事情"的问题，以及通过什么要素来表现。

如果目的是品牌形象的塑造，沟通的内容常常是故事，包括传说故事和画面故事。无论传说故事，还是画面故事，必须实现品牌要素和附加要素的有机结合，即在一个故事中把品牌要素和体现品牌的附加要素紧密地联系起来。品牌要素包括品牌名称、标志和产品类别，表明"我是谁"；附加要素包括文字、道具、模特或

---

① Demetrios Vakaratsas and Tim Ambler, "How Advertising Works: What Do We Really Know", *Journal of Marketing*, 63, No.1 (January 1999): 26-43.

形象代言人等，表明"我如何"。这些要素有着不同的特征和作用（见表12.3）①。

表12.3 沟通要素明细表

类别	要素名称	定义	作用
品牌元素	品牌名称	品牌可以读出声音的部分	口口相传
	品牌标志	品牌可以看出差别的部分	眼见为实
	产品	品牌的载体	将品牌具体为产品
附加要素	文字	表明定位的一句口号或短文	可读出来
	道具	表明定位的物品、动物或场景	留下场景记忆
	模特	表明定位的若干模特	留下形象记忆
	形象代言人	表明定位的明星人物或动物形象	产生品牌明星联想

对于品牌塑造来讲，一定要有长期的连贯性和稳定性，始终如一是非常重要的。万宝路香烟以牛仔为形象代言人，40年坚持不变才取得了深入人心之效。米其林轮胎人（名字为Bibedum，意为举杯，征服一切障碍）的形象标志，始于1894年，一直延续使用；百事可乐的"青春、活力"的诉求也是从来没有改变，最终赢得了年轻人的偏爱。

4. 选择沟通工具

选择沟通工具是回答"用什么沟通"的问题。一般而言，沟通工具包括沟通活动和沟通媒介，是根据沟通目标、目标受众和内容做出选择。从沟通活动方面看，尽管产品、价格、渠道都会不同程度地起到品牌形象的树立和传播作用，尽管主流营销学教材中整合营销沟通内容包括广告、公共关系、宣传推广、直销和直效营销等。本小节仅把广告、公共关系和口碑传播视为沟通活动（见表12.4），其他营销组合要素分别属于价格、渠道等范畴，理由详见本书第7章的有关内容。

概括地说：舒尔茨等人提出的整合营销沟通包括了产品、价格、渠道和沟通等全部营销组合要素，是战略层面的视角，尽管很有意义，但与本章讨论的营销沟通不同，本章讨论的沟通不包括产品、价格和渠道。科特勒等人借用舒尔茨整合营销沟通的概念，取代了原有促销组合的概念，但是内容还是促销组合的五个方面：广告、公关、人员推销、直效营销和销售促进。而本书的作者认为，人员

---

① 李飞：《奢侈品营销》，经济科学出版社2010年版，第247~248页。

推销和直效营销两种手段不是独立的信息沟通的工具，当二者与目前销售直接联系时，就成为分销渠道的一种形式；当二者不与销售直接联系起来时，就是广告和公关策略了。同时，销售促进或宣传推广在本质上是价格策略的运用，因此只有广告和公共关系是本章讨论的信息沟通的手段。

表 12.4　　　　　　　　　　沟通工具的种类和特点

特点＼工具	广告	公共关系	口碑传播
内容	印刷广告、电台广告、录像广告、小册子、招贴和传单、工商名录、广告牌、售点广告	新闻稿、演讲、研讨会、年度报告、捐赠、出版物、游说、公司杂志、事件	个人口碑、群体口碑
沟通方式	单向	单向	双向
市场策略	拉	拉	推
功效	提高知名度、美誉度	树立良好公众形象	提高知名度和美誉度
时效性	中长期	长期	中长期
优点	传播速度快，涵盖面广，形象生动，渗透力强	提高品牌声誉，可信度高，费用省	直接沟通信息，反馈及时，可信度高
缺点	单方面传播信息	见效慢，可控制性差	不容易控制

表 12.4 概括的沟通活动离不开相应的信息传播媒介，媒介种类不同，特点就不同，适应的沟通策略也有一定的差异（见表 12.5）①。

表 12.5　　　　　　　　　不同媒介适用的品牌沟通策略

类别		媒体	传播优势	传播劣势	品牌传播策略
传统媒体	电波媒体	电视	视听合一；生动形象；时效性强；受众范围广	信息保存性差，不适合表现过于复杂的内容；干扰信息多；传播成本高	适用于展示、告知，可在较大范围、较短时间内提升品牌知名度或塑造品牌形象
		广播	时效性强；不受时空、听众阶层限制；传播成本较低	只诉诸听觉；信息保存性差；时间短暂，不易记忆	具有较强的即时劝服效应，承载的品牌信息往往针对当地市场，并且被越来越多地用于与出租车司机、私家车主等移动人群互动

① 张树庭、吕艳丹：《有效的品牌传播》，中国传媒大学出版社 2008 年版，第 40～41 页。

续表

类别		媒体	传播优势	传播劣势	品牌传播策略
传统媒体	平面媒体	报纸	具有权威性，适合传达深度信息；信息保存性强，可重复阅读和传阅；读者群明晰，且信息接触主动性高	只诉诸视觉，感染力较弱；间隔出版，不利于记忆的强化；受众范围有限	适用于解释说明，通常作为电视媒体品牌信息的补充传播渠道
		杂志	有固定读者群；信息可以长时间保存、反复暴露；印刷质量高	只诉诸视觉；出版周期长	利用杂志色彩丰富、质地精美的特征，展示品牌形象，且适合与杂志内容进行深度融合，进行植入式品牌传播
		直邮	受众指向性强；信息设计灵活自由	传播费用较高	适合针对性传播，最大限度地利用数据库，根据目标受众的不同需求采取不同的传播策略和服务方式
	户外媒体	路牌、灯箱、交通工具等	容易形成视觉冲击；信息存在时间长，便于反复记忆	承载信息量、信息表现方式都受到严格限制	适用于展示品牌形象
新媒体	网络媒体	电子杂志、网络视频、博客播客、社区等	集文字、图片、视频、音频于一体；受众主动接触信息，互动性极强；传播成本较低	信息接触有门槛，受众范围有限；信息庞杂；广告信息容易被刻意忽略	适合受众参与、互动，应充分利用网络口碑传播的影响力，有针对性地进行某项品牌传播活动
	数字媒体	数字电视、数字广播	受众定制信息，互动性强，精准到达目标人群	传播内容受到付费定制的限制	需要创新广告形式，积极通过植入等方式融入内容，传达品牌信息
	移动媒体	手机	互动性强，信息承载方式多样，有利于个性化信息的传达	传播效果受到信息质量、屏幕大小及分辨率的限制	利用新颖丰富的形式，如手机视频、手机电视、彩信等制作具有娱乐性的信息内容
		车载电视、公交电视	吸引乘车人群的注意，是封闭的环境中最便利的消遣节目	传播环境嘈杂，传播效果难以保证	增加电视广告片的播放频次
		楼宇媒体 电梯、楼宇电视	传播环境良好，噪声干扰小，准确覆盖目标人群	关注度低，信息整体性因受众行程而受到影响	传达品牌最新信息，配合其他媒体广告，增加消费者对品牌的接触次数

5. 确定沟通预算

确定沟通预算是回答"花多少钱"的问题。沟通预算有多种方法：一是量入为出法，根据公司有多少用于沟通的钱数来确定；二是销售比例法，根据销售额的一定比例提取沟通金额；三是竞争对手法，根据竞争对手用于沟通的数额确定自己的预算；四是目标任务法，根据实现目标所需要的沟通金额确定沟通预算。

确定沟通预算后，还要考虑在几个营销组合要素之间进行分配。消费品促销手段重要程度比较：广告>促销>人员推销>公关。法国专家认为，商品在增长期的促销预算分配是：50%用于人员推销、40%用于广告、10%用于促销。近几年来，西方公司在确定沟通预算时有一个显著的变化，把过去大量用于广告的费用减少，增加至零售终端，因为在现今零售主导市场的环境下，店铺不仅是销售商品的场所，也是展示商品的场所，零售商不仅要赚取差价，而且还要收取商品展示的费用①。

可以将前述内容中的第三、第四点视为沟通规划的核心内容，具体包括沟通内容和沟通工具两大方面（见图12.1）。

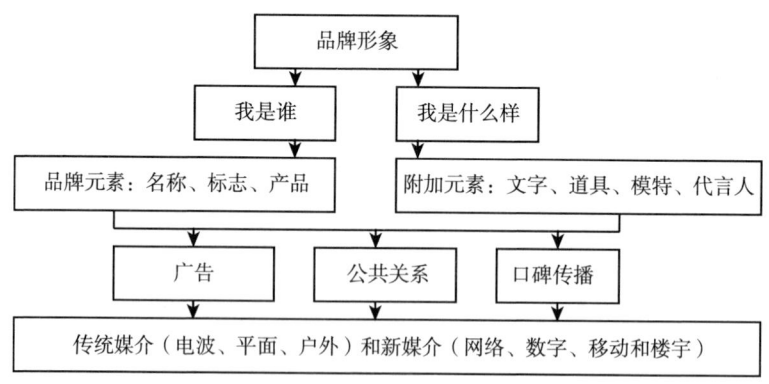

图 12.1 沟通规划的基本内容

12.2 沟通规划的方法

美国一项对1000多条商业广告的研究结果证实，广告具有说服力的最重

---

① 李飞：《十指营销》，清华大学出版社2005年版，第81~85页。

要决定因素是沟通中是否包括了品牌差异化信息,即是否突出了产品的独特属性和利益[①]。这表明,沟通具有差异化诉求点的重要性。但要强调的不仅如此,还要补充依定位进行沟通规划,即不是打广告时再选择定位点,而是在打广告之前早已经确定的定位点。每一个定位都要求沟通对其做出相应的贡献,公司据此做出体现定位点的沟通价值和利益。然后,再根据沟通价值和利益确定相应的沟通属性(沟通策略)。图 12.2 说明了依定位进行沟通规划的过程。

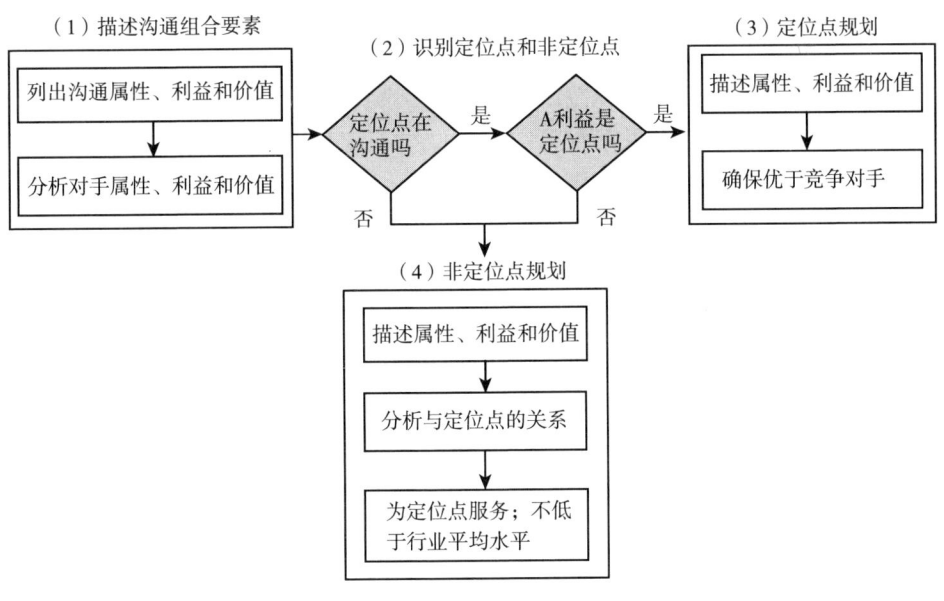

图 12.2 依定位进行沟通规划

第一步,描述沟通组合的要素,列出沟通的属性、利益和价值,同时列出竞争对手沟通的属性、利益和价值。第二步,识别定位点和非定位点,先确定定位点是否在沟通方面。如果不在沟通方面而在产品或渠道或价格等方面,就对沟通进行非定位点规划;如果在沟通方面,沟通方面有若干属性,就需要进一步分析在哪种属性上,或是知名度,或是美誉度,或是二者结合等。第三步,进行定位点规划,如果沟通是定位点就要把它做得优于竞争对手。第四步,进行非定位点规划,如果沟通是非定位点所在要素,就需要分析它与定位点的关系,考虑为定位点做出贡献,同时不低于行业平均水平。

---

① 索罗门、卢泰宏:《消费者行为学》(中国版),电子工业出版社 2006 年版,第 260 页。

1. 描述沟通组合要素

当顾客对一种产品或品牌产生兴趣时，常常会搜寻相关的信息，随着购买欲望的增强，付出的搜寻努力也就越来越大。大多数营销文献的关注点放在企业向消费者提供什么信息，而对于消费者需要什么信息较少涉及。实际上，企业向消费者提供什么信息与消费者需要什么信息密切相关。消费者期望得到的信息有：第一，商品方面，包括质量、材质、功能、效用、价格等，以说明为什么购买该产品、如何使用、在何时何地使用，这是顾客选择购买的基础信息；第二，顾客方面，包括过去、现在和未来使用该产品的人口统计特征等，因为顾客会根据现有商品使用者身份来考虑该产品是否适合自己，对于时尚产品和奢侈产品更是如此；第三，比较方面，包括优于竞争对手的功能、质量、价格、服务等方面，这是消费者选择哪一个品牌的最重要的考虑因素；第四，活动方面，包括各种促销和公关活动的信息。

从信息内容、手段、来源等不同方面可以得出诸多的沟通组合要素，对此已有相当多的文献，在此不赘述。依定位进行沟通规划，关注的是沟通究竟为顾客带来的利益和价值是什么，因此会更加关注沟通利益的组合，以及所要求的沟通属性组合。相对于产品、价格和渠道的利益组合来说，沟通组合是最为简单的。概括起来无非是两个方面：一是为顾客带来及时、准确、真实、有用的信息，以帮助顾客购买到合适的产品和服务，节约搜寻和购买产品和服务的成本；二是为顾客购买的产品增加附加价值，方法是提升产品或服务的知名度和美誉度，从企业方面看，就是提升品牌形象。由此我们可以得出沟通利益组合和属性组合的要素（见图12.3）。

知名度是指知晓该产品或品牌的人群数量和了解程度；美誉度是指知晓人群中对该产品或品牌的偏好人数和偏好程度。知名度常常与选择的媒体和发布频率有关，选择的媒体受众越多，发布的频率越高，知名度越高；反之则低。而美誉度常常与选择的媒体和沟通内容有关，选择的媒体本身声誉越高，沟通的内容越正面，美誉度越高；反之则低。知名度和美誉度的关系，直接影响着沟通效果，我们用 0~5 分表示知名度的层级，知名度越高，得分越高；用 -5~0~5 表示美誉度的层级，美誉度越高，得正分越高，负分表示坏誉度的程度。由此，可以得出沟通效果评价和相应的策略建议（见图12.4）。

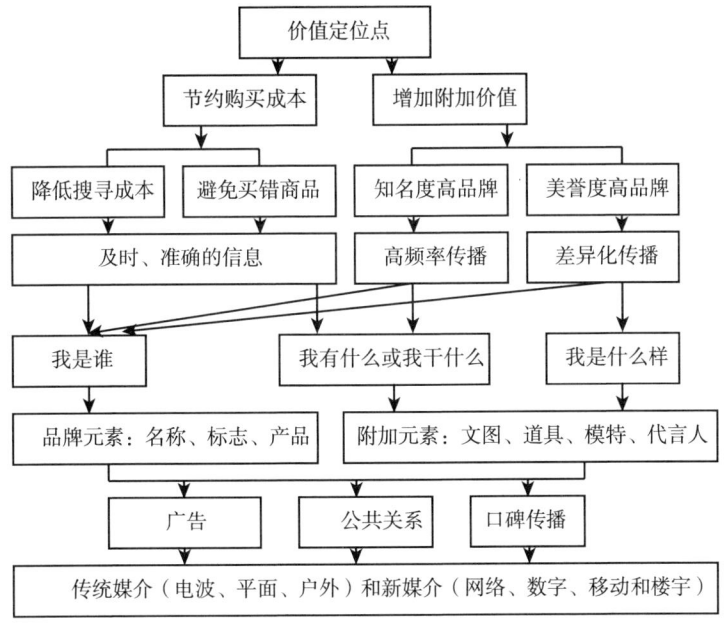

图 12.3　沟通组合要素

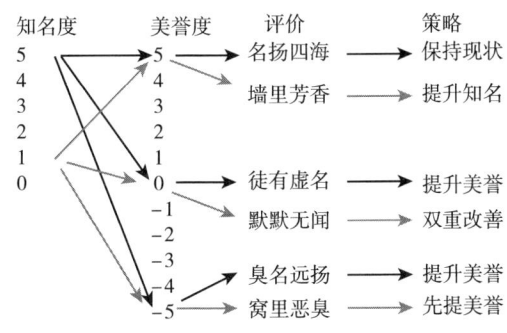

图 12.4　沟通效果评价和策略建议

2. 识别定位点和沟通到位

在这个环节需要重温目标顾客和定位点。如果沟通是定位点所在的要素，就要确定这个点是在沟通的哪个方面。如果节约购买成本是定位点，就一定要保证提供比竞争对手更加及时和准确的信息；反之，如果增加附加价值是定位点，就一定要保证是自己的产品知名度和美誉度比竞争对手更高。

里斯和特劳特早期的定位理论强调的是不改变产品、服务、企业本身,改变的是沟通等要素,这就将定位理论局限在传播策略之中,实际上是"传播定位"或是"广告策略定位"。这与他们的广告人身份相关,广告公司的两个基本职能是广告创作和媒体发布,通常不改变产品本身,而是将现有的产品通过广告传播让更多的人认知和偏爱,进而扩大产品销售。因此在营销实践中带来了一些误解,一些企业不管产品如何、价格高低、分销便利否,只考虑在沟通宣传中强调一个"卖点"就可以了,这样或许把产品卖出去了,但是顾客使用产品之后,会发现这个"卖点"根本不存在,放弃重复购买该产品。所以只有沟通定位,没有其他营销组合要素的基础保证是难以取得长久优势的。这说明,尽管早期的文献把营销定位等同于沟通或传播定位,但是在绝大多数情况下,沟通实际上常常不作为定位点,而作为宣传定位点的手段(关于这一点将在本章"3. 识别非定位点和沟通到位"中详述)。

不可否认,沟通定位在两种情况下是十分有效的:一是保持知名度大大高于竞争对手,二是价值定位点成为差异化的重要因素。

(1)脑白金保持高于竞争对手的知名度。不可否认,脑白金是中国保健品生命周期比较长的,很多保健品都没有渡过5年的寿命期。尽管其成功有诸多背后不被人知的诸多因素,但是从消费者感知角度来说,就是其长期保持知名度高于竞争对手,保健品衰落和退市的一个重要标志就是曝光率减少。脑白金保持曝光率采用两种手法:一是不断在报刊上刊发新闻广告,这不仅可以增加广告可信度,还可以降低沟通成本,市场效果非常明显,往往广告投放的第一个月就能达到1:1的投入产出比,第二个月就能盈利;二是不断地进行电视广告的高频度轰炸,脑白金花5万元请了老爷爷和老奶奶拍成了第一个送礼广告,播放后销量急速增加,从功效诉求为主转入礼品诉求为主,进而拍摄了具有喜庆气氛的卡通片,投入巨额广告费,每到过年、过节,"收礼只收脑白金"就会频繁地出现在电视观众的视野内。因为过于频繁,又总是简单重复,连公司老总都说:老头老太太的送礼广告"对不起全国人民"。但是,这却保证了脑白金长期高于竞争对手的知名度,使脑白金送礼市场份额远远超过其他保健品①。

(2)雅典奥运可口可乐的价值诉求②。与百事可乐相比,可口可乐虽然在中国整体市场上处于领先地位,但是在12~19岁的年龄群体中,品牌偏好度优势

---

① 陈奇锐:《重出江湖之"葵花宝典"——解读脑白金营销模式》,载于《销售与市场》(战略版)2003年第3期。

② 李飞:《定位案例》,经济科学出版社2007年版,第2~14页。

不明显。在这样的市场环境中,如何在照顾广泛的消费群体以维护长期利润增长的同时,有效提升品牌在年轻消费群体中的关联度,并促进这一群体的购买行为,就成了可口可乐公司在营销中的重要问题。这个问题的解决构成了该公司在取得雅典奥运会赞助权之后,实施赞助权利使用规划时的主要着眼点。可口可乐中国进一步结合中国本土市场的营销环境,确定了包括以下三项内容的奥运赞助营销目标:加强可口可乐品牌和中国本土消费者的关联度;提升中国年轻消费群体对可乐品牌的偏好;实现10%的销售增长。

奥运传播有其特殊性,即奥运会本身作为一个特殊的品牌,为拥有赞助资格的企业在品牌与消费者之间塑造关联和培养消费者忠诚提供了难得的机会。可口可乐中国充分利用了奥运品牌这个平台,在确定营销传播的主题和核心信息时,巧妙地把奥林匹克的价值融入可乐的品牌定位中,提出"要爽由自己"的定位口号(见图12.5),以此回应中国消费者的奥运诉求,有效地达到可口可乐品牌与中国消费者之间的共鸣,潜移默化地推动了消费者对可乐品牌的认可和购买意向。

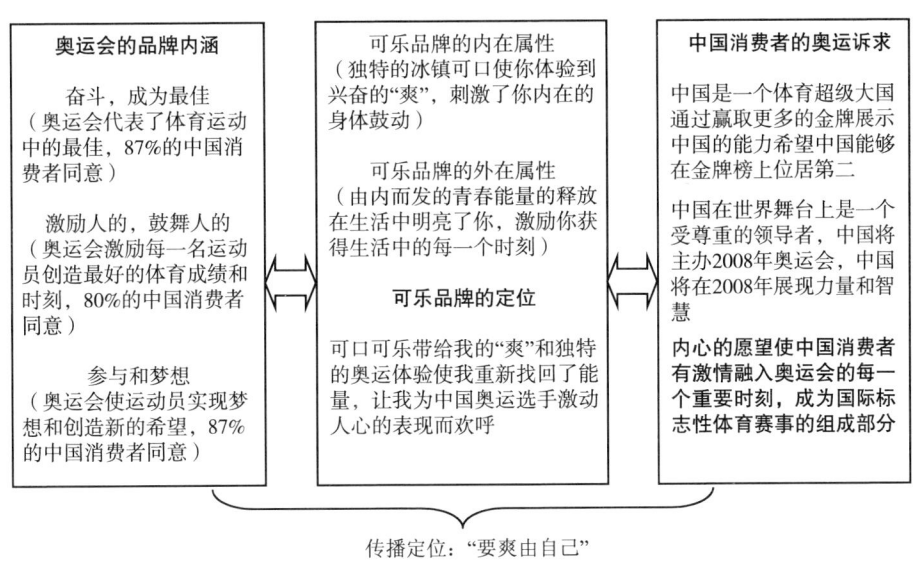

图12.5 可口可乐在雅典奥运赞助营销中的价值定位过程

在围绕"要爽由自己"这个主题规划营销传播活动时,可口可乐中国再次把以消费者为核心和以奥运为平台落到了实处。公司通过深度调查发现,中国消费者在情感上与奥运会的联系不仅局限于各项比赛进行期间,而是始于赛事正式开始之前,延伸到运动会闭幕以后。也就是说,从消费者体验的角度,奥运会在中国消费者心目中不再是一个笼统的体育事件，而是一段心路历程，可以分为期待奥运、连接奥运、激情奥运和欢庆胜利四个心理阶段。在每一个阶段，消费者都有着不同的诉求，这不仅意味着不同的营销传播机会，而且要求企业必须采取与之相吻合的营销活动才能真正抓住这些机会。可口可乐中国就是在分析了中国消费者在四个奥运心理阶段上独特的内心诉求的基础上，制订了相应的营销组合计划，把"要爽由自己"的品牌定位付诸实施。

在期待奥运阶段（2004年3～4月），中国消费者普遍期待着中国奥运军团能够有"更快、更高、更强"的表现。可口可乐中国在这个阶段的品牌传播计划侧重于把消费者的这种期待点燃为对奥运会的激情，突出可乐饮料和奥运会所带来的"爽"，其传播组合中的核心项目包括全国范围内的奥运路演，及以"更快、更高、更强"为主题、为中国选手的奥运拼搏精神而喝彩的促销活动。

在连接奥运阶段（2004年5～6月），由于有6月8日雅典奥运火炬传递到北京这一重要事件，中国消费者的诉求将转移为自豪地展示北京的壮丽。可口可乐中国相应制订了充分利用自身赞助资格、在与火炬传递相关的活动中恰当及时地暴露自己品牌的计划，具体活动包括：参加北京奥运火炬传递接力，开展奥运艺术瓶项目，在学校推广参与、享受健康生活方式的活动。这个阶段的传播仍然是传达可口可乐和奥运会带来的"爽"。

在激情奥运阶段（2004年7～8月），中国消费者关注的是中国运动员在赛场上以出色的表现来展示中国作为体育强国的实力。与前两个阶段不同，此时可乐中国有了全面利用赞助权利进行全方位品牌传播的机会。围绕可口可乐和奥运带来的"爽"这一定位，公司进行以下营销传播活动：投放奥运主题电视广告，召开中国奥运健儿的欢送会，组织主要客户去雅典体验奥运，此外，抓住中国消费者收看奥运比赛的兴趣，以赢得先进的电器为激励开展独特的产品促销。

在欢庆胜利阶段（2004年9月），消费者的诉求转变为对民族自豪感的抒发和对北京2008年奥运会的期待。这时的品牌传播机会在于那些受可乐中国赞助的金牌选手，传播主题仍然围绕着可口可乐和奥运会带来的"爽"，可乐中国在最后一个奥运心理阶段的营销传播计划包括下列活动：推出限量版的中国奥运金牌选手奥运金罐包装系列，在媒体报刊上刊播可乐中国对奥运金牌选手的祝贺，投放与这些活动相配合的电视广告等。

由前面的分析可以得出可口可乐和百事可乐在雅典奥运期间的定位地图（见图12.6）。二者的目标顾客都是青少年群体，并且利益定位、属性定位难以实现差异化，基本相同，唯一的差别是价值定位的不同，百事可乐仍然延续青春活力的诉求，提出了"突破渴望"，"敢于第一"的口号；可口可乐在调整目标顾客的同时，也更新了价值定位，提出了令青少年喜爱的口号"要爽由自己"。

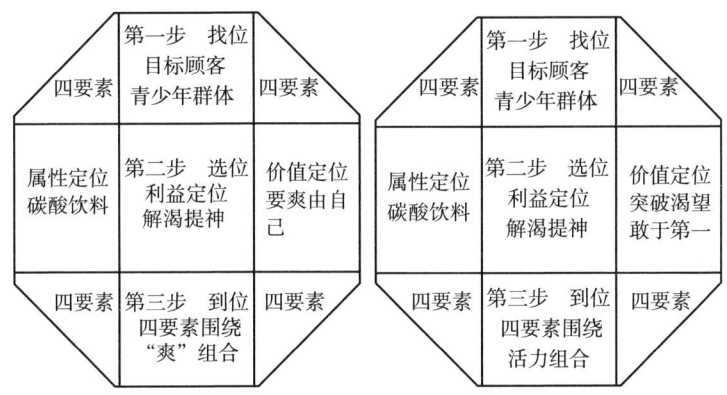

图 12.6　可口可乐（左）和百事可乐（右）雅典奥运的定位地图

在利益定位和属性定位相同的基础上，唯一能实现差异化的就是价值定位了，而价值定位在很多情况下是公司针对目标顾客的价值需求提出的，不同的利益定位可以有相同的价值定位，相同的利益定位可以有不同的价值定位，因此价值定位有非常大的选择空间。价值定位很大程度上是沟通的结果，在多数利益定位相同而价值定位不同、价值定位成为差异化关键要素的情况下，就可以视定位点在沟通要素上。

3. 识别非定位点和沟通到位

如果沟通不是定位点所在的要素，就要重温定位点在哪一方面，选择沟通的内容是属性定位、利益定位，还是价值定位，决定采取什么样的沟通媒体和策略，以保证沟通为定位点的实现做出贡献。

例如香奈儿 5 号香水，目标顾客是注重知识、崇尚自由、尊重人本位的较高收入的女士，利益定位是独特的典雅体验，属性定位是合成香水（其他的很多香水都是来自自然物），价值定位是自由感。

（1）沟通的内容就是定位的内容。产品是香奈儿 5 号香水的定位所在要素，在早期沟通中强调合成香水这一属性定位，缘于合成香水本身就是差异化的。随着合成香水并不能完全体现香奈儿 5 号的顾客价值时，就逐渐改为传播典雅的利益定位和自由的价值定位。

（2）用典雅和自由风格的明星代言。随着香奈儿 5 号香水的顾客从 200 人扩大至2000人,甚至2万人、20万人,仅仅靠面对面的沟通已经不够了。她开始选择明星代言人的方式,在时尚类杂志和时尚类电视节目中进行宣传。这一切都与香奈儿5号香水永恒典雅的定位相一致。例如,公司曾经邀请玛丽莲·梦露为香奈儿5号香水的形象代言人,梦露的一句"我只穿香奈儿5号入睡",一直广为流传,体现了香奈儿5号香水的高贵和典雅。2004年,奥斯卡影后、澳洲美女妮可—基德曼成为香奈儿5号新的代言人,她花了4天的时间为香奈儿5号香水拍了一则2分钟的广告,报酬高达500万美元。广告画面是:妮可从尖叫的影迷和摄影记者的包围中匆匆脱身,冲进汽车,发现由演员桑托洛扮演的年轻作家坐在后排座位上。两个年轻人在公寓的晒台上拥抱,公寓屋顶上悬挂着两个大大的C(香奈儿的标志)。其后,女主角发现自己还是离不开光彩夺目的明星生活,因此男主角就带着"她的吻,她的笑和她的香味"离开了。这部广告耗资6000万美元,妮可在片中佩戴价值4100万美元的珠宝。知名设计师拉格菲尔德(Lagerfeld)为她设计了拍摄广告时身着的服装,包括一条带波浪线的粉色晚礼服,晚礼服上点缀着鸵鸟毛和一条长约1米的钻石项链。香奈儿公司表示,妮可外形高贵典雅,与生俱来的气质极佳,因此她的形象与香奈儿5号香水的定位非常吻合。再加上妮可总是一幅迷人的微笑,而且她喜欢佩戴银色的首饰,这些特性都将给香水本身赋予特殊的内涵,使得这款香水在知性女性圈里广受好评。同时,妮可不喜欢男人送她香水:"因为女人应该自己选择香水,选择一个适合自己气味的香水。就跟爱情故事一样,香水这种东西是非常个人化的,别人无法干预我要选择何种爱情故事。"其自由高雅的气质与香奈儿5号香水好似天作之合。

(3)用典雅和自由的故事进行传播。无论是看香奈儿5号的电视广告,还是刊登在时尚杂志显著位置的平面广告,很难发现广告词,或许是不同的人看到广告内容会有不同的感受,这与众多"喋喋不休"的大众商品广告形成强烈的反差,是香奈儿5号更显得典雅和与众不同,看它的广告你会有欣赏艺术品的感觉。但是,在目标顾客群中,却有着诸多精彩的品牌故事流传。例如,1963年11月,美国总统约翰逊·肯尼迪在达拉斯城遇刺身亡,鲜血溅到妻子杰奎琳衣服上,这件衣服正是玫瑰色的香奈儿品牌。又如,一次香奈儿女士吹头发,不慎把头发烧焦,她随手剪短长发,变成超短发,在走进歌剧院时众人对她的新发型赞叹不绝,第二天一早,贵夫人们纷纷涌进发廊,一律建成了"香奈儿发型"。[①]香奈儿女士是一个有故事的女人,也是一个梦幻般的女人,这为5号香水增添了不少神秘色彩。

---

① 李飞:《国外市场100景》,北京经济学院出版社1993年版,第29~31页。

(4) 选择时尚前卫类媒体进行沟通。调查结果显示，从 2003 年以来 Catier（卡地亚）、Chanel（香奈儿）、Dunhill（登喜路）、Giorgio Aamarni（乔治·阿玛尼）等 20 个奢侈品牌，在高端女性刊物的广告投放保持着高速增长，2006 年度同比增幅高达 44%，远高于所有品牌的广告投放增长速度。《VOGUE 服饰与美容》与其他杂志相比，广告定位相对偏奢侈品牌，内容定位偏时装、服饰和美容；《Noblesse 望》杂志，在内容定位上偏生活方式，而广告结构方面相对而言是偏高档品品牌，《嘉人》也是偏生活方式的[①]。另外，还有《时尚芭莎》、《时尚伊人》、《ELLE》、《瑞丽》等时尚类杂志都是香奈儿进行顾客沟通所选择的媒体。

从广告语可以看出，在沟通内容方面，无论定位点在营销组合的哪一个要素上，都应该传播利益定位，或是价值定位，哪一个有差别就传播哪一个（见表12.6）。从中国近 30 年流行广告语来看，2000 年以前的广告语大多诉求利益定位，2001 年以后的广告语则大多诉求价值定位，表明产品利益诉求越来越趋同化，价值沟通变得越来越重要。

表 12.6　　　若干品牌在中国市场沟通的定位点选择

品牌	属性定位	利益定位	价值定位	解释
精工表（1979）		为社会各领域准确计时		强调表的准确
西铁城表（1979）	领导钟表新潮流，石英技术誉满全球			强调产品技术
雀巢咖啡（1980）		味道好极了		强调产品口味
丰田汽车（1982）		车到山前必有路，有路必有丰田车		强调产品功能
燕舞收录机（1983）		燕舞，燕舞，一片歌来一片舞		强调功能
威力洗衣机（1984）			威力洗衣机，献给母亲的爱	对妈妈的爱
飞利浦（1986）	尖端科技的标志			强调产品技术
史克肠虫清（1987）	两片			服用剂量
容声冰箱		容声，容声，质量的保证		诉求优质

---

① 徐鸿烜：《中国女性时尚类杂志竞争状况与媒体经营案例分享》，华文报刊网，2007 年 5 月 30 日。

续表

品牌	属性定位	利益定位	价值定位	解释
M & M 豆（1990）		只溶在口，不溶在手		享用时清洁
康师傅（1991）		康师傅方便面，好吃看得见		诉求好吃
人头马酒（1991）			人头马一打开，好事自然来	诉求好运气
贝克啤酒（1991）			喝贝克，听自己的	诉求个性化
娃哈哈（1992）		喝了娃哈哈，吃饭就是香		孩子吃饭香
潘婷洗发水（1992）		拥有健康，当然亮泽		诉求头发健康
海尔电器（1994）			真诚到永远	顾客是真诚朋友
红牛饮料（1994）		汽车要加油，我要喝红牛		诉求功能利益
巨人脑黄金（1994）		让1亿人先聪明起来		诉求产品功能
飞利浦（1995）		让我们做得更好		诉求产品更好
大宝化妆品（1995）		要想皮肤好，早晚用大宝		诉求产品功能
维维豆奶（1996）			维维豆奶，欢乐开怀	诉求欢乐
爱多电器（1997）		我们一直在努力		诉求产品更好
蓝天六必治（1997）		牙好，胃口就好，吃嘛嘛香		诉求产品功能
非常可乐（1998）			非常可乐，非常选择	诉求不一样
农夫山泉（1998）		农夫山泉有点甜		诉求口味
雪碧饮料（1999）		晶晶亮，透心凉		诉求产品功能
飘柔洗发水（1999）			飘柔，就是这么自信	诉求自信价值
商务通（2000）		呼机，手机，商务通，一个都不能少		诉求产品功能
戴比尔斯（2002）		钻石恒久远，一颗永流传	钻石恒久远，一颗永流传	钻石和爱都到永远
耐克（2002）			Just do it	独特的价值定位

续表

品牌	属性定位	利益定位	价值定位	解释
麦当劳（2003）			我就喜欢	突出个性化
阿迪达斯（2004）			Impossible is nothing	诉求梦想，雷同
李　宁（2004）			一切皆有可能	诉求梦想，雷同
全球通（2004）			我能	诉求梦想
可口可乐（2004）			要爽由自己	独特的价值定位
蒙牛酸酸乳（2005）		酸酸甜甜就是我		强调产品口味
青岛啤酒（2005）			激情成就梦想	诉求梦想
移动通讯（2006）			沟通从心开始	诉求真诚
尊尼获加（2006）			Keep Walking	永远向前的追求

总之，对于沟通内容的设计，必须结合沟通目标和对象，特别是依品牌定位点来确定，简单地可以概括为：找对人，说对话，对什么人说什么话，什么话找什么人说。选择马俊仁为信息发布者，容易赢得信任；猪饲料的目标顾客是养猪的农民，就选择农民为信息发布者，他只要喊一声"猪儿肥又壮"就够了；花王碧柔化妆品的目标顾客是白领女士，就选择吴倩莲为信息发布者，她的一句"清新爽洁不紧绷"让诸多白领女士喜欢上了花王碧柔。这些信息的发布者（形象代言人）不能随意地互换。

12.3　沟通规划选择模型

依定位进行沟通规划的核心是看沟通是否定位点所在的要素，如果不是的话，就要围绕着定位使其不低于行业平均水平，同时直接沟通定位点的内容；如果是的话，就要分析定位在沟通的哪个利益或价值点上，通过沟通利益和价值定位点——沟通属性，进行相应规划，使定位点达到优秀和出色的水平。

1. 沟通规划的一般模型

一款产品非常好，价格也合适，顾客也买得到，但是不喜欢这个品牌或产品，也无法完成交易。沟通规划要考虑顾客对沟通的需求、竞争对手的表现和企业自身的能力，依定位进行沟通策略的选择，使沟通策略为定位点服务。结合前述的分析和讨论，可以建立一个沟通规划的一般模型（见图12.7）。

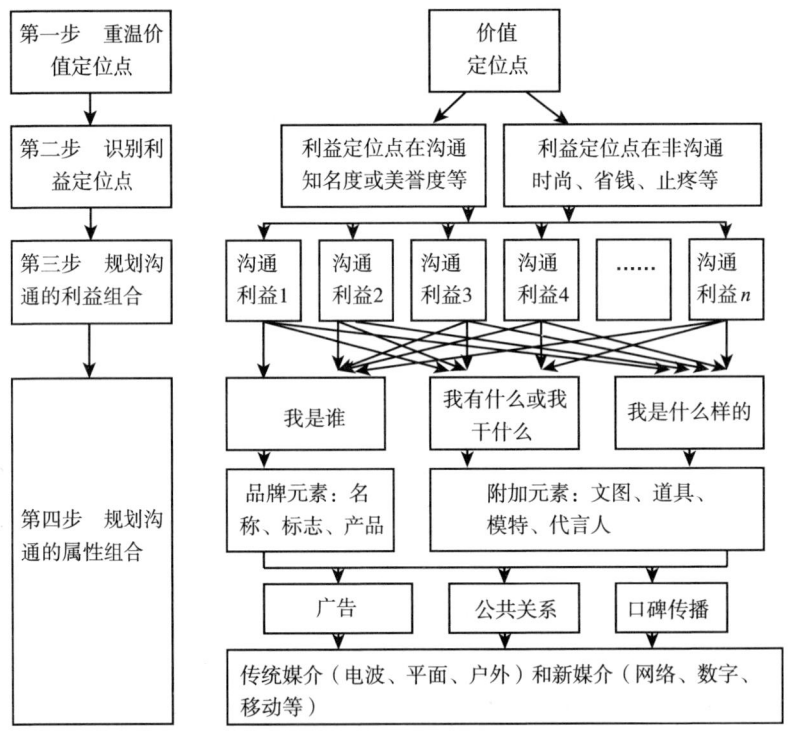

图12.7 沟通规划的一般模型

2. 路易威登的案例分析

路易威登的价值定位是提供旅行的情感体验和自我发现的过程，利益定位是提供旅行的舒适和便利。显然定位点是在产品方面，沟通需要为"情感体验"、"自我发现"、"旅行舒适和便利"的感觉做出贡献，表明"我是路易威登"，"我会为你提供旅行的便利"，"我会让你旅途中发现自我"。在表明"我是路易威登"问题时，启用了名称、标志和产品等品牌元素。在表明"我为你提供旅行的自我发现过程"问题时，启用了文字、图片、道具、模特和形象代言人等附加元素，例如用戈尔巴乔夫、格拉芙、阿加西、凯西和德纳夫作为形象代言人，就体现了不一样的情感和自我发现的旅程。同时这些内容通过时尚期刊和电视广告、艺术展览等公关事件来展现，再通过各种高端受众媒体进行传播，最终形成了完整的沟通规划的选择模型（见图12.8）。

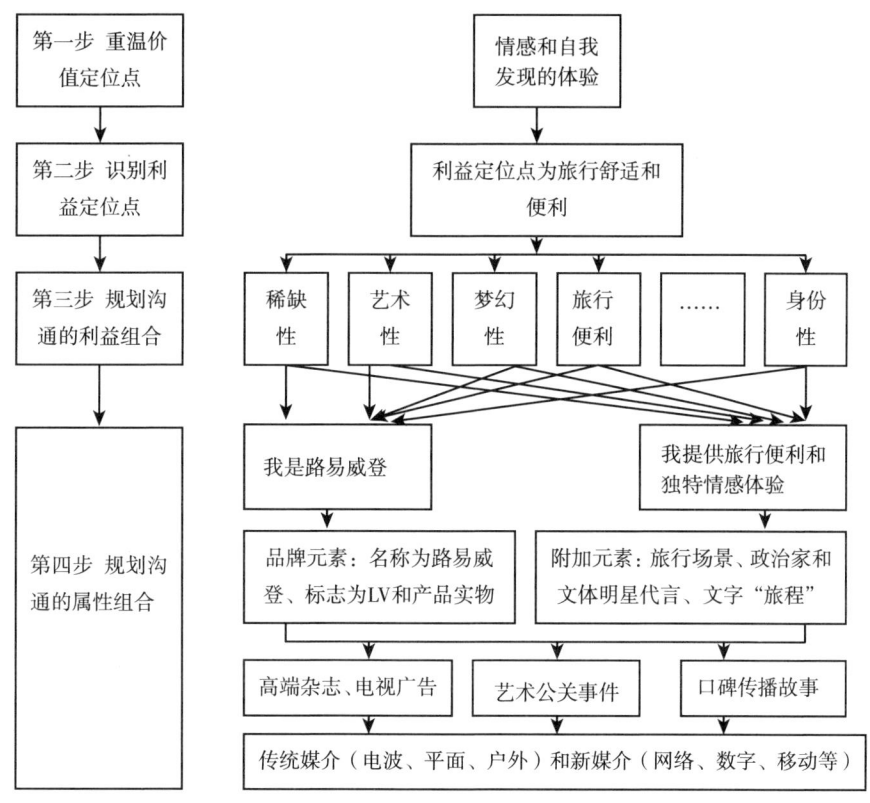

图 12.8　路易威登依定位进行沟通规划

本章主要讨论了依定位进行沟通规划的问题，具体包括三个方面的内容：一是归纳沟通规划的内容，分为"我是谁"、"我是什么样的"，品牌元素和附加元素，广告、公关和口碑传播行为，以及传统媒介和新媒介的选择等。二是讨论了依定位进行沟通规划的方法，如果沟通是定位点，就要保证在传播频率和效果上优于竞争对手；如果不是定位点，也要保证在传播效率和效果上不低于行业平均水平。同时，无论定位点在营销组合的哪一个要素上，沟通的内容都是围绕着定位点进行，在利益定位差别化于竞争对手时，常常诉求利益定位；反之，则诉求价值定位。三是建立了一个沟通规划的选择模型，由价值定位点规划沟通的利益定位点或非定位点，再根据沟通的利益组合进行沟通的属性组合规划。

第六篇

保障：流程和资源（2P）

第13章　打造关键业务流程

再好的定位规划，如果没有实施保障，等同于废纸一张。以往的定位讨论，大多停留在定位规划层面，很少涉及定位实施。虽然营销教科书大多涉及营销规划实施的内容，但是并没有强调定位规划的实施，也很少涉及实施的重要保证——关键业务流程。为此，本章重点讨论了依定位构建关键业务流程，具体包括两个内容：一是企业运营的一般业务流程；二是依定位构建关键业务流程。

13.1　企业运营的业务流程

对于业务流程的定义，学者们有各种各样的看法，但是其核心是指企业或组织为了实现一定的目标而进行的包括若干环节的一系列循环活动的过程。这意味着业务流程有如下特点：它是一个过程，为一定目标而形成，这个过程包括互相连接的若干环节，并且可以循环。许多文献讨论业务流程再造或重组，但是对于业务流程内容描述还很不够，换句话说，从 20 世纪 90 年代之后，人们更加关注如何再造，不太关注再造什么。本书的逻辑是：先描述业务流程包括什么内容，再依定位确定和构建关键流程。

1. 迈克尔·波特对业务流程的描述

哈佛大学商学院教授迈克尔·波特于 1985 年提出了价值链理论。他认为，企业的价值创造是通过一系列活动构成的，这些活动可分为基本活动和辅助活动两类，基本活动包括原材料储运、生产制造、产成品运输、市场和销售、售后服务等；而辅助活动包括采购、技术开发、人力资源管理和企业基础设施等。这些互不相同但又相互关联的生产经营活动，构成了创造价值的动态过程，即价值链①（见图 13.1）。实际上，这些基本活动和辅助活动大多可以理解为业务流程的内容。

五种主要活动包括：（1）投入性活动，如收货、储存和配置等相关活动；（2）生产作业，即将投入转化为最终产品的相关活动；（3）产出性活动，如产成品的运输、储存、客户联系、订单处理等；（4）销售活动，旨在让顾客了解和购买商品，如广告、促销、销售机构的费用等；（5）服务活动，包括培训、修理、维护保养、部件更新等，旨在提高产品的附加值。

四种辅助性活动包括：（1）采购活动，指购买用于企业价值链所有投入的活动，如购买原料、用品，构建固定资产等；（2）技术开发活动，所有价值活动都涉及技术成分，如新产品研制、技术改造、商标、专利、专门技术、软件开发等；（3）人力资源管理活动，包括员工的招聘、培训、发展、激励等；（4）企业基础设施，既指厂房设施、机器设备等硬件，也包括总体管理、计划、

---

① 迈克尔·波特：《竞争优势》，华夏出版社 1997 年版，第 37~43 页。

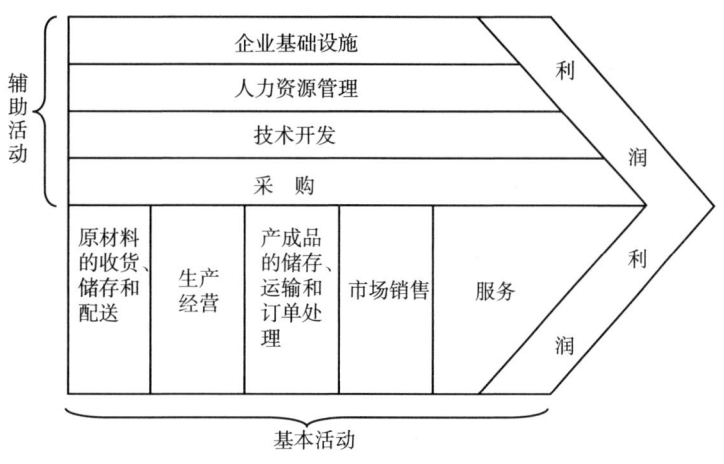

图 13.1　价值链

财务、法律、质量管理、公共关系等大量软件。

2. 罗伯特·卡普兰等对业务流程的描述

哈佛大学商学院教授罗伯特·卡普兰等于 1992 年提出了平衡记分卡理论。他们认为，企业存在着一个共同的内部价值链模式，这个模式包括三个主要的业务流程：创新流程、经营流程和售后服务流程[①]（见图 13.2）。在创新流程中，主要是对客户现实和潜在的需求进行研究，并以此为依据开发了相应的产品和服务；在经营流程中，对开发的产品和服务进行生产，并提供给顾客；在售后服务流程中，保证持续地向顾客提供培训、安装、维修等服务。

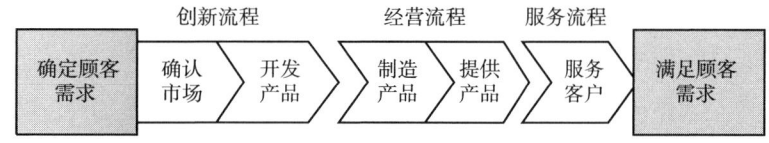

图 13.2　业务流程

后来，他们在 2004 年出版的《战略地图》一书中，又把业务流程分为四类：运营管理流程、客户管理流程、创新管理流程和法规与社会流程[②]（见表 13.1）。

---

① 罗伯特·卡普兰、大卫·诺顿：《平衡记分卡》，广东经济出版社 2004 年版，第 76 页。
② 罗伯特·卡普兰、大卫·诺顿：《战略地图》，广东经济出版社 2005 年版，第 34 页。

表 13.1　　　　　卡普兰等人归纳的业务流程的主要内容

流程名称	运营管理流程	客户管理流程	创新管理流程	法规社会流程
流程功能	产品生产和交付	提高客户价值	创造新产品	改善社区形象
流程内容	采购、生产、分销、风险管理	选择、获得、保持、增加目标顾客	识别机会、研发、设计开发、上市	环境、安全和健康、招募员工、社区投资

3. 企业一般业务流程描述

通过对已有关于业务流程描述的归纳，我们很容易得出制造企业的一般业务流程：原材料采购—原材料储运—设计制造—产成品配送—产成品销售—售后服务，可以缩减为：原材料采购—制造生产—商品配送—商品销售服务。至于创新管理流程，主要强调的是新产品开发，可归并到制造生产流程中；客户管理流程，主要强调的是顾客价值管理，可归并到销售流程中（见表 13.2）。

表 13.2　　　　　重新归纳的业务流程的主要内容

流程名称	原材料采购流程	设计制造流程	配送流程	销售和服务流程
流程功能	获得生产原材料	设计制造新产品	将产品送至店铺	提高客户价值
流程内容	搜寻货源、评价选择、下订单、接收、入库等	识别机会、研发、设计开发、批量生产、入库	出库、运输、到店	销售、服务和客户关系管理

13.2　依定位构建关键业务流程

在一个企业中同时存在着数以百计的流程，每个流程都以一定方式创造着价值。但是，只有少数几个流程对于建立和传递差异化的客户价值主张至关重要，以称其为关键流程。企业不可能对所有流程平分秋色地投入资源，关键流程必须受到关注和重视[1]。因为定位点就是差异化的顾客价值主张，所以关键流程就是对定位实现影响最大的业务流程；或者说是保证定位实现的核心流程。依定位构建关键流程包括两个步骤：一是回顾为顾客规划的定位利益；二是依规划的定位

---

[1] 罗伯特·卡普兰、大卫·诺顿：《战略地图》，广东经济出版社 2005 年版，第 33~39 页。

利益构建关键流程。

1. 回顾为顾客规划的定位利益

如前所述,为顾客规划的定位利益可以在产品、服务、价格、分销和沟通等任何一个营销组合要素上,同时定位的利益点可以有一个主要定位点,还可以有一个次要定位点,其他要素为非定位点。营销管理就是通过营销要素的组合,实现为顾客提供包括定位点利益和非定位点利益的组合利益。回顾为顾客规划的定位利益,就是重温定位利益在哪个营销组合要素上,同时在这个要素的哪一个点上。第 4 章已对此做了说明,这里不再赘述,仅列出一个定位点及所在的一个营销组合利益组合要素(见表 13.3)。

表 13.3　　　　定位利益点及所在的营销组合要素

产品利益	价格利益	分销利益	沟通利益
1. 生理:饱腹保暖 2. 安全:止疼放心 3. 交往:时尚品位 4. 自尊:自由尊重 5. 自我:知识事业 ……	1. 省钱 2. 高价值 3. 多价值 ……	1. 时间便利 2. 空间便利 3. 环境舒适 4. 布局雅致 5. 挑选广泛 ……	1. 信息及时 2. 信息清晰 3. 信息真实 4. 信息有用 ……

2. 依规划的定位利益构建关键流程

在回顾了为顾客规划的定位利益后,便开始根据这些利益来构建相应的流程。从战略层面考虑,有学者曾经提出价格低廉(顾客省钱)、质量优秀(顾客享受)、全面解决方案(顾客省心)等顾客价值(等同于定位点——本书作者注)主张,认为它们需要不同的关键流程来实现[1]。

第一种类型定位在价格要素上,属性定位为价格低廉,利益定位为省钱。例如,美国西南航空、戴尔、沃尔玛等公司都为顾客提供了大大低于竞争对手的价格。为了保证这一定位点的实现,他们分别构建了低成本运营的关键流程。

---

[1] 罗伯特·卡普兰、大卫·诺顿:《战略地图》,广东经济出版社 2005 年版,第 33~39 页。

第二种类型定位在产品要素上,属性定位为产品优质,利益定位为享受,例如索尼、奔驰和英特尔等公司,都为顾客提供性能优于竞争对手的产品。性能优秀的衡量指标可以是速度、尺寸、准确性、消耗功率或其他超出竞争产品并被客户看重的性能特征。为了保证这一定位点的实现,他们分别构建了新产品开发创新的关键流程。

第三种类型定位在服务要素上,属性定位是提供全面客户解决方案,利益定位为省心,例如 IBM 公司和高盛等公司,他们提供了优于竞争对手的全面的客户解决方案。为了保证这一定位点的实现,他们建立了关键的客户管理流程。

卡普兰等人认为,不同的业务流程具有不同时间周期,通过运营流程改善而使成本节约,最终导致价格下降,一般为 6~12 个月;通过改善客户管理流程而提供全面解决方案,进而带来收入增长会在 12~24 个月;通过改善产品创新流程而源源不断地提供优质新产品,进而增加收入和利润会花费 24~48 个月。

实际上,从定位角度分析,远远不止上述提到的价格、产品和服务三种利益要素,还有分销和沟通要素,同时也不是一个营销组合要素就有一个定位点,例如产品可以是优质的,也可以是时尚的,还可以是小型化的,等等。因此,依定位构建关键流程要比前述的更复杂。但是方法相同:找到定位点实现的业务流程,视它为关键流程,进行重点打造和构建。下面通过案例做出具体说明。

13.3 依定位构建关键流程的案例

案例分析选择世界最大的零售企业沃尔玛和新崛起的时尚服装品牌 ZARA 作为研究对象,以两家企业在美国和欧洲市场的表现作为分析的依据。

1. 沃尔玛依定位构建的关键流程[1]

(1) 沃尔玛实现的是天天低价的定位。通过对沃尔玛的消费者关联模型分析(见表13.4,斜体为沃尔玛的实际情况)[2],发现沃尔玛营销组合带来的利益

---

[1] 李飞、汪旭晖:《零售企业竞争优势机理的研究》,载于《中国软科学》2006 年第 6 期。
[2] 李飞等:《沃尔玛和家乐福在华市场定位的比较研究》,载于《南开管理评论》2005 年第 3 期。

点与竞争对手相比，在价格诚实和低廉方面非常出色，产品质量稳定优秀，而人员服务、便利、沟通和店铺环境为零售行业的平均水平。由此判定：沃尔玛的竞争优势是以价格低廉和诚实为主要定位点，产品质量稳定为次定位点，其他营销组合要素实现的是辅助的利益。在价格低廉方面，表现为每日低价，又称"天天低价"（EDLP：Everyday is low price）。具体内容包括：不仅一种或若干种商品低价销售，而是所有商品都是以低价销售；不仅是在一时或一段时间低价销售，而是常年都以低价格销售；不仅是在一地或一些地区低价销售，而是所有地区都以低价格销售。在价格诚实方面，一方面倡导每日低价并非指最低价格；另一方面将价格稳定在一个比较低的价格水平上。这使顾客感到沃尔玛商品价格低廉而诚实，是自己的采购代理。在产品质量稳定方面，赢得了顾客的信赖，保证产品为顾客实现效用价值。同时在服务方面做到了适应顾客，在到达和购买便利方面实现了便利进入、容易寻找，在沟通方面尊重顾客，在店铺环境方面做到了安全卫生。

表 13.4　　　　　　　　　　沃尔玛公司营销组合状态

等　级	产　品	人员服务	价　格	便　利	沟　通	环　境
消费者追逐 （5分）	产品出色或丰富	超越顾客期望	顾客的购买代理	到达和选择很便利	沟通亲切，体现关怀	令人享受
消费者偏爱 （4分）	产品值得信赖	顾客满意	价格公平可信	到达和选择较便利	关心顾客	使人舒适
消费者接受 （3分）	产品具有可信性	适应顾客	价格诚实，不虚假打折	便利进出，容易寻找	尊重顾客	安全卫生
消费者抱怨 （2~1分）	产品质量低劣	顾客不满意	价格误导和欺诈	进出困难，找货不易	没人情味，不关心顾客	不想停留

（2）用低成本运营流程保证定位的实现。所有的零售企业都有着相似的基本业务流程，即采购—配送—销售。有无竞争优势，以及竞争优势的状态如何，取决于这个业务流程各环节和整体为目标顾客创造的价值贡献。

第一，商品采购流程。沃尔玛商品采购流程的特征是：在保证商品质量的前提下，尽量降低商品进价。在采购流程的每一个环节，都为价格低廉这一主要定位点和产品质量稳定这一次定位点做出了贡献（见图13.3）。

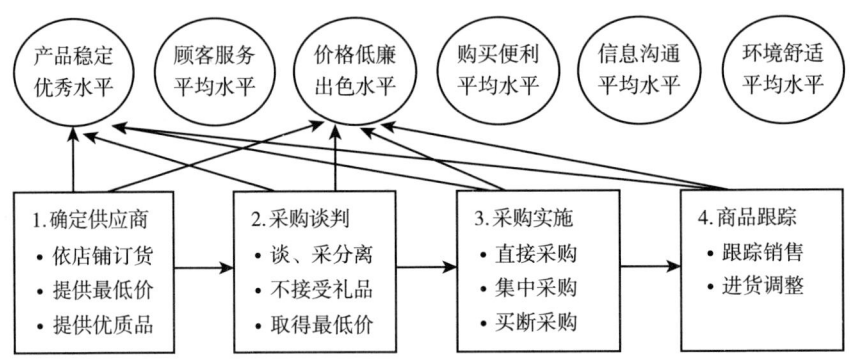

图 13.3　沃尔玛的采购流程

在确定供应商环节，一个重要的内容是根据店铺销售需求进行采购，对供应商规模、实力、技术、产品质量、信用等有一系列的资质认证，要求厂商只提供其最好的 10 种产品即可，沃尔玛则用四个标准（提高沃尔玛已有商品质量、降低沃尔玛价格水平、增加沃尔玛的价值和丰富沃尔玛商品品种）对其进行评价，最后由采购经理确定大致的产品数量、质量和价格水平。在谈判环节，采办人员（非采购经理）具体负责，他们不能接受宴请，不能接受礼品，谈判在沃尔玛公司进行，公司要求所有采购人员绝对站在消费者采购代理的立场上，苛刻地挑选产品，顽强地讨价还价，迫使供应商提供最好的产品，给出最低的底价①。在采购实施环节，一是直接采购，20 世纪 80 年代早期，沃尔玛取消中间商制度，直接向厂家采购，使采购价格降低 2%~6%。二是集中采购，从 20 世纪 90 年代初开始，沃尔玛统一采购的比例已经超过 85%，在美国拥有 10% 的市场占有率，这种规模使宝洁、可口可乐、卡夫等巨型公司超过 10% 的商品是在沃尔玛店铺销售，他们愿意按照批量给予沃尔玛大幅度折扣；至于规模不大的数以百计的消费品厂商，几乎 100% 的商品是通过沃尔玛销售的，因此不得不接受沃尔玛的低廉采购价格②。三是买断采购，这样可以取得比代销制更低的进货价格。同时沃尔玛要求供应商提供佣金和免费商品支持：年度佣金为销售额的 1.5%，仓库佣金为销售额的 1.5%~3%，新店开张的首单商品免费，新品进场首单免费③。四是根据店铺订货采购，各个店铺根据销售和库存情况向配送中心提出订货计划，

---

①　吕一林：《美国沃尔玛——世界零售第一》，中国人民大学出版社 2000 年版，第 10 页，第 74 页，第 104~105 页。
②　迈克尔·贝里达尔：《沃尔玛策略》，机械工业出版社 2006 年版，推荐序一，第 36~37 页。
③　胡松评：《向沃尔玛学供应链管理》，北京大学出版社 2006 年版，第 87 页，第 117 页。

配送中心汇总订单，向厂家发出订货单，这一切在几个小时内完成。这一系列措施在保证采购优质产品的同时，至少可使沃尔玛商品进价低于竞争对手10%。

第二，商品配送流程。沃尔玛商品配送流程的特征是：在保证商品及时送达的前提下，尽量降低物流成本。在商品配送流程的每一个环节，与采购流程一样，都为价格低廉这一主要定位点和产品质量稳定这一次定位点做出了贡献（见图13.4）。

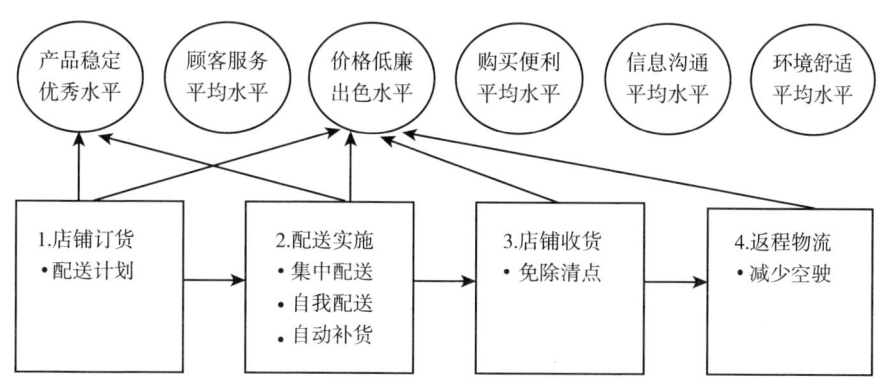

图13.4　沃尔玛的配送流程

配送中心已根据**店铺订货计划**完成了采购，接着店铺会提出上货的时间要求，形成配送计划。这既可以保证向店铺配送顾客需要的商品，又可以通过减少库存降低成本。在**实施配送环节**，一是实施集中配送，从店铺下订单到商品进配送中心不过1天时间，商品到达配送中心48小时之内送到各个店铺，店铺不必设有仓库，仓库可以改为增加效益的卖场；二是自我配送，不用供应商和第三方配送，不仅可以通过降低供应商物流费用为低价进货提供条件，而且大大减少货等车、店等货的现象，商店缺货率大大降低；三是自动补货，通过信息系统，厂商可以及时了解自己商品在各店铺的销售情况，根据协议及时向配送中心供货；配送中心也可以随时掌握各种商品在零售店铺的销售情况，及时向店铺自动补货。在**店铺收货环节**，由于配送中心差错率低于1%，店铺接货时不必花费人工进行清点。在**配送车辆返程环节**，有60%顺路从供应商处带回采购的商品。由于沃尔玛8万种商品中的85%纳入了统一配送流程当中（凯玛特仅有50%），因此大大降低了库存和配送成本，使物流费用占销售收入比例仅为2.8%，而行业平均水平为4.8%[①]。

---

① 大卫·W·杨：《成本改进181法》，中国财政经济出版社2005年版，第146~147页。

第三，商品销售流程。沃尔玛商品销售流程的特征是：在保证低价销售的前提下，实现产品稳定的优秀水平，维持便利、店铺环境和服务达到行业平均水平。如果说采购、配送环节是为主要定位点和次定位点做出的贡献，那么，销售流程在保持定位点实现的基础上，主要是为非定位点达到行业平均水平做出贡献（见图13.5）。

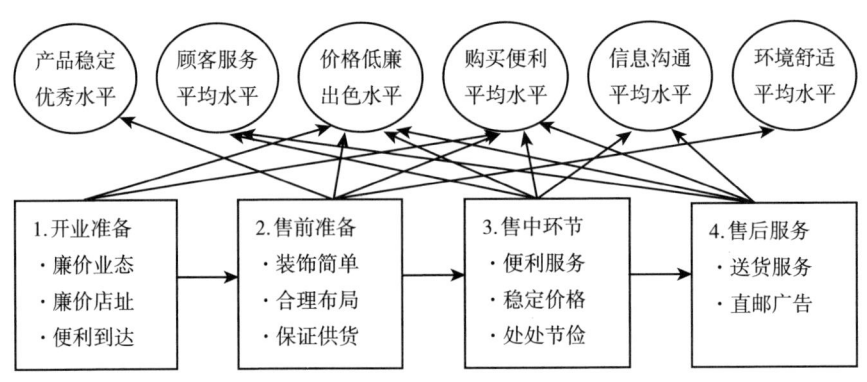

图13.5　沃尔玛的销售流程

在开业准备阶段，主要是完成店铺建设。初期，沃尔玛选择在土地便宜和建筑成本很低的小城镇开店，进入大城市后也是在城乡交界处开店，这些地方地价便宜，并且具备设立停车场的条件，顾客容易到达。同时，选择适合低成本运营的购物广场和山姆会员店作为重点发展的业态。例如，以租赁店面的方式开设的山姆会员店，初始建店投资只需要400万美元。在售前准备阶段，通过电脑软件系统分析顾客购买特征，绘制商品陈列图，依图进行店铺的布局设计，购物广场不求奢华，讲求整洁、明亮；山姆会员店则采取仓店合一的布局方式，几乎没有装饰，商品通过机械操作上架，1万平方米店面只需要30～40位员工①。商品及时上架到指定位置，并源源不断地得到补充。在售中环节，一是提供便利服务，提供免费停车场；在门口设置迎宾人员，不仅使顾客感到亲切，而且对窃贼起到威慑作用，失窃率大大降低；顾客在3米范围内，员工必须微笑地打招呼，微笑必须露出8颗牙齿；设置专业人员免费为顾客提供购买电脑、照相机、录像机等商品的咨询；收银员必须站立着从事收银服务；二是稳定价格（即不降价），尽量避免出现由于促销打折带来的商品销售波动，为准确地预测商品销量提供条

---

① 吕一林：《美国沃尔玛——世界零售第一》，中国人民大学出版社2000年版，第10页，第74页，第104～105页。

件，不必保留店铺的仓库，使供应商和自己节省库存成本①；三是处处节约，总裁出差住便宜的假日酒店，总部设施简陋，办公纸必须两面使用后再废弃，部分员工实行小时工制等。在售后服务环节，一是仅为一定购买额（在中国2000元人民币）以上的顾客提供送货服务，收取一定送货费用（在中国的指定范围内每次49元人民币）②，一个月内可以自由退换货。二是在广告方面投入很少，仅占销售额的0.4%，而西尔斯公司为3.9%，环城公司为4.9%。

一项在美国的调查结果显示：沃尔玛有1/3的商品价格高于竞争对手，价格低于竞争对手的商品不过为顾客节省了0.14~1.62美元，有1/3不足0.02美元③。另一项调查结果显示：如果沃尔玛店铺与竞争对手相邻，沃尔玛价格定在100美元，竞争对手为101.3美元；如果二者相距4~6英里，沃尔玛为99.9美元，竞争对手为110.3美元；如果两者相距遥远，沃尔玛商品价格为106美元④。对于一些价格敏感性商品，沃尔玛会比竞争对手低10%~20%，一旦竞争对手倒闭，会在90~120天的周期内将价格水平回升到降价前的水平⑤。

由上可知，沃尔玛的业务流程是围绕着增强成本控制能力进行构造的，这是天天低价竞争优势形成的根本原因。天天低价的结果又反过来进一步强化了企业的成本控制能力。第一，天天低价完全可以吸引顾客购买，不必进行频繁的促销和广告活动，节约了营销成本；第二，天天低价的结果是价格稳定，这样可以准确地预测销售额，从而减少缺货和积压的现象，前者可以降低单位销售成本，后者可以减少物流成本；第三，天天低价使销售额稳定增加，提高每平方米和每人销售额，可以降低单位销售成本和增加销售总量，使采购量增加，带来采购价格的进一步降低。这就形成了一个低成本连续运营的业务流程，其内容包括：低成本采购—低成本配送—低价格销售—低成本采购，循环往复。有人将其核心称为"过站式"（Cross-docking）业务流程⑥。这个流程使沃尔玛的进货价格和运营费用大大低于竞争对手⑦（见表13.5）。如前面的分析，沃尔玛的进货价格可以低于竞争对手10%，经营成本低于竞争对手10.1%，利润率高于竞争对手0.6%，从理论上讲，沃尔玛的销售价格可以低于竞争对手19.5%（10+10.1-0.6）。

---

① 詹姆斯·赫斯克特等：《价值利润链》，机械工业出版社2006年版，第6~23页。
② 胡松评：《向沃尔玛学供应链管理》，北京大学出版社2006年版，第87页，第117页。
③ 弗雷德·克劳福德：《卓越的神话》，中信出版社2002年版，前言，第44页，第57~58页。
④ 大卫·W·杨：《成本改进181法》，中国财政经济出版社2005年版，第146~147页。
⑤ 吕一林：《美国沃尔玛——世界零售第一》，中国人民大学出版社2000年版，第10页，第74页，第104~105页。
⑥ 王明夫：《企业竞争力》，中国财政经济出版社2001年版，第286~288页。
⑦ 大卫·W·杨：《成本改进181法》，中国财政经济出版社2005年版，第146~147页。

表 13.5　　　　　　　沃尔玛经营成本和行业平均水平比较

内　容	沃尔玛	行业平均	差　距
商品损失费用占销售额比例（%）	1.0	1.6	0.6
广告费用占销售额比例（%）	0.5	1.2	0.7
租金成本占销售额比例（%）	0.8	1.8	1.0
人工成本占销售额比例（%）	10.0	10.4	0.4
物流费用占销售额比例（%）	2.8	4.8	2.0
管理费用占销售额比例（%）	15.8	21.2	5.4
运营成本合计（%）	30.9	41.0	10.1
利润率（%）	高	低	0.6

2. ZARA 依定位构建的关键流程[①]

（1）ZARA 实现的是低成本追求时尚的定位。通过定位钻石模型对 Zara 服装的定位点进行具体分析就会发现，她针对目标顾客群设计的定位点特征：属性定位是稳定价格和服装快速更新，利益定位是低成本地追逐潮流，价值定位没有提及。这一定位点的选择与目标顾客的购买心理和竞争对手的状况相吻合。从目标顾客方面来看，他们很关注自己是否会落伍，是否跟上潮流，并期望由此产生自豪感。从竞争对手来看，或是做到了时尚新潮，但是价格昂贵；或是价格便宜，但是款式保守，而 Zara 的低成本追求潮流的利益诉求，把时尚和低价密切地结合起来。在美国对 Zara 的一项实证研究也证实了相似的结果：主要定位点为价格诚实，次要定位点为产品稳定，其他营销组合要素达到行业平均水平[②]也证明 Zara 的定位点在于时尚与低价，只不过认为时尚为主要定位点，价格为次要定位点[③]（见图 13.6）。

（2）用低成本和快速反应的运营流程保证定位的实现。通过前述的营销组合要素分析，很容易得出结论：Zara 的竞争优势及定位点是以低价格向目标顾客提供新潮的服装，而服务、店址、店铺环境和沟通等仅达到了行业平均水平。

[①] 李飞：《定位钻石图案例》，经济科学出版社 2007 年版。
[②] 弗雷德·克劳福德等：《卓越的神话》，中信出版社 2002 年版，第 41 页。
[③] Pankaj Ghemawat、Jose Nueno：《ZARA：不变的潮流》，参见哈佛商学院：《战略管理》，中国人民大学出版社 2005 年版，第 156 页。

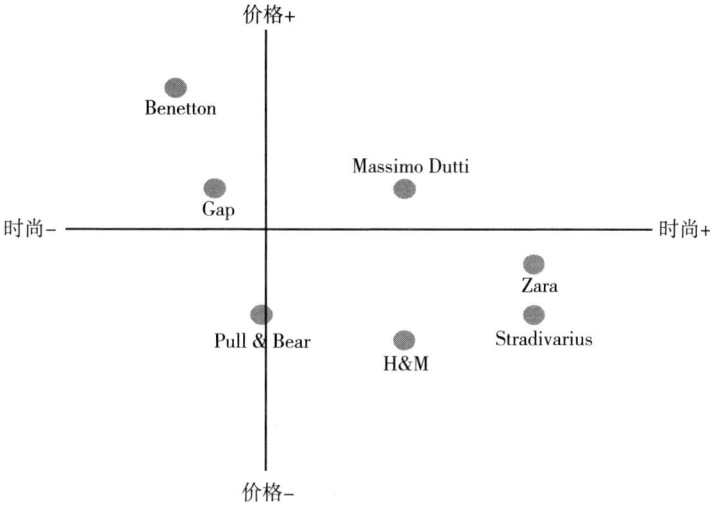

图 13.6　Zara 市场定位点

这个模型的实现，取决于公司的整个业务流程的构造和运营状态。如果把与顾客直接相关的营销组合要素视为前台的竞争优势，那么保证营销组合状态稳定化的业务流程就是后台的竞争能力。完全销售自我品牌的服装企业有着相似的业务流程，即设计—原材料采购—生产—配送—零售。由这个流程可以发现 Zara 的竞争优势和定位点实现的基础（见图 13.7）。

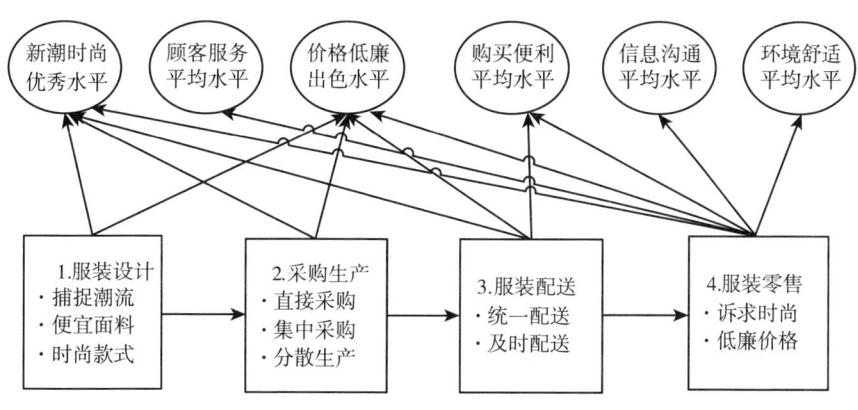

图 13.7　Zara 业务流程对定位点形成的贡献

第一，设计流程。Zara 的设计流程，主要是为新潮时尚达到优秀水平和价格低廉达到出色水平做出了直接贡献。

步骤一，捕捉潮流信息。一是 Zara 设计师参加巴黎、米兰、佛罗伦萨、纽约、伦敦、东京等世界时尚中心的新款服装发布会，从顶级设计师和顶级品牌的设计中获取灵感。二是 Zara 在全球各地都有极富时尚嗅觉的买手，购买当地各高档品牌或主要竞争对手的当季流行产品，迅速集中返回总部做"逆向工程"。三是 Zara 有专人搜集时装展示会、交易会、咖啡馆、餐厅、酒吧、舞厅、街头艺人、大街行人、时尚杂志、影视明星、大学校园等地方和场所展示的流行元素和服装细节，如 2001 年 6 月，麦当娜到西班牙巴塞罗那举行演唱会，为期三天的演出还在进行中，就发现台下已经有观众穿着麦当娜在演唱会上穿的衣服，之后西班牙大街上更是迅速掀起了一股麦当娜时装热，而这类服装都来自当地 Zara 店。四是 Zara 全球各专卖店通过信息系统返回销售和库存信息，供总部分析畅销和滞销产品的款式、花色、尺码等特征，以供完善或设计新款服装时参考。另外，各门店可以把销售过程中顾客的反馈意见或者他们对款式、面料和花色的一些想法和建议，甚至是来自光顾 Zara 商店的顾客们身上穿的可模仿的元素等各种信息反馈给 Zara 总部。

步骤二，快速进行产品设计。信息被迅速返回总部后，马上会有专业的时装设计师团队分女装、男装和童装类别、款式及风格进行改版设计。Zara 公司总部有一个 260 人的由设计专家、市场分析专家和买手（负责采购样品、面料、外协和生产计划等）组成的专业团队，共同探讨未来可能流行的服装款式、花色、面料等，并讨论大致的成本和零售价等问题，并迅速达成共识。然后由设计师快速手工绘出服装的样式，再进一步讨论修改。接下来，设计师进行细化和完善，保证款式、面料纹路、花色等搭配得更好，并且给出详细的尺寸和相应的技术要求。之后，该团队进一步讨论、确定成本和零售价等问题，决定是否投产，款式设计出来后决定投产比例约 1/4~1/3。在产品设计阶段，Zara 与大多数服装企业不同的是：Zara 从顾客需求最近的地方出发，并迅速对顾客的需求做出反应，始终迅速与时尚保持同步，而不是预测 6~9 个月以后甚至更长时间的需求；该团队不仅仅只有设计人员，而是由设计人员、市场人员、采购和计划调度人员等跨职能部门的成员构成，保证了信息快速传递、计划可执行、易执行；该团队不仅负责设计下季度的新产品款式，同时还不断改进当季产品[①]。

---

① Pankaj Ghemawat、Jose Nueno：《ZARA：不变的潮流》，参见哈佛商学院《战略管理》，中国人民大学出版社 2005 年版，第 134~166 页；肖利华、韩永生、佟仁城：《Zara 与时尚保持同步的产品组织与设计》，载于《纺织服装周刊》2006 年第 25 期，第 32~33 页；肖利华、韩永生、佟仁城：《Zara 快速反应的采购与生产》，载于《纺织服装周刊》2006 年第 26 期，第 33 页；肖利华、韩永生、佟仁城：《Zara：强调速度的产品配送》，载于《纺织服装周刊》2006 年第 27 期，第 33 页；郎咸平：《零售连锁业战略思维和发展模式》，东方出版社 2006 年版，第 3~67 页。

第二，采购和生产流程。Zara 的采购和生产流程，同样是为新潮时尚达到优秀水平和价格低廉达到出色水平做出了直接贡献。一是"自产"和"外包"相结合。主要依据对潮流的反应速度和运营成本，确定各个产品是自己生产还是外包出去。Zara 公司在西班牙拥有 22 家工厂，约 50% 的产品由自己的工厂完成，其他 50% 的产品由 400 余家外协供应商完成，这些供应商有 70% 位于欧洲（集中在西班牙 Zara 总部加利西亚省和葡萄牙北部），其余的主要分布在亚洲。二是集中统一采购。Zara 公司自产产品时，其面辅料通过 Inditex 集团全资子公司 Comditex 集中采购，其中约 40% 的面料供应来自内部。其中有 50% 的布料是未染色的，这样就可以迅速应对市场上花色变换的潮流和降低成本。Zara 剩余的原材料供应来自附近的 260 家供应商，每家供应商的份额最多不超过 4%。三是集中剪裁，分散缝制。面料准备好以后，公司统一用高速裁床按要求迅速裁剪布料。裁剪好的面料及配套的拉链、纽扣等通过地下传送带（其累计长达 200 多公里）运送到当地外协缝制厂，他们雇用的绝大多数员工是在家或退休的中年妇女、老年妇女和年轻的小女孩，生活在小镇或村庄，工资期望值不高。据估计，为 Zara 工作的女裁缝的工资（约 500 美元/月）不到产业工人工资（约 1300 美元/月）的一半。外协缝制厂把衣服缝制好后，再送回 Zara，做熨烫、贴标签和包装等最后处理并接受检查，然后送到物流配送中心[①]。

第三，配送流程。Zara 的配送流程，主要是为新潮时尚达到优秀水平、价格低廉达到出色水平、购买便利达到平均水平做出了直接贡献，体现为配送的及时性和低成本性。一是统一配送。Zara 有自己的中央配送系统，无论自产的产品还是外包的产品，都必须通过阿特依西奥配送中心，它每小时能分拣超过 80 000 件衣服。大约 75% 的货物量由第三方卡车服务公司配送到西班牙、葡萄牙、法国、比利时、英国和德国的各个专业店；其余的 25% 利用附近的两个空运基地运送到中转地，再配送到世界各地并通过第三方物流的卡车送往各专卖店。这样，欧洲的专卖店可在 24 小时内收到货物，美国的专卖店可在 48 小时内收到，日本的专卖店在 48~72 小时内收到。二是及时配送。Zara 重视服装到达店铺的速度，因为失去时间就会使时尚变得落伍。因此 Zara 配送中心成为一个

---

① Pankaj Ghemawat、Jose Nueno：《ZARA：不变的潮流》，参见哈佛商学院《战略管理》，中国人民大学出版社 2005 年版，第 134~166 页；肖利华、韩永生、佟仁城：《Zara 与时尚保持同步的产品组织与设计》，载于《纺织服装周刊》2006 年第 25 期，第 32~33 页；肖利华、韩永生、佟仁城：《Zara 快速反应的采购与生产》，载于《纺织服装周刊》2006 年第 26 期，第 33 页；肖利华、韩永生、佟仁城：《Zara：强调速度的产品配送》，载于《纺织服装周刊》2006 年第 27 期，第 33 页；郎咸平：《零售连锁业战略思维和发展模式》，东方出版社 2006 年版，第 3~67 页。

服装周转中心，其主要功能是周转而不是存储，服装在分销中心被快速地分拣、装车并送往商店，每个商店每周收到两次供货，因此生产完成后，运输服装的时间最长也不会超过一个星期。其采取高频、快速、少量、多款的补货策略，不仅保证了时尚"不过时"，还保证了低成本和顾客在店里能够及时买得到[①]。

第四，零售流程。Zara 的零售流程直接与目标顾客连接，因此它为新潮时尚达到优秀水平、价格低廉达到出色水平、其他四个要素达到行业平均水平都做出了直接贡献。一是采购时尚品。Zara 各专卖店根据当前库存和近两周内销售预期，每周向总部发两次补货订单。总部对店长的考核重点是预测准确率、库存周转率、人均销售、评效和增长率。订单必须在规定时间前下达：西班牙、欧洲南部专卖店通常是每周三 15 点之前和每周六 18 点之前。其他地区是每周二 15 点之前和周五 18 点之前（其他地区运输距离远，提前下订单则可和西班牙当地的订单加总集中生产，可一定程度地加大生产批量、减少生产转换时间、降低成本）。二是稳定低价策略。因为没有昂贵的设计、广告等费用，原材料成本也比较低，其产品定价只有设计师品牌服装的 1/6~1/4 甚至更少。一年中，Zara 也只在两个明确的时间段内进行有限的降价销售，一般是 8.5 折以上，而不是业内普遍采用的连续降价方法，最后平均只有 6~7 折。三是店铺渲染时尚。经过大量培训的门店营业员经常对店内商品进行重新组合陈列，让店内每天都有一种新鲜感；上衣、裤子、皮包、配饰等搭配放在一起，让顾客体验一站式购买的愉悦。Zara 每一款服装的生产数量都非常小，店内很少看到重复出样，人为地制造一种稀缺新潮感。Zara 优越的地理位置、颇具特色的橱窗设计和独具一格的店内展示，使其产生巨大的时尚魅力。四是很少做广告。它的广告成本仅占其销售额的 0.3%，而行业平均水平则是 3%~4%。因为 Zara 自信自己的专卖店就是最好的活广告，这为产品的低价格做出了贡献[②]。

Zara 业务流程带来的直接结果是：从设计理念到上架平均只需 10~15 天，而大多数服装企业需要 6~9 个月甚至更长时间；库存周转 Zara 每年达到 12 次左右，其他运作一流的服装企业也只能达到 3~4 次，而我国大多数服装企业是 0.8~1.2 次；Zara 每年推出 12 000 多种产品给顾客，运作一流的服装企业平均

[①②] Pankaj Ghemawat、Jose Nueno：《ZARA：不变的潮流》，参见哈佛商学院《战略管理》，中国人民大学出版社 2005 年版，第 134~166 页；肖利华、韩永生、佟仁城：《Zara 与时尚保持同步的产品组织与设计》，载于《纺织服装周刊》2006 年第 25 期，第 32~33 页；肖利华、韩永生、佟仁城：《Zara 快速反应的采购与生产》，载于《纺织服装周刊》2006 年第 26 期，第 33 页；肖利华、韩永生、佟仁城：《Zara：强调速度的产品配送》，载于《纺织服装周刊》2006 年第 27 期，第 33 页；郎咸平：《零售连锁业战略思维和发展模式》，东方出版社 2006 年版，第 3~67 页。

只能推出3000~4000款,而能推出上千款服装的企业寥寥无几;同时运营成本也大大低于竞争对手,使其在低价格销售的前提下,也可以获得理想的利润,Zara 2005年的销售额达到44.41亿欧元,息税前利润7.12亿欧元(约72.89亿人民币)。

从以上两个案例的分析可以看出:关键流程形成关键的差异化,而关键的差异化就是定位点,因此依定位点进行关键流程的打造就顺理成章了。

第14章 整合企业重要资源

定位规划的实现,需要相应的流程来保障,而流程运行效率的实现,离不开相应的资源整合。在2004年清华大学经济管理学院中国零售研究中心成立的新闻发布会上,沃尔玛公司全球总裁李斯阁先生在回答记者关于沃尔玛成功的三个要素时指出:高效率的供应链系统、及时反应的信息系统和独特的企业文化。这三点强调的都是企业资源。本章将重点讨论依关键业务流程整合企业的重要资源,具体包括两个问题:一是企业运营的重要资源构成;二是依关键流程整合重要资源。

14.1 企业运营的资源构成

影响业务流程内容的关键因素是什么?竞争优势"外生论"和"内生论",甚至"综合论"都一致聚焦于"企业资源因素",只是强调的重点不同而已[①]。本节需要在认识企业资源类型的基础上,界定重要的资源。

1. 企业资源的种类划分

沃纳菲尔德(Wernerfelt)认为,资源是指企业拥有的一切,包括物质资源、人力资源和组织资源[②]。巴尼(Barney)也持大体相同的看法,认为企业资源包括:(1)物资资源,如物资技术、厂房设备、位置、获取材料的通道等;(2)人力资源,如经验、判断能力、天资、洞察力、关系和培训体系等;(3)组织资源,如正式的报告结构、正式和非正式的计划、控制与合作系统,集团间、企业内、企业间及其与环境的非正式关系[③]。阿米特和舍马克等人(Amit and Schoemaker et al.)则认为,企业资源是由企业所控制或拥有、能参与产品和服务的生产以满足人类需求的、有形的和无形的、人力的和非人力的所有投入要素[④]。一般认为,企业包括有形和无形两大类资源,有形资源包括财务资源和物化资源,无形资源包括知识产权、商誉、人力、组织、基础结构等资源[⑤](见表14.1)。

表 14.1　　　　　　　　企业资源的类型

资源类型	分　类	具体内容
有形资源	财务资源	现金、股票、融资能力
	物化资源	厂房、机器设备、场地、原料等

---

① 李飞、汪旭晖:《零售企业竞争优势机理的研究》,载于《中国软科学》2006年第6期。
② B. Wernerfelt, "A Resource-based View of Firm", *Strategic Management Journal*, 1984, 5 (2), 171–180.
③ J. B. Barney, "Firm Resource and Sustained Competitive Advantage", *Journal of Management*, 1991, 17 (1), 99–120.
④ R. Amit, P. J. H. Schoemaker, "Strategic Assets and Organizational Rent", *Strategic Management Journal*, 1993, 14, 33–46.
⑤ 胡大立:《企业竞争力决定因素及其形成机理分析》,经济管理出版社2005年版,第95~96页。

续表

资源类型	分　类	具体内容
无形资源	知识产权	技术诀窍、经营方式
	商誉资源	企业形象、信用、品牌、渠道、顾客忠诚
	人力资源	员工素质、企业家素质、工作士气
	组织资源	组织结构及其计划、控制、协调系统
	基础结构	企业文化、管理制度等

2. 企业重要资源的界定

企业重要资源的界定可以从两个角度来观察。一是从静态角度看，哪些资源对于形成竞争优势影响更大，是一般性的结论；二是从动态角度看，哪些资源对于关键流程的效率影响更大，是随着关键流程的不同而有变化。

（1）从静态角度看，无形资源已经成为企业的重要资源。正如沃尔玛总裁李斯阁先生所言：虽然沃尔玛成功的关键因素是高效率的供应链系统、及时反应的信息系统和独特的企业文化，但是，只要有钱都可以建立高效率的供应链系统和及时反应的信息系统。然而有钱不一定能很快建立一个独特的企业文化。学者们也逐步地将注意力集中于难以模仿、具有长期优势的无形资源上，甚至直接将它们等同于企业核心竞争力。可以列举部分学者对核心竞争力的定义：哈梅尔和普拉哈拉德（Hamel and Prahalad）认为是"企业所具有的特殊技术和能力的总和……"[1]，马基德斯和威廉姆森（Markides and Williamson）认为是"企业所具有的经验、知识和战略资源的聚集体……"[2]；纳尔逊（Nelson）认为是"企业内部通过组织学习而产生的捆绑在一起的各种技能的总和"[3]；斯诺和赫比尼亚克（Snow and Hrebiniak）认为是"保证企业在相似竞争环境下从事各种特殊活动所具备的差别能力的总和"[4]。

卡普兰和诺顿认为，企业的长期竞争优势的保持取决于企业的学习能力和成

---

[1] G. Hamel, C. K. Prahalad, *Competing for the Future*, Harvard Business School Press, 1994.

[2] C. C. Markides, P. J. Williamson, "Related Diversification, Core Competences and Corporate Performance", *Strategic Management Journal*, 1994, 15, 149–165.

[3] R. Nelson, "Why do Firms Differ, and How does it Matter?", *Strategic Management Journal*, 1991, 12, 61–74.

[4] C. C. Snow, L. G. Hrebiniak, "Strategy, Distinctive Competence, and Organizational Performance", *Administrative Science Quarterly*, 1980, 25.

长能力，这些能力主要由无形资源构成，具体包括人力资本、信息资本和组织资本①（见表14.2）。

表14.2　　　　　　　　　　无形资源的类别

种　类	内　容
人力资本	员工技能、才干和知识
信息资本	数据库、信息系统、网络和技术基础设施
组织资本	文化、领导力、员工协调一致、团队工作和知识分享

（2）从动态角度看，直接影响定位实现的资源成为重要资源。换句话说，无论有形资源还是无形资源，只要它对定位的实现有直接和重要的影响就是重要资源。因此评估资源重要性的标准是：第一，直接影响定位实现的，为重要资源；第二，对定位实现产生重大直接影响的有形资源为非常重要的资源；第三，对定位实现产生重大直接影响的无形资源为最重要的资源。可见因品牌的定位点不同，其重要资源的构成也会有一定的差别。例如时尚化的产品定位，设计师成为最为重要的资源；贴心化的服务定位，导购员成为最重要的资源。

14.2　依定位关键流程整合重要资源

每个企业都有相同的有形资源和无形资源的表现形式，比如有形资源有现金、股票、厂房和设备等，无形资源有信誉、人力、组织和文化等。但是只有少数企业的资源为竞争优势的形成做出了贡献。调查结果显示，2/3 的企业没有在战略和资源之间建立协调一致的关系，资源的大量投资没有针对已经确定的目标，这样既不能促进战略实施能力的提升，也无法收回在资源方面的投资②。因为定位点就是企业差异化的战略目标，关键流程就是对定位实现影响最大的业务流程，因此企业资源的整合必须围绕着关键流程来进行。依关键流程整合企业重要资源，包括两个步骤：一是回顾依定位构建的关键流程；二是依构建的定位关键流程整合企业的重要资源。

---

①② 罗伯特·卡普兰、大卫·诺顿：《战略地图》，广东经济出版社2005年版，第11页。

1. 回顾依定位构建的关键流程

如前所述，定位管理就是通过营销要素的组合，实现为顾客提供包括定位点利益和非定位点利益的组合利益。这一切离不开关键流程的构建，回顾依定位构建的关键流程，就是重温企业根据自己确定的定位目标，计划或已经构建的关键业务流程。结合前面几章的讨论，可以归纳出若干品牌的关键流程（见表14.3），这是整合企业资源的重要基础。

表 14.3　　　　　　　　　　若干品牌的关键流程

品　　牌	属性定位	利益定位	价值定位	关键流程
潘婷洗发水	富含维生素原B5	滋养头发	自信	设计制造和沟通
飘柔洗发水	富含去屑原料	去头皮屑	自信	设计制造和沟通
海尔电器	24小时守候服务	放心购买和使用	真诚到永远	服务流程
沃尔玛商店	天天低价	省钱	没有诉求	供应链流程
诺德斯特龙	提供解决方案	放心购买和使用	没有诉求	服务流程
Zara 服装	廉价时尚服装	低成本追求时尚	没有诉求	设计和供应链
耐克运动品	款式舒适时尚	舒适时尚	Just do it	设计和沟通
戴比尔斯	优质钻石	恒久保值	爱到永远	设计生产

2. 依构建的关键流程整合重要资源

在回顾了依定位构建的关键流程后，就可以根据关键流程来整合企业的重要资源。例如沃尔玛和Zara都是低价的定位，以供应链为关键流程，适合选择全面质量管理方面的培训；海尔和诺德斯特龙都是优质服务的定位，以服务流程为关键流程，适合选择顾客关系管理方面的培训。其判断标准是哪一个培训会为关键流程和定位实现做出更大的贡献。总之，企业资源特别是人力资本、信息资本和组织资本三个重要资源必须与那些创造差异化顾客价值的关键流程保持一致[①]。

（1）人力资本与关键流程的一致。人力资本究竟为顾客和企业带来多少价值，并非取决于花了多少钱用在人力资本上，而在于它是否与构建的关键流程相匹配。具体包括三个步骤：一是根据关键流程设定相应的战略岗位要求；二是评

[①] 罗伯特·卡普兰、大卫·诺顿：《战略地图》，广东经济出版社2005年版，第163页。

价现有员工的技能、才干和知识是否与其匹配;三是安排招募或者进行相应的培训。卡普兰和诺顿从与十多家零售银行合作的经验中提炼出一个综合性例子①。第一,根据关键流程确定岗位要求。一家消费者银行计划从促销单个产品的传统战略转向为目标客户提供全面的财务解决方案战略。为此,公司确定了7个关键的内部流程,其中之一就是"交叉销售产品"。接着,人力资源经理和直线经理确定了财务规划师是对这一流程取得绩效最为重要的岗位。一个规划小组又进一步确定了财务规划师这一岗位必须具有的四项技能:解决方案销售、关系管理、产品知识和专业资格证书。对于每一个内部流程,消费者银行都采取同样的方法,确定其中的战略性岗位和该岗位需要的关键能力。第二,评价现有员工是否与关键流程要求匹配。这家银行估计自己需要100名训练有素的财务规划师来执行交叉销售这一流程。银行的人力资源团队在评估后发现,仅有40名财务规划师对业务的精通程度能达到要求。第三,根据评估情况,进行人力资本的补充、提高和完善。

(2) 信息资本与关键流程的一致。信息资本包括两个部分:技术基础设施和信息应用软件。技术基础设施包括有效使用应用软件所必需的硬件(如中央服务器和通信网络)和管理制度(如标准、防灾规划和安全措施)。应用软件则建立在这一基础设施之上,一般有两类:一类是事务处理应用软件(transaction processing application),如企业资源规划(ERP)系统,帮助企业实现基本的重复性事务处理的自动化;另一类是分析应用软件(analytic application),推动对信息和知识的分析、解释和分享。这两类应用软件都可能作为变革型应用软件(transformational applications),即改变企业主要商业模式的应用软件②。

保持信息资本与关键流程的一致,可以分为三个步骤:一是描述关键流程对信息资本的需求;二是衡量现有信息资本与关键流程需求的差距;三是根据衡量得出的结论,安排维持或提升现有信息资本的水平。下面以上文提到的消费者银行为例进行具体说明③。

第一,描述关键流程对信息资本的需求。比如对于"交叉销售产品"这一客户管理流程,项目组首先确定了让客户分析和管理自己产品组合的一个应用软件(一个客户自我管理产品组合的系统)作为变革型应用软件,同时为其确定了一个分析用软件(一个客户利润率系统)和一个事务处理应用软件(一个综

---

① 罗伯特·卡普兰、大卫·诺顿:《评估无形资产的战略准备度》,载于《哈佛商业评论》(中文版)2004年第3期,第38~54页。
② 罗伯特·卡普兰、大卫·诺顿:《战略地图》,广东经济出版社2005年版,第199~200页。
③ 罗伯特·卡普兰、大卫·诺顿:《评估无形资产的战略准备度》,载于《哈佛商业评论》(中文版)2004年第3期。

合性客户文档）。对于"了解客户细分市场"这一流程也需要一个客户利润率系统，以及可以支持市场调研的一个独立的客户反馈系统。"转向合适的渠道"这一流程需要一个强大的事务系统基础，其中包括涵盖潜在客户管理、订单管理和销售队伍自动化等模块的客户关系管理软件包。对于"提供快速反应"这一业务流程，项目组确定了一个变革型应用软件（客户自助系统），以及一个帮助电话销售人员分享成功销售技巧的分析应用软件（一个实践中最佳的团队知识管理系统）。最后，"使问题最小化"的流程需要一个可以查出问题的分析应用软件（服务质量分析）和两个相互关联的事务系统（一个用于追踪事件，另一个用于管理问题）。

在界定了信息资本应用软件的组合后，项目组又确定了信息技术基础设施所要求的几个组成部分。有些应用软件需要一个客户关系管理事务数据库，有些应用软件则要求一个连接网络的基础设施被整合到该银行的总体网站架构中。项目组还意识到，银行需要建立一个内部研发小组，开发新的交互式语音应答技术。综合起来，消费者银行的规划流程确定了一个由14个独特应用软件（有些支持数个内部流程）和4个信息技术基础设施项目构成的一个信息资本组合。

第二，评价现有信息资本与关键流程需求的差距。为每个系统分配一定的分值，从1分到6分不等。1分或2分表示该系统已经建立，目前运作良好；3分或4分表示该系统已经确定下来，资金到位，但尚未安装或运作；5分或6分表明，银行需要一个全新的基础设施或应用软件来支持组织的战略，但尚未采取任何行动建立这样的能力，资金也未落实。图14.1说明了消费者银行的信息资本与关键流程的协调情况①，其间自然包括了相应的改进方向。

（3）组织资本与关键流程的一致。要成功实施关键的流程，组织必须做出根本性的变革，这种变革包括文化、领导力、协调一致、团队协作与知识分享四个层面。文化，使员工理解并接受实施关键流程所需要的组织使命、远景目标和核心价值观，文化塑造主要是塑造一个与定位和关键流程相适应的态度和行为方式。领导力，动员整个组织为实施关键流程而努力，一方面支持员工价值创造的变化，如提高员工对客户的关注程度；另一方面实施公司战略所必需的员工变化，如提高员工的责任心等。协调一致是指组织的全体员工拥有共同的目标和远景，并且知道个人的作用如何支持组织的总体战略，力求使组织的目标与个人、团队、部门的目标和奖惩制度相一致。团队协作，即激励员工将自己的思想和知识记录下来并与他人分享，其评价可以是员工发现并采用的最佳实践的数量、在

---

① 罗伯特·卡普兰、大卫·诺顿：《战略地图》，广东经济出版社2005年版，第209~212页。

第 14 章　整合企业重要资源

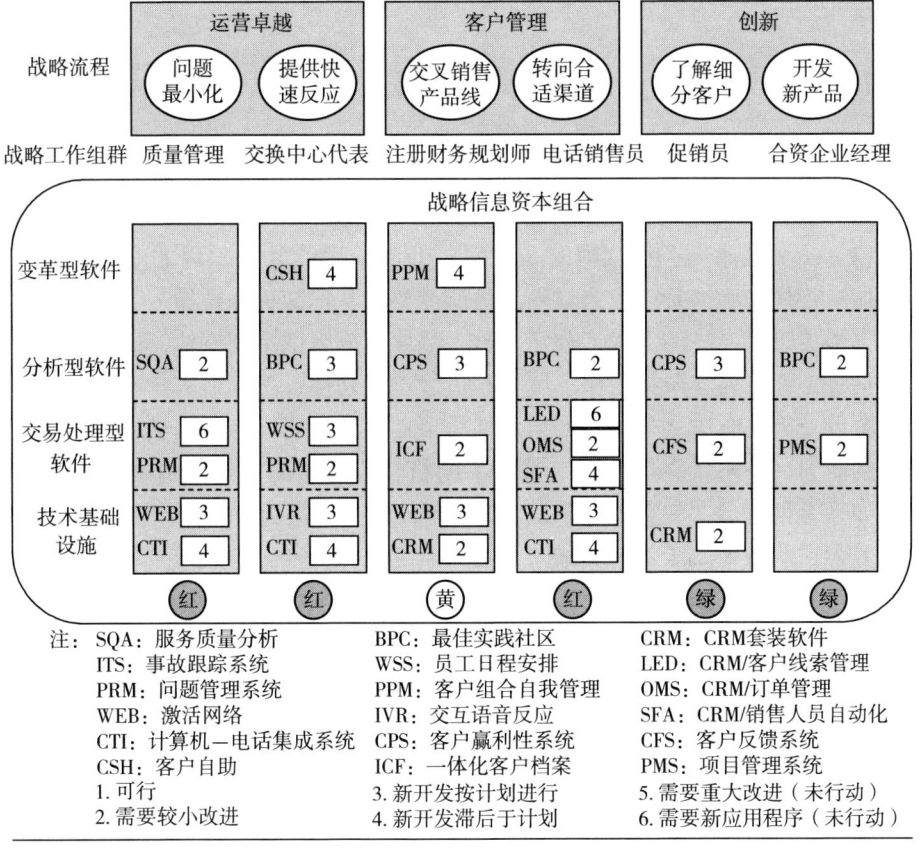

图 14.1　消费者银行信息资本和关键流程的协调

一个群策群力过程中贡献知识的员工比例、实际使用知识管理系统的员工人数、系统的使用频率，以及知识管理系统中已经更新的信息和已经过时的信息各自所占的比例等①。

14.3　依关键流程整合重要资源的案例

本节选择世界最大的零售企业沃尔玛和新崛起的星巴克作为研究的对象，以

---

① 罗伯特·卡普兰、大卫·诺顿：《评估无形资产的战略准备度》，载于《哈佛商业评论》（中文版）2004 年第 3 期。

两家企业在全球市场的表现作为分析的依据。

1. 沃尔玛业务流程的资源保障

沃尔玛实施天天低价的市场定位，构建了一个低成本的业务流程，该流程的正常运行，离不开人力、信息和组织等资源的保障。

(1) 人力资本与关键流程的一致性。低成本运营是沃尔玛的业务目标，因此供应链管理和店铺管理成为管理人员所需要的基本知识和技能。为此，他们采取内部提拔管理人员的方式，公司对员工的评估分为试用期评估、周年评估、升职评估等。评估内容包括工作态度、积极性、主动性、工作效率、专业知识、有何长处以及需要改进之处等。如果评估结果良好，证明具有管理员工、擅长商品销售的能力，公司就会给他们一试身手的机会，先做助理经理或去协助开设新店，如果干得不错，就有机会单独管理一个分店。如果证明适合负责采购管理，就提升为采购经理。沃尔玛实施内部提升制的基础是公司建立了终身培训机制，内部员工更加理解和熟悉关键流程及具有相应的知识和技能。沃尔玛公司在每年的 9 月份制订并审核年度培训计划。培训项目分为任职培训、升职培训、转职培训、全球最佳实践交流培训和各种专题培训。在每一个培训项目中又包括 30 天、60 天、90 天的回顾培训，以巩固培训成果[①]。培训内容包括业务知识、领导艺术和管理技能培训，以适应关键流程的需要。

(2) 信息资本与关键流程的一致性。沃尔玛在全球有 62 个配送中心，为 4500 多家店铺进行配送，配送半径最远为 500 公里。大约有 80 个店就要建一个配送中心，10 万平方米店铺面积，一般有 1 万平方米的配送中心与之相配。同时，沃尔玛还有 36 000 个大型集装箱挂车和 7570 辆大型货运卡车，作为配送中心设备的补充。沃尔玛根据店铺需要，分别建设了 6 种不同的配送中心，即干货配送中心、食品配送中心、山姆会员店配送中心、服装配送中心、进口商品配送中心和退货配送中心[②]。

如果配送中心是沃尔玛低成本业务流程的基础，那么信息系统就是这个流程的重要保证。沃尔玛在建立和完善信息系统方面，一直领先于竞争对手。最早使用计算机跟踪存货（1969），最早使用条形码（1980），最早使用数据交换系统（1985），最早使用无限扫描抢（1988），率先建立了卫星通讯、电视会议和高效

---

① 韩燕：《沃尔玛的人力资源战略》，载于《经济管理》2003 年第 21 期。
② 杰罗姆·贾尔斯：《沃尔玛连锁经营》，哈尔滨出版社 2004 年版，第 98 页。

顾客反应系统①。在信息设备等方面的战略投资总额达到 7 亿美元。大容量数据库的开发、全球 5500 多个微机工作站的建设,使总部可以在 1 小时之内知晓全球 4600 多家店铺每种商品的库存、销售数据,每家店铺可以及时了解单品商品的销售情况,相关厂家也可以及时了解自己商品在沃尔玛店铺的库存情况,最终实现适销对路、及时补货,保证配送和营销的低成本和高效率。

(3) 组织资本与关键流程的一致性。

第一,从文化方面,建立为"天天低价"定位服务的价值理念。沃尔玛靠什么将 4500 多家店铺的十几万有着不同年龄、不同国籍、不同种族的员工凝聚在一起,使每位员工的行为不偏离低成本运营的业务流程?靠的是组织文化(见表 14.4)②。沃尔玛公司认为,仅提倡服务顾客已经不够,要忠于顾客,一切要以顾客的利益为出发点。为此,沃尔玛为其员工制订了相应的行为准则和使这些准则成为员工自觉行为的措施。忠于顾客的内涵,是每时每刻提供有价值的商品给顾客;忠于顾客的外延,是实行天天低价,为顾客节约每一分钱。忠于顾客的保证,是比竞争对手更勤奋地、更灵敏地选择优质产品;比竞争对手更节约开支;尽心尽力提供优质、出色的服务。

表 14.4 沃尔玛企业文化的内容

核心价值观	1. 尊重每一位员工(鼓励员工关心公司,尊重员工的建议) 2. 服务顾客(一切以顾客的利益为出发点) 3. 每天追求卓越(天天进步)
经营理念	为顾客节约每一分钱
顾客服务理念	1. 顾客永远是对的 2. 顾客才是真正的老板 3. 保证顾客满意 4. 超越顾客期望 5. 盛情服务 6. 三米微笑原则 7. 迎宾(顾客是贵宾) 8. 日落原则(日清日结)
员工合作理念	1. 员工是合伙人 2. 尊重每一位员工

---

① 周玉宇:《浅析沃尔玛的无缝供应链运作模式》,载于《商场现代化》2005 年第 16 期。
② 赵文明:《我们与众不同沃尔玛》,中华工商联合出版社 2004 年版,第 25~43 页。

第二,从领导力方面看,激励员工努力地工作,愉快地为顾客服务。公司推出了一系列视员工为合伙人的措施和行为准则。伙伴关系的内涵即每一位员工都是沃尔玛的合伙人,沃尔玛属于每一位员工。伙伴关系的外延,是与员工共同分享利益,在沃尔玛工作2年以上且每年工作1000个小时以上的员工都可以享受每年的利润分红,退休时一次领取;同时可以低于市价15%的价格购买公司股票。伙伴关系的保证,即领导是公仆,是为员工服务的,这个服务做得好,员工才能为顾客提供良好的服务。

第三,从协调一致方面看,激励员工为共同目标而努力,一方面邀请优秀员工参加最高级别的周六例会,当面奖励;另一方面奖励降低费用的员工。

第四,从知识分享方面看,搭建了一个高效率的沟通平台。例如沃尔玛的先进情报信息系统,为分店经理提供了有关顾客消费和购买行为的详细资料,便于及时地满足变化的顾客需要。设置的卫星通讯系统,可使总部经常召开电话会议,分店经理不用离店就可以交换市场信息。同时公司实施了门户开放政策,即员工在任何时间、地点,都可以采用口头或者以书面的形式与管理人员乃至于总裁进行沟通。沃尔玛还是同行业中最早实现与员工共享信息的企业。员工只有充分了解业务进展情况,才会产生责任感和参与感,才会努力取得更好的成绩[1]。

2. 星巴克业务流程的资源保障

星巴克根据目标顾客的需求确定了独特体验的定位,通过打造与其相适应的关键业务流程来保证定位的实现,同时又根据这一关键的业务流程来整合公司的重要资源。

(1) 星巴克定位于独特体验[2]。星巴克的目标顾客为年轻人,并以女士为主,大约占70%左右;年龄为19~35岁,包括大学生和职业女性两部分人群。他们的共同特征是:非常重视自我,讲究美食,喜欢喝高档咖啡,习惯经常光顾自己偏爱的店铺,重视价值甚于重视价格。这部分人大约占顾客总数的百分之一,但会带来长期稳定的客流。可见星巴克的目标顾客不是普通大众,而是一群注重享受、休闲、崇尚知识、尊重人本位的富有小资情调的城市年轻女性。

这些光顾星巴克咖啡店的目标顾客虽然有一些共同的购买特征,但是也有一

---

[1] 韩燕:《沃尔玛的人力资源战略》,载于《经济管理》2003年第21期,第72~74期。
[2] 该部分内容选自李飞:《钻石图定位法》,经济科学出版社2006年版,第113~126页。

定的差异，图14.2说明了这种差异。

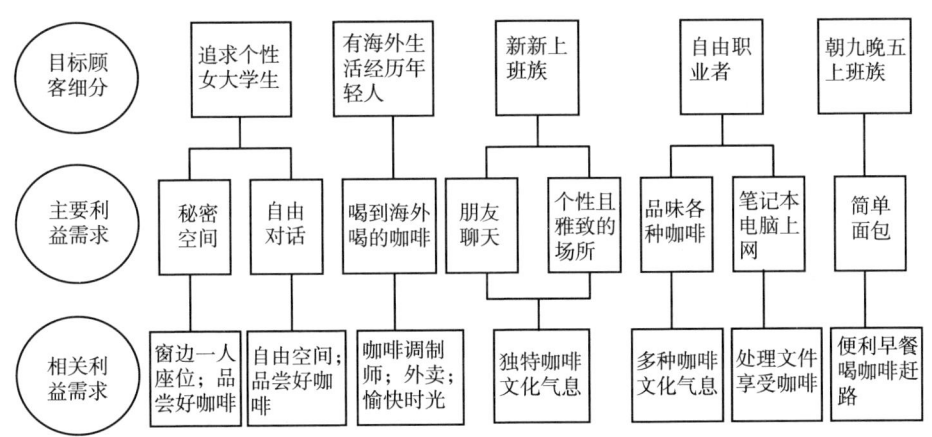

图14.2 星巴克目标顾客的利益细分

用定位钻石模型对星巴克的定位点进行具体分析，就会发现它的属性定位是第三生活场所，利益定位是独特的体验，价值定位为浪漫的情怀（见图14.3）。这一定位点的选择是与目标顾客的购买心理和竞争对手的状况相吻合的。从目标顾客方面看，关注的是隐秘和朋友聊天的场所；从竞争对手来看，或是大众型咖啡吧，或是提供快餐而非聚会的场所。独特体验是最难做到的，且也是最有效的定位点。

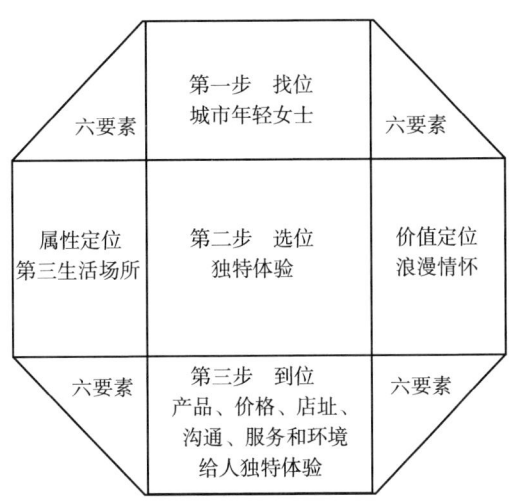

图14.3 星巴克的定位钻石图

(2)星巴克的关键流程是服务流程。这个流程不是指售后服务,而是指顾客从进入星巴克咖啡店到离开店的整个服务过程,包括店铺设计的流程、接待顾客流程、制作咖啡流程、传递咖啡流程和与顾客告别的过程等。每一个与顾客的接触点,都力图为顾客带来独特的感受和体验。在店铺设计流程中,星巴克按咖啡豆的"成长"过程分四个色系,称为四个"icon",咖啡豆长出来叫"grow",豆采出来晾晒叫"roast",水煮叫"blow",然后水煮出香味来叫"aroma"。从每个色系中再发展出 16 个系列的设计就形成 64 种变化。星巴克每个新店址初步选定后,都要及时将店面形状绘成图纸发往美国,由位于西雅图的星巴克总部统一设计,然后再发回建店地区进行装修;色调一般会选用暗红色与橘黄色,配以柔和略带暖色的灯光以及体现西方抽象派风格的一幅幅艺术作品,同时作为点缀,也会摆放一些精美欧式饰品和高品位的报刊等。在服务流程方面,实行标准化,从顾客点咖啡开始到调制完成,再送到顾客面前,不能超过 1 分 30 秒。员工严格按着调制标准手册进行咖啡调制,手册包括各种咖啡调制流程、调制时间、所需配料剂配比和需要使用的机器等。重烘焙极品咖啡豆是星巴克咖啡纯香味道的来源,公司规定店内禁烟、禁止员工用香水、禁用化学香精的调味咖啡豆、禁售其他食品和羹汤,力保店内充满咖啡自然醇正的浓香。同时,要求员工提供关怀式的消费建议,无论顾客是在情绪低落的雨天带着异性朋友光顾,还是在兴高采烈的艳阳天光临,服务员都会为顾客推荐适合当时气氛的咖啡①。

(3)星巴克依关键流程整合重要资源。影响关键流程的重要资源包括人力资源、信息资源和组织资源。

第一,人力资本和关键流程的一致性。为了保证店铺设计流程的有效实现,星巴克聘用既是艺术家又是建筑师的人员,有些人既有零售经历又有酒店设计经验,形成了一个充满创意的团队,目前总部有一个包括 200 多人的设计装修队伍。为了保证服务流程的有效实现,星巴克聘用喜欢与人打交道的年轻人,他们应该具有亲和力,给顾客带来愉悦和快感。如在韩国的一些星巴克咖啡店里工作的全是小伙子,他们乐于助人,有亲和力,常常会使女性顾客感到自己受到关怀和重视。同时公司还不断地对员工进行针对性岗位需求的培训,如基本销售技巧、咖啡基本知识、咖啡的制作技巧等。为了给顾客享用咖啡的独特体验,星巴克不把店面员工视为售货员,而是服务顾客的咖啡调剂师,分为三个步骤对他们培训:一是接触顾客,如何热情接待顾客;二是发现需求,

---

① 李飞:《钻石图定位法》,经济科学出版社 2006 年版,第 113~126 页。

如何向顾客介绍和建议合适的咖啡；三是了解反应，如何让顾客认同自己的选择①。

第二，信息资本和关键流程的一致性。为了与关键流程匹配，星巴克力图建立一个数字咖啡店体系。一是启动"阿波罗项目"。在1999年，星巴克开始与思科客户团队合作，使星巴克的客户可以在北美的星巴克店访问互联网并与自己的企业内联网。由于星巴克采用了Oracle数据库、财务软件包和ERP系统，思科在网络财务和供应链方面的丰富经验就可以直接用于星巴克的后台办公解决方案。二是启动"千年项目"。这个项目包括一系列旨在创建一个联网企业的计划，最终可以使星巴克在全球范围内无缝和即时地运营和管理各个店铺。三是推出"星巴克卡"。"星巴克速递"（Starbucks Express）让客户可以选择预订，缩短在柜台前排队的时间，并且方便对网络接入费用的收取；2001年，在美国推出预付卡式的星巴克随行卡（Starbucks Card），消费者每次消费都可以直接刷卡。从卡上扣取金额，这种卡的使用缩短了一半的交易时间②。

第三，组织资本与关键流程的一致性。一是文化方面，强调一切服务于为顾客带来独特体验的服务，这体现在星巴克《绿围裙手册》中提到的五种行为方式：热情好客、真诚待人、关怀体贴、博学多识和积极投入③。在《使命宣言》中也有进一步细化的六个基本原则：①为员工提供完善的工作环境，创造互相尊重、互相信任的氛围；②为顾客提供多样化的产品；③在咖啡产品的购入、制作和保鲜运送过程中采用最好的质量标准；④随时随地用热情的服务使顾客满意；⑤积极回馈我们的社区和环境；⑥利润的不断增长是公司不断发展的动力和源泉④。二是领导力方面，激励员工努力地工作，愉快地为顾客服务。公司坚信把员工利益放在第一位，尊重他们所做出的贡献，一定会带来一流的顾客服务水平。从1988年年底开始，星巴克所有的兼职员工都可以享受到完整的健康保险福利，员工只需支付总保费的25%，而星巴克支付其余的75%。1991年，星巴克开始实施股票期权方案"豆股票"（Bean Stock），允许员工以折扣价购买股票，每位员工都可以成为公司的合伙人，因此，星巴克的员工都互称为"合伙人"⑤。三是协调一致方面，使公司的奖励制度与目标实现密切结合。星巴克于1990年推出"使命宣言"，将公司的任务凝聚成纲领，作为公司决策的指南和行

---

① 金英汉、林希贞：《星巴克感性营销》，当代中国出版社2006年版，第167页。
② 佚名：《星巴克——我们以人力资源驱动建立品牌资产》（下），载于品牌学习网，2007年4月11日。
③ 米歇力：《星巴克体验》，华夏出版社2007年版，第4页。
④ 王华：《"适合"是我们的唯一标准》，载于《中国大学生就业》2005年第22期。
⑤ 肖永新：《星巴克的员工为本》，载于《企业改革与管理》2005年第5期。

动的规范。"使命考核队"负责监督和执行宣言，整合职员的意见和心声。这种机制为公司提供了上下之间重要的沟通管道，星巴克也从中得到了许多建设性的意见。

从两个案例的分析可以看出：关键流程形成关键的差异化，而整合公司的重要资源是保证关键流程有效运行的基础，因此本书提出依关键流程整合公司重要资源。

后 记

又一个春天来临了！没想到《营销定位》书稿完成得如此之快，令自己十分欣喜。看来播种的季节，也可以有收成。当然，庄稼的播种季节，自然不排斥研究成果的收获。读着自己刚刚完成的书稿，偶尔看看窗外盛开的玉兰花，泛绿的草坪，蓝天，再品品杯中的清茶，感到无比的惬意。

这几年，我在做减法，无论是讲课的时数，还是承担的课题，都是减法法则，甚至开始尝试实施半天工作制。但是，修订《定位地图》无论如何是不能减掉的，这源于一直感觉对不起我的学生。2006年，我出版了营销定位专著《钻石图定位法》，建立了营销定位钻石模型。2008年将其完善为定位地图，并出版了同名的专著。从此之后，我将《定位地图》作为清华大学EMBA、MBA、高层经理培训的营销管理课程教材，同时聚焦营销定位问题进行持续的研究，每年都有新的研究成果。虽然讲课时复印讲义融入了新的研究成果，但是，发给同学们的教材《定位地图》一直没有时间更新，至今用了5年，印刷了4次。为此常常觉得有愧。因此，决定对《定位地图》进行修订，便有了这本《营销定位》。

最后，感谢金梅和齐伟娜编辑对《李飞定位研究丛书》的长期支持——这是我持续进行该问题研究的动力之一。

李 飞

2013年6月10日

感于清华大学经济管理学院舜德楼

图书在版编目（CIP）数据

营销定位 / 李飞著. —北京：经济科学出版社，2013.7（2024.5 重印）
（李飞定位研究丛书）
ISBN 978 – 7 – 5141 – 3528 – 2

Ⅰ.①营…　Ⅱ.①李…　Ⅲ.①市场营销学 – 通俗读物
Ⅳ.①F713.50 – 49

中国版本图书馆 CIP 数据核字（2013）第 135097 号

责任编辑：齐伟娜　金　梅
责任校对：苏小昭
版式设计：代小卫
责任印制：李　鹏　范　艳

营 销 定 位

李 飞 著
经济科学出版社出版、发行　新华书店经销
社址：北京市海淀区阜成路甲 28 号　邮编：100142
总编部电话：88191217　发行部电话：88191540
网址：www.esp.com.cn
电子邮件：esp@esp.com.cn
天猫网店：经济科学出版社旗舰店
网址：http://jjkxcbs.tmall.com
北京季蜂印刷有限公司印装
787×1092　16 开　18.75 印张　340000 字
2013 年 8 月第 1 版　2024 年 5 月第 7 次印刷
ISBN 978 – 7 – 5141 – 3528 – 2　定价：42.00 元
（图书出现印装问题，本社负责调换。电话：88191502）
（版权所有　翻印必究）